U0694047

把中国资本市场建设成
国际金融中心，
是我一生的梦想……

吴晓求

吴晓求◎著

THE THEORETICAL LOGIC OF CHINA'S CAPITAL MARKET

中国资本市场的理论逻辑（第五卷）

吴晓求演讲集（Ⅲ）2007—2013

中国金融出版社

责任编辑：王效端　王　君
责任校对：潘　洁
责任印制：陈晓川

图书在版编目（CIP）数据

中国资本市场的理论逻辑.第五卷，吴晓求演讲集.Ⅲ，2007~2013/吴晓求著.—北京：中国金融出版社，2020.12

ISBN 978-7-5220-0823-3

Ⅰ.①中…　Ⅱ.①吴…　Ⅲ.①资本市场—中国—文集　Ⅳ.①F832.5-53

中国版本图书馆CIP数据核字（2020）第186016号

中国资本市场的理论逻辑.第五卷，吴晓求演讲集.Ⅲ，2007—2013
ZHONGGUO ZIBEN SHICHANG DE LILUN LUOJI.DI-WU JUAN，WU XIAOQIU YANJIANGJI.Ⅲ，2007—2013

出版
发行　中国金融出版社
社址　北京市丰台区益泽路2号
市场开发部　（010）66024766，63805472，63439533（传真）
网上书店　http：//www.chinafph.com
（010）66024766，63372837（传真）
读者服务部　（010）66070833，62568380
邮编　100071
经销　新华书店
印刷　保利达印务有限公司
尺寸　170毫米×240毫米
印张　17.75
插页　1
字数　237千
版次　2021年3月第1版
印次　2021年3月第1次印刷
定价　58.00元
ISBN 978-7-5220-0823-3
如出现印装错误本社负责调换　联系电话（010）63263947

编选说明

一、本文集共六卷，主要收录作者2007年1月至2020年3月期间发表的学术论文、评论性文章、论坛演讲和专业访谈，共计225篇。其中，学术论文21篇，评论性文章50篇，演讲101篇（其中有一篇演讲稿作为总序收入），访谈52篇，附录1篇（纪念性文字）。在专业学术期刊发表的，具有中英文摘要、关键词、注释和参考文献等元素的均归入学术论文类，其余纳入评论性文章系列。在收录的21篇学术论文中，其中1篇虽未在学术期刊上发表，但由于其学术性较强且篇幅较长，在作了必要的格式统一后归入学术论文类。本文集收录的所有论文、演讲、访谈均已公开发表或在网络媒体转载，评论性文章中的绝大部分也已公开发表，只有很少几篇，由于某些原因没有公开发表。

二、与以往大体一样，在2007年1月以来的13年时间里，作者思考和研究的重点仍然在资本市场。稍有不同的是，这期间，研究资本市场主要是从金融结构及其变革的角度展开的。金融结构、金融体系、金融功能和金融脱媒，成为这一时期作者研究资本市场的主要理论视角和常用词。无论是学术论文还是演讲、访谈，大体都在说明或论证资本市场是现代金融体系形成的逻辑基础，以及在中国发展资本市场的战略价值。这一理论思路既是以往学术理论研究的延续和深化，更预示着过去朦胧的理论感悟似已日渐清晰。正是基于这一特点，作者把本文集定名为《中国资本市场的理论逻辑》（以下简称《理论逻辑》）。

三、2007年1月至2020年3月，中国金融发生了巨大变化，这些变化推动了中国金融的跨越式发展。这期间，中国金融发生的最深刻的变化，就是基于技术创新而引发的金融业态的变革，其中互联网金融最引人注目。作者在重点研究资本市场的同时，在这一时期的一个时间段，相对集中地研究了互联网金融。在《理论逻辑》中，与互联网金融相关的论文、演讲和访谈有近20篇。在这近20篇文稿中，对互联网金融的思考和研究，不是基于案例分析，而是寻找互联网金融生存的内在逻辑，是基于“市场脱媒”之后金融的第二次脱媒的视角。

四、在这13年中，除资本市场、互联网金融外，《理论逻辑》收录的文稿内容主要侧重于金融结构、金融风险、金融危机、金融监管和宏观经济研究。这一时期，由于作者曾在不同时间段分别兼任过中国人民大学研究生院常务副院长、教育学院院长等职务，继而发表了若干篇有关高等教育特别是研究生教育的论文和演讲，在此，也一并收录其中。这是作者学术生涯中非专业研究的重要历史记载。

五、为使《理论逻辑》具有专业性、时效性和阅读感，文稿按照“吴晓求论文集”“吴晓求评论集”“吴晓求演讲集”“吴晓求访谈集”顺序编排。每一集文稿的编排顺序按由近及远的原则。第一卷“吴晓求论文集”，第二卷“吴晓求评论集”，第三卷至第五卷“吴晓求演讲集”，第六卷“吴晓求访谈集”。为便于阅读和查找文稿信息，在每一卷最后以附录形式附上了本文集其他各卷的目录。

六、《理论逻辑》与13年前由中国金融出版社出版的《梦想之路——吴晓求资本市场研究文集》具有时间和思想上的承接关系。不同的是，由于时间跨度大，《理论逻辑》研究内容更为复杂，研究范围更加广阔，篇幅也更大。

七、《理论逻辑》中的论文，大多数是作者独立完成的，也有几篇是与他人合作完成的。在合作者中，既有我的同事，也有我不同时期指导的博士生或博士后。在这几篇合作的论文中，有他们的智慧和辛劳。在大多数我独立完成的论文中，我当年指导的博士生在资料的收集和数据整理中，亦做了重要贡献。他们的名字，我在作者题记和论文注释中都一一做了说明。

八、按照忠实于历史和不改变原意的原则，对收入《理论逻辑》的文稿，作者重点审读了“吴晓求演讲集”和“吴晓求访谈集”的内容，并对演讲（讲座、发言）速记稿、访谈稿的文字做了必要的规范和技术性处理。在收录的101篇演讲稿中（包括作为总序的那篇演讲稿），除在两个严肃而重要场合的发言、讲座照稿讲外，其余99篇演讲（讲座、发言）稿均是无稿或脱稿演讲后的速记稿，故内容口语化特征比较明显。在收入的101篇演讲（讲座、发言）稿中，均删去了开篇时的“尊敬的……”等称呼词和客套语。“吴晓求访谈集”中52篇访谈稿的文字均由访谈主持人或记者整理。收入本文集时，作者做了必要的文字校正，有关情况在《作者题记》中已有说明。

九、由于作者在某一时期相对集中地研究某一问题，故在同一时期的学术论文、评论性文章、演讲和访谈内容中，有时会有一些重复和重叠的内容。为保证内容的连贯性和真实性，作者在编辑时，未作删除。

十、文稿的收集和选取是一项非常艰难而复杂的工作。《理论逻辑》的整理工作起始于 2019 年 5 月，耗时一年。由于文稿时间跨度太长，原始文稿收集很困难，阅读和文字校正工作更困难，作者曾一度有放弃整理的想法。新冠肺炎疫情，让我有较多时间审读和校正这些文稿。中国人民大学中国资本市场研究院赵振玲女士以及中国人民大学财政金融学院刘庭竹博士、2018 级博士生方明浩、2017 级博士生孙思栋为本文集原始文稿的收集、筛选、整理、分类、复印、文字录入和技术性校对等工作，付出了辛劳和心智。他们收集到这期间作者的文稿、演讲、访谈多达 400 多篇，作者删去了近 200 篇内容重复、文字不规范的文稿。他们卓有成效的工作是本文集得以出版的重要基础。非常感谢赵振玲女士等所作出的卓越贡献。

十一、《理论逻辑》所有文字稿形成的时间（2007 年 1 月至 2020 年 3 月），是作者一生中最繁忙、最快乐和学术生命最旺盛的时期。白天忙于学校有关行政管理工作，晚上和节假日则进行学术研究和论文写作。中国人民大学宽松而自由的学术环境，中国人民大学金融与证券研究所（中国人民大学中国资本市场研究院的前身）严谨而具有合作精神的学术团队，中国人民大学不同时期学校主要领导的信任和包容，以及同事、家人和不同时间节点的学术助手的支持和帮助，是作者学术研究得以持续的重要保障。

十二、《理论逻辑》的出版，得到了中国金融出版社的大力支持，中国金融出版社组织了得力而高效的编辑力量。

吴晓求

2020 年 5 月 3 日

于北京郊区

作者简历

姓名：吴晓求（吴晓球）（Wu Xiaoqiu）

性别：男

民族：汉

出生年月：1959 年 2 月 2 日

祖籍：江西省余江县

学历：

1983 年 7 月　毕业于江西财经大学　获经济学学士学位

1986 年 7 月　毕业于中国人民大学　获经济学硕士学位

1990 年 7 月　毕业于中国人民大学　获经济学博士学位

现任教职及职务：

中国人民大学　金融学一级教授

中国人民大学　学术委员会副主任

中国人民大学　学位委员会副主席

中国人民大学　中国资本市场研究院院长

教育部　中美人文交流研究中心主任

曾任职务：

中国人民大学　经济研究所宏观室主任（1987.7—1994.10）

中国人民大学　金融与证券研究所所长（1996.12—2020.1）

中国人民大学　财政金融学院副院长（1997.5—2002.1）

中国人民大学　研究生院副院长（2002.8—2006.7）

中国人民大学　校长助理、研究生院常务副院长（2006.7—2016.7）

中国人民大学　副校长（2016.7—2020.9）

曾任教职：

中国人民大学助教（1986.9—1988.6）

中国人民大学讲师（1988.6—1990.10）

中国人民大学副教授（1990.10—1993.6）

中国人民大学教授（1993.6—2006.7）

教育部长江学者特聘教授（2006—2009）

中国人民大学金融学学科博士生导师（1995 年 10 月至今）

中国人民大学二级教授（2006.7—2016.12）

学术奖励：

教育部跨世纪优秀人才（2000）

全国高等学校优秀青年教师奖（2001）

北京市第六届哲学社会科学优秀著作一等奖（2000）

北京市第七届哲学社会科学优秀著作二等奖（2002）

中国资本市场十大年度人物（2003）

首届十大中华经济英才（2004）

北京市第八届哲学社会科学优秀著作二等奖（2004）

中国证券业年度人物（2005）

北京市第十届哲学社会科学优秀成果二等奖（2008）

北京市第十二届哲学社会科学优秀成果二等奖（2012）

北京市第十四届哲学社会科学优秀成果二等奖（2016）
北京市第十五届哲学社会科学优秀成果一等奖（2019）
第八届高等学校科学研究优秀成果三等奖（人文社会科学）（2020）

专业：金融学

研究方向：证券投资理论与方法；资本市场

学术兼职：
国务院学位委员会应用经济学学科评议组召集人
全国金融专业学位研究生教育指导委员会副主任委员
全国金融学（本科）教学指导委员会副主任委员
中国教育发展战略学会高等教育专业委员会理事长
中国专业学位案例专家咨询委员会副主任委员
国家社会科学基金委员会管理科学部评审委员
国家生态环境保护专家委员会委员
中国金融学会常务理事
中国现代金融学会副会长
北京市学位委员会委员

代表性论著（论文及短文除外）：
著作（中文，含合著）
《紧运行论——中国经济运行的实证分析》（中国人民大学出版社，1991）
《社会主义经济运行分析——从供求角度所作的考察》（中国人民大学出版社，1992）
《中国资本市场分析要义》（中国人民大学出版社，2006）
《市场主导与银行主导：金融体系在中国的一种比较研究》（中国人民大学出版社，2006）

《变革与崛起——探寻中国金融崛起之路》（中国金融出版社，2011）

《中国资本市场2011—2020——关于未来10年发展战略的研究》（中国金融出版社，2012）

《中国资本市场制度变革研究》（中国人民大学出版社，2013）

《互联网金融——逻辑与结构》（中国人民大学出版社，2015）

《股市危机——历史与逻辑》（中国金融出版社，2016）

《中国金融监管改革：现实动因与理论逻辑》（中国金融出版社，2018）

《现代金融体系导论》（中国金融出版社，2019）

著作（外文，含合著）

Internet Finance：*Logic and Structure*（McGraw-Hill，2017）

Chinese Securities Companies：*An Analysis of Economic Growth*，*Financial Structure Transformation*，*and Future Development*（Wiley，2014）

《互联网金融——逻辑与结构》被翻译成印地文和哈萨克语出版。

文集

《经济学的沉思——我的社会经济观》（经济科学出版社，1998）

《资本市场解释》（中国金融出版社，2002）

《梦想之路——吴晓求资本市场研究文集》（中国金融出版社，2007）

《思与辩——中国资本市场论坛20年主题研究集》（中国人民大学出版社，2016）

演讲集

《处在十字路口的中国资本市场——吴晓求演讲访谈录》（中国金融出版社，2002）

教材（主编）

《21世纪证券系列教材》（13分册）（中国人民大学出版社，2002）

《金融理论与政策》，全国金融专业学位（金融硕士）教材（中国人民大学出版社，2013）

《证券投资学（第五版）》，“十二五”普通高等教育本科国家级规划教材（中国人民大学出版社，2020）

中国资本市场研究报告（主笔，起始于 1997 年）

1997:《'97 中国证券市场展望》（中国人民大学出版社，1997 年 3 月）

1998:《'98 中国证券市场展望》（中国人民大学出版社，1998 年 3 月）

1999:《建立公正的市场秩序与投资者利益保护》（中国人民大学出版社，1999 年 3 月）

2000:《中国资本市场：未来 10 年》（中国财政经济出版社，2000 年 4 月）

2001:《中国资本市场：创新与可持续发展》（中国人民大学出版社，2001 年 3 月）

2002:《中国金融大趋势：银证合作》（中国人民大学出版社，2002 年 4 月）

2003:《中国上市公司：资本结构与公司治理》（中国人民大学出版社，2003 年 4 月）

2004:《中国资本市场：股权分裂与流动性变革》（中国人民大学出版社，2004 年 4 月）

2005:《市场主导型金融体系：中国的战略选择》（中国人民大学出版社，2005 年 4 月）

2006:《股权分置改革后的中国资本市场》（中国人民大学出版社，2006 年 4 月）

2007:《中国资本市场：从制度变革到战略转型》（中国人民大学出版社，2007 年 4 月）

2008:《中国资本市场：全球视野与跨越式发展》（中国人民大学出版社，2008 年 5 月）

2009:《金融危机启示录》（中国人民大学出版社，2009 年 4 月）

2010:《全球金融变革中的中国金融与资本市场》（中国人民大学出版社，2010 年 6 月）

2011:《中国创业板市场：成长与风险》（中国人民大学出版社，2011 年 3 月）

2012:《中国证券公司：现状与未来》（中国人民大学出版社，2012 年 5 月）

2013:《中国资本市场研究报告（2013）——中国资本市场：制度变革与政策调整》（北京大学出版社，2013 年 6 月）

2014:《中国资本市场研究报告（2014）——互联网金融：理论与现实》（北京大学出版社，2014 年 9 月）

2015:《中国资本市场研究报告（2015）——中国资本市场：开放与国际化》（中国人民大学出版社，2015 年 9 月）

2016:《中国资本市场研究报告（2016）——股市危机与政府干预：让历史告诉未来》（中国人民大学出版社，2016 年 7 月）

2017:《中国资本市场研究报告（2017）——中国金融监管改革：比较与选择》（中国人民大学出版社，2017 年 10 月）

2018:《中国资本市场研究报告（2018）——中国债券市场：功能转型与结构改革》（中国人民大学出版社，2018 年 8 月）

2019:《中国资本市场研究报告（2019）——现代金融体系：中国的探索》（中国人民大学出版社，2019 年 7 月）

总序：大道至简[①]

40 年来，中国发生了翻天覆地的变化。在庆祝改革开放 40 周年纪念大会上，习近平总书记代表中共中央对 40 年改革开放的伟大成就进行了系统总结。习总书记在讲话中特别强调的这三点，我印象非常深刻：

1. 党的十一届三中全会彻底结束了以阶级斗争为纲的思想路线、政治路线。

2. 改革开放是中国共产党的伟大觉醒。

3. 党的十一届三中全会所确定的改革开放政策是中国人民和中华民族的伟大飞跃。

总结改革开放 40 年，核心是总结哪些理论和经验要继承下去。中国在短短 40 年取得如此大的成就，一定有非常宝贵的经验，这些经验一定要传承下去。

第一，解放思想。没有思想解放，就没有这 40 年的改革开放。党的十一届三中全会是一个思想解放的盛会，因而是历史性的、里程碑式的大会。思想解放是中华民族巨大活力的源泉。一个民族如

---

① 本文是作者 2018 年 12 月 20 日在新浪财经、央广经济之声联合主办的“2018 新浪金麒麟论坛”上所作的主题演讲。作者将其作为本文集的总序收入其中。

果思想被禁锢了，这个民族就没有了希望。思想解放能引发出无穷的创造力。在今天，解放思想仍然特别重要。

第二，改革开放。改革就是要走社会主义市场经济道路，开放就是要让我们的市场经济规则与文明社会以及被证明了的非常成功的国际规则相对接。融入国际社会、吸取现代文明是改革开放的重要目标。

第三，尊重市场经济规律。改革开放 40 年来，我们非常谨慎地处理政府与市场的关系。在经济活动中，只要尊重了市场经济规律，经济活动和经济发展就能找到正确的方向。哪一天不尊重市场经济规律，哪一天我们的经济就会出问题、走弯路。这句话看起来像套话，实际上，在政策制定和实施中，是有很多案例可以分析的。有时候，我们经济稍微好一点，日子稍微好一些，就开始骄傲了，以为人能有巨大的作用。实质不然。我们任何时候都要尊重市场经济规律。

第四，尊重人才，特别是要尊重创造财富的企业和企业家。如果你不尊重人才，不尊重知识，不尊重创造财富的企业家，经济发展就会失去动力。有一段时间，我们对是否要发展民营经济还在质疑。我非常疑惑。作为经济学者，我认为，这个问题在 20 世纪 80 年代就已经解决了。为什么到今天，这种认识还会沉渣泛起？这有深刻的思想和体制原因。

我认为，这四个方面是我们要深刻总结的，要特别传承的。

我喜欢“大道至简”。在这里，所谓的“大道”，指的是通过改革开放来建设社会主义现代化国家。到 2035 年，我们要建设成社会主义现代化国家，到 2050 年，要建设成社会主义现代化强国。这就是我们要走的“大道”。面对这样一个“大道”，我们要“至简”，也就是要尊重常识，不要背离常识。我们不要刚刚进入小康，就骄傲自满，甚至还有一点自以为是。

过去 40 年来，我们虚心向发达国家学习，这是一条重要的经验。我们人均 GDP 还不到 1 万美元，还没有达到发达国家最低门槛，未来的路还很漫长，未来我们面对的问题会更复杂，还是要非常谦虚地向发达国家学习，包括管理经验和科学技术。

在这里，“至简”指的就是尊重常识。

第一，思想不能被禁锢。思想一旦被禁锢，我们民族的活力就会消失，国家和社会的进步就会失去源源不断的动力。一个民族的伟大，首先在于思想的伟大。思想之所以可以伟大，是因为没有禁锢，是因为这种思想始终在思考人类未来的命运，在思考国家和民族的前途。

在面对复杂问题时，我们要善于找到一个恰当的解决办法。世界是多样的，从来就没有现成的解决问题的办法，没有现成的经验可抄。面对当前复杂的内外部情况，我们必须根据新问题，不断去思考，找到好的办法。所以，解放思想、实事求是仍然是未来我们所必须坚守的正确的思想路线。这是过去 40 年来最重要的经验。

第二，坚定不移地走社会主义市场经济道路。我们没有其他的道路可走，我们决不能回到计划经济时代，那种经济制度已经被实践证明了，是一个没有效率、扼杀主体积极性的制度。走社会主义市场经济道路，市场化是基本方向。

第三，坚持走开放的道路。习近平总书记在 2018 博鳌亚洲论坛上说：“开放给了中国第二次生命，开放给了中国人巨大的自信。”这个自信，是理性自信，不是盲目自信，不是自以为是。开放给了中国经济巨大的活力，中国经济最具有实质性成长的是 2001 年加入世界贸易组织（WTO）之后。一方面，我们的企业参与国际竞争；另一方面，开放拓展了视野，形成了一个符合 WTO 精神的社会主义市场经济体制及其规则体系。开放是一个接口，它让我们找到改革的方向。什么是改革的方向？就是符合全球化趋势、国际化规则，这是我们规则接口的方向。过去 40 年特别是加入 WTO 之后因为我们走了这条方向正确的道路，所以，中国经济腾飞了。开放永远要坚持下去。

第四，要毫不动摇地发展国有经济和民营经济，要始终坚持两个毫不动摇。当前，特别要强调的是，要毫不动摇地支持民营经济的发展，因为在这一点上，有些人是动摇的、怀疑的。20 世纪 80 年代已经解决了这种理论认识问题，也写进了《宪法》。尊重民营经济的发展，其本质就是要正确处理好政府与市场的关系。

这就是 “大道至简”。只要我们坚守这些基本原则，我们就能够找到解决未来复杂问题的思路和方法。

目录

》2013年的演讲

》2012年的演讲

2011年的演讲

2010年的演讲

2009年的演讲

2008年的演讲

2007年的演讲

2013 年的演讲

中国金融变革与互联网金融

——在上海交通大学的演讲

【作者题记】

这是作者 2013 年 12 月 17 日在上海交通大学安泰与经济管理学院的演讲，部分内容发表于《中国金融》2014 年第 3 期。

2013 年，中国金融体系对内对外改革开放的步伐明显加快。上海自贸区内金融全方位的市场化改革，允许民营资本参与商业银行的发起和设立，利率市场化的启动，股票发行制度向注册制方向的改革，互联网金融的蓄势而发等，是这一年金融变革的重要标志。金融的市场化改革趋向引发人们对诸多问题的思考，在这诸多理论思考中，互联网金融则是 2013 年最热，也可能是最重要的问题之一，因为它对中国金融的“深度”改革，即打破垄断，形成适度的竞争结构，具有重要的牵引作用，它可能是推动中国金融体系结构性变革的战略力量。

互联网金融对传统金融体系的冲击进而引发新的金融业态的出现，可能是未来若干年中国金融将面临的现实。互联网金融对所有研究者来说，都是一个全新的研究课题，是一个混沌而不太知晓的世界。互联网金融的运行结构、理论基础、商业模式、风险特点、替代边界、监管标准等，都需要我们作系统而深入的思考，以期构建互联网金融的理论基础和分析结构。

在研究互联网金融对现行金融体系的巨大冲击时，我们不能不深入分析互联网对传统商业模式的颠覆性影响。

一、核心观点

中国金融的基本趋势是：基于互联网金融的渗透、竞争和撞击，现行金融模式和运行结构一定会发生巨大的变革，金融功能的效率一定会大大提高，风险则会发生一定程度的变异，这就需要我们制定与互联网金融相适应的监管准则。

互联网为何会对传统产业产生革命性的影响？互联网对传统产业重构的“异常”能量来源于哪里呢？

首先，来源于对信息的整合，来源于价值无尽的信息流。互联网最基础的功能是对信息的整合，从而形成了价值无尽的信息流。单片的信息只有零碎的价值，信息的黏合具有社会价值。当众多信息的黏合被一种机制进行有序的整合而形成了巨大的无穷无尽的然而又是结构清晰的信息流时，一种无边界的平台就在眼前。人与人之间的关系不再被物理空间所约束，社会的存在方式悄然地发生了革命性的变化。这种巨大变化体现在人的生存状态、生活方式、文化观念、消费模式等诸多方面。这个对信息进行有序整合而形成巨大信息流的机制就是互联网。

互联网平台的无边界性，激发了人的巨大想象，人的创造精神在这个平台上得到了前所未有、淋漓尽致的发挥。但互联网时代，奇迹不会持久，兴衰和沉浮的周期在缩短。在这个时代，我们只有适应；躲避或对抗，只是落后和失败的代名词。

其次，来源于以信息流牵引为基础的物流整合。互联网不仅实现了信息流在时间和空间上的整合，从个体到整体的整合，由局部到无边界的整合，而且以此为基础，推动着物流的整合。进而，以其巨大的成本优势实现对已有产业的系统整合，重塑新的竞争格局。互联网既是传统产业的重构者，又是大众消费模式的牵引者，它在结构层面推动着经济增长模式的转型。

如果说互联网的信息整合功能对社会组织结构和生活方式的变革具有重大影响，那么基于信息流基础上的对物流的牵引，进而对已有产业进行重构，则是其具有的巨大经济意义。

互联网进入商业服务业后对传统商业模式的颠覆，进而重构一种全新的商业运行结构。电子商务（电商）就是一个经典案例，而阿里巴巴所建构的新的商业运行结构则是诸多经典案例中的精品。

实际上，以互联网为平台构建的电商模式除了创造无边界的合作平台外，以信息流的整合为导向牵引物流聚合是其成功的关键。无边界平台克服了传统商业的物理空间、局域和时间约束，人们的消费（购物）过程可随时随地完成，基于信息流基础上的物流聚合使消费者具有无限广阔的选择权，而分工基础上的协作以及无物理空间约束的特点，则极大地降低了商业成本。

电商特别是像淘宝网这样的纯平台电商所具有的这些优势或特点，正是传统商业模式的根本缺陷所在。互联网之所以成为传统商业的重构者甚至是颠覆者，是因为它们是大众消费习惯的牵引者、变革者，是一种新的消费模式和商业文化的创造者。

互联网在颠覆了传统商业这个古老的产业“帝国”后，下一目标是哪个产业？我认为，一定是金融服务业。

二、互联网金融：生存和发展的逻辑

为什么互联网下一个要攻城略地的产业帝国是金融服务业？这是因为金融产业与商业一样同属服务业且幅员辽阔、利润丰厚，舞台之大比商业有过之而无不及。更为重要的是，互联网与金融在功能上是耦合的，嫁接在互联网平台上的金融，就如同“马车变汽车”，将使金融的功能效率大幅提升。这种提升是质的飞跃。

从商业的角度看，互联网所要重构的产业一定是“产业帝国”：规模大、服务面广、利润厚、具有统一的标准，对经济活动具有广泛的影响力。金融业具备所有这些要素。

首先，从世界范围看，截止到 2011 年底，全球金融资产规模达到 218 万亿美元；其中全球银行业资产规模约占全球金融资产的 39%，约为 85 万亿美元。人的一生或多或少都要参与金融服务，如支付、清算、储蓄、融资、投资、保险、理财等。金融和商业一样，无孔不入地渗透到人们的生活和经济活动中，金融是名副其实的“产业帝国”，是产业链中的“皇冠”。

其次，就中国的情况而言，金融更像一个臃肿的“产业帝国”。到 2012 年底，中国金融资产规模达到 171.53 万亿元人民币，利润达到 1.58 万亿元人民币；其中银行业金融机构资产为 133.62 万亿元人民币，占金融总资产的 77.9%，利润为 1.51 万亿元人民币，占金融业利润的 95.2%。银行业中 16 家上市银行实现的净利润占沪深两市 2467 家上市公司的 52.6%。总体而言，中国金融特别是商业银行由于缺乏外部的系统性竞争者，垄断利润太高，竞争压力不足，创新动力不够，迫切需要来自体系外部的系统性压力和战略竞争者。

此外，金融这个传统的“产业帝国”在中国需要新的活力。新的活力来源于“基因变异”，来源于体系外部的系统性压力，这种“基因变异”和系统性压力的重要来源就是互联网，就如同传统“商业帝国”需要互联网焕发新的生命力一样。以互联网为平台构建的金融就是“互联网金融”。

因此，可以说，无比广阔的市场空间为互联网金融的发展提供了比商业更绚丽的舞台。

但是，我们也要看到，广阔的市场空间只是互联网金融生存的必要条件。而金融功能与互联网的耦合，或者说金融功能与互联网的技术特性在“基因”层面上匹配，是互联网金融生存和发展的充分条件，是互联网金融存在和发展的逻辑基础。

按照现代金融功能理论的划分，金融系统具有六项基本功能：跨期、跨区域、跨行业的资源配置；提供支付、清算和结算；提供管理风险的方法和机制；提供价格信息；储备资源和所有权分割；创造激励机制。

在金融的六项基本功能中，一般认为，“资源配置”和“支付结算”是最基础的两大功能，通常主要由商业银行来承担，在中国尤为明显。后四种功能，在不同金融模式中，在不同程度上分别亦由商业银行和资本市场来承担，其中风险管理（财富管理）是现代金融最核心的功能。从基因的匹配性上看，互联网与金融的前四种功能，即“资源配置”“支付清算”“风险管理（财富管理）”“提供价格信息”，具有更高的耦合性。后两种功能的实现更多的是基于一种制度结构和产品设计，但互联网平台的植入，与此两种功能的实现并无冲突，在一定意义上说亦有利于这两种功能效率的提升。

三、互联网金融：功能耦合性分析

第一，互联网金融可以进一步优化“资源配置”的功能。

金融学意义上的“资源配置”，核心是资金的供给方通过适当的机制将使用权让渡给资金需求方的过程。这种机制分为两类：一是金融机构主要是商业银行，资源配置表现为吸收存款和发放贷款的过程；二是金融市场主要是资本市场，资金供给者与需求者以市场为平台直接交易以完成资源配置过程。通常，约定俗成地把前者称为“间接融资”，后者称为“直接融资”。

在金融的两种融资形式中，间接融资的基础风险是信用风险，直接融资的基础风险是透明度。传统上，在间接融资中，信用风险评估的主要标的除信用记录外，更多侧重于土地、房屋等物质资产和公司信誉状况等指标，缓释信用风险的机制多数是抵押、质押和担保。在直接融资中，透明度的风险主要表现于信息披露是否真实、及时、完整。这两种对风险的定义在自身逻辑范围内没有问题，但前者即商业银行对风险的定义多少有点“富人好信用，穷人差信用”的逻辑；后者则把信用的履约置于法律和道德两重约束下的“自觉之中”。

而实际上，个人或企业信用的优劣，是否存在履约风险，在实际交易行为中是能体现出来的。持续的、高频率、以信用为担保的交易，更能真正地、动态地反映交易主体的信用和履约能力。互联网与生俱来的信息流整合功能，创造了大数据时代，它显然区别于以抽样统计为基础的小数据时代。它通过对云数据的处理，使人们能够清晰地看到抽样所无法描述的细节信息。显然，现在的计算机完全具备了这种计算的能力。

在互联网所创造的大数据时代，首先是如何获取数据，其次是互联网“开放、平等、协作、分享”的精神，为数据的获得创造了天然的平台，从而较好地解决了经济活动中信息不对称性问题。或许在这个时代，仅仅云数据的处理就可能形成新的“金融中介”，个人或企业的信用信息无一不体现在其中。在这些云数据中所体现的信用信息，其实比传统的信用识别标志要准确得多。所以，互联网在金融最关心的信用风险识别上，显然更进了一步，使金融识别风险的能力更具时效性、准确性，进一步完善了金融识别风险的能力。

互联网既然可以更有效地识别信用风险，又解决了经济活动中信息不对称性问题，那么，以互联网为平台的金融显然更利于金融的“资源配置”功能的实现。

第二，互联网金融将使金融的支付效率大幅提升。

互联网金融可以进一步改善现行的以商业银行为主体的支付体系，更便捷地提供支付清算服务，使金融的支付清算功能效率大幅提升。

在不同的金融结构中，支付清算体系的构建有较大差异，在大多数国家，商业银行承担着社会经济活动中支付清算的功能，在中国尤为如此。中国的商业银行构建了形式多样、烦琐复杂的基于实体经济交易和少量金融交易的支付清算系统，在全社会支付清算功能中占绝对主导地位。

就占主导地位的银行支付清算系统而言，由于更多地吸收和运用了现代信息技术，支付清算的技术手段和工具不断创新，效率有较大提高。这实际上就是互联网的巨大作用。这说明，基于互联网平台的金融，在克服了时空约束的基础上，加快了资金的流动速度，克服了支付清算资金的“存量化”，最大限度地保证了交易双方特别是资金接收方即债权人的利益。所以，互联网金融这一便捷、及时的支付清算体系，既是现有银行支付清算体系的竞争者，又是对社会总支付清算系统的完善。

第三，互联网金融进一步完善了“财富管理（风险配置）”的功能。

互联网金融对金融“财富管理（或者说风险配置）”功能的贡献主要表现在三个方面：一是向下延长客户群链条，进一步丰富了财富管理需求者的结构；二是提供成本低廉、快捷便利的营销网络；三是实现了余额资金的财富化，有效地扩大了财富管理需求者规模。在诸多金融功能的实现过程中，财富管理的需求具有较大的隐性特点，格式化或标准化产品及服务对个性化的财富管理影响甚微，因为对个性化的财富管理需求者来说，对“人”的认同远高于对“平台”的认同。

但是，在中国金融特别是商业银行目前的状态下，互联网平台对潜在的非个性的财富管理者来说，仍具有巨大吸引力。其基本表现形式就是，基于优化资源配置前提下的余额资金的财富化。“余额宝”就是一个有价值的案例。余额宝最大的贡献在于，突破商业银行余额资金储蓄化的规律，实现余额资金的财富化。在这里，客户的余额资金不再是无任何收益的闲置资金，也不是低利率的储蓄产品。这一功能的突破，极大地延伸了财富管理的客户端，并对商业银行固有的储蓄产品带来重大挑战，推动了商业银行传统业务的竞争和转型。

所以，互联网金融在“财富管理”功能的拓展上，具有积极的推动作用。

第四，互联网金融对改善金融“提供价格信息”的功能有积极推动作用，使价格信息更丰富、更及时、更准确。

一般认为，金融提供的价格信息包含两类：一是资金价格，即利率；二是资产价格，通常由股票价格指数表示。前者主要由货币市场和银行体系提供，后者则由资本市场动态即时发布。互联网平台的引入，提高了动员资金的能力和资金的使用效率，加快了资金流转速度，促进了金融体系特别是其与商业银行的竞争，将使利率这一资金价格更能及时、准确地反映资金供求关系，进而引导资金的合理流动。在资本市场上，由于交易系统和实时报价系统充分吸纳了先进的计算机技术和信息技术，股票价格指数已经充分体现了动态、及时的特点，这与互联网的技术基础是一脉相承的。

互联网所创造出的无边界平台，为众多厂商和消费者与厂商之间的竞价提供了最优的机制。在这里，价格没有外部力量的约束，所有价格都是厂商之间和消费者与厂商之间竞价的结果。所谓互联网对信息流的整合，一个重要内容就是推动竞争价格的形成。这种价格形成机制远比传统市场结构下的价格形成机制合理而透明，因为互联网平台解决了传统市场结构下所存在的信息不对称性和成本约束问题。所以，互联网金融不仅进一步改善了传统金融“提供价格信息”的功能，而且也使这个“价格信息”的内涵得以扩充、丰富。

四、互联网金融在中国：现状与未来

互联网金融在中国目前还处在初始状态，标准意义上的功能链完整的互联网金融还处在破壳之中。

“支付宝”的出现对于打破银行支付垄断、引入竞争机制具有重要意义，但其资金源头仍从属于商业银行，这显然是个约束。

“余额宝”的核心贡献在于确立了小额资金的财富化，确立了市场化利率的大致刻度，有利于推动利率市场化进程。然而，在资本市场没有得到有效发展和制度约束仍然存在的前提下，在“余额宝”基础资产没有任何证券化金融资产的条件下，“余额宝”的生存迟早会受到利率市场化的冲击。

“阿里小贷”具有互联网金融的某些核心元素。但从目前看，由于制度、规则和相应政策的约束，“阿里小贷”的客户范围具有特定限制，目前还难以对商业银行的贷款业务产生真正意义上的挑战。

“P2P 贷款”从外壳或形式上看，十分接近互联网金融，但由于其对客户的风险甄别以及风险对冲机制未有效建立起来，对信用风险的评估与商业银行无异，其前途扑朔迷离。

网上销售理财产品最近比较活跃，这主要是基于传统渠道的垄断和高成本而引发的另一条竞争渠道，这是互联网渠道成本优势之使然。它或许会成为未来互联网金融的“表外业务”。

由于制度和现行规则的约束，完整意义上的互联网金融在中国还没有真正形成。前述几种形态除了“阿里小贷”外，只是片段化的互联网金融，因为它们还没有独立生存的机制。即使“阿里小贷”也仍在传统规则边界上游走。至于商业银行等金融机构借助于互联网所做的工具或系统创新，大体上属于金融互联网。要正确理解互联网金融与金融互联网的本质差别。

所谓互联网金融指的是以互联网为平台构建的具有金融功能链且具有独立生存空间的投融资运行结构。这里，“以互联网为平台”是最基础的要素，它意味着对物理空间的摆脱，意味着硬成本到软成本的过渡。“金融功能链”和“独立生存空间”也是互联网金融必不可少的元素，例如，支付宝具有金融的支付清算功能，但由于其“上游”资金在现行制度下必须也只能来源于客户在银行的储蓄或银行对客户的贷款，没有独立的资金源头，所以支付宝只具有互联网金融基因，还不是标准意义上的互联网金融。相较于传统金融（商业银行）的运行结构而言，互联网金融是一种“异物”，是一种基因发生某种变异的金融，这种“基因变异”本质是一种飞跃。

当传统金融（这里更多地指的是商业银行）吸纳、运用包括互联网技术在内的现代信息技术，去创新某些金融工具、构建新的网络系统的时候，原有的运行结构和商业模式并没有相应地发生变化，我们将这种金融与互联网的结合称为金融互联网。相较于传统金融来说，金融互联网显然是一个创新但不是飞跃，因为在金融互联网中，互联网是一个手段，是手臂的延伸，而不是平台，因而也就不是“基因变异”。

互联网金融基于“基因变异”的力量，对现存金融体系在理念、标准、商业模式、运行结构、风险定义和风险管控诸多方面都会提出全面挑战。它是传统金融的合作者，更是传统金融的竞争者，因而也是整个金融结构变革的重要推动者。

金融互联网的主要功能不是对金融模式的变革，不是挑战现行金融体系，而是基于自身技能的修复和壮大，是为了提升在原有体系中的竞争力，对金融体系本身的变革力远逊于互联网金融。当然，与传统金融相比较，金融互联网无疑也是巨大的进步。

随着制度、规则和准入标准的调整，互联网金融的发展趋势不可逆转，其所具有的低成本优势、信息流整合（大数据产生）、信息的对称与共享和快捷高效率，无疑将对传统金融业态特别是 ROE（净资产收益率）较高的银行带来严重挑战。但是，应当清晰而客观地看到，这种挑战有的是带有颠覆性的、此长彼消式的竞争，具有替代性趋势；有的是隔岸相望促进式的竞争，彼此难以替代。相互竞争后，新的金融业态可能是分工更加明确、个性更加突出、结构更加多元、效率进一步提高。

大体而言，互联网金融将在支付功能上具有明显的优势；在资源配置（融资）领域，互联网金融对风险识别基于数据的平台，如平台小额贷款，亦具有较明显优势；在标准化金融产品的销售方面，互联网金融由于存在巨大的成本优势，也有较大发展空间；在非个性化资产管理方面，虽然互联网金融会在某种程度上受到感知认同的约束，但仍有一定的生存空间。在这些领域，互联网金融会在不同程度上分食传统金融特别是商业银行的蛋糕，进而形成更加专业化的分工。而对这种蚕食式的竞争，传统金融（商业银行）必须调整策略，广泛运用互联网技术，加快改革和创新。这客观上推动了银行业的技术进步，加快了互联网与金融的全面融合。

与互联网金融一样，传统金融（商业银行）也有自身的比较优势。例如，个性化服务、高度的专业性、较高的感知价值、对冲风险的能力、雄厚的资本实力以及线下客户的垄断等。这些比较优势，使传统金融（商业银行）在大额贷款、个性化财富管理、投资咨询、资源储备等方面有难以替代的优势。

综上分析，就互联网金融与传统金融而言，未来的金融业态是在竞争中共存、在共存中竞争。

中国金融的基本趋势是：基于互联网金融的渗透、竞争和撞击，现行金融模式和运行结构一定会发生巨大的变革，金融功能的效率一定会大大提高，风险则会发生一定程度的变异，这就需要我们制定与互联网金融相适应的监管准则。

中国金融体系的缺陷与改革重点

——在韩国首尔国际金融论坛上的演讲

【作者题记】

这是作者2013年10月29日在韩国首尔国际金融论坛上发表的演讲。

自1984年以来，经过近30年的改革开放，中国金融体系沿着市场化方向取得了巨大进步，无论是在规模、结构、产品和对实体经济的作用等方面，还是在制度、规则、治理结构、透明度以及风险管控等方面都有根本性的变化，中国金融体系的竞争力和在国际金融体系的地位显著提升。中国是一个大国，中国必须着眼于未来的竞争态势和金融的发展趋势构造一个与大国经济相匹配的大国金融。这样一个大国金融的核心标志是结构上富有弹性，既有高效率的资源（资金）配置能力，又有很强的风险平滑（或风险配置）能力；这样的大国金融，既是高度市场化的，又是开放的；既具有在全球配置资源又具有在全球分散风险的能力。

按照这样的战略目标，当前中国金融体系的能力是不足的，是有重要缺陷的。

一、中国金融体系的缺陷

（一）存在较大程度的垄断性，市场化程度不够

中国金融体系的垄断特征主要表现为准入管制、价格管制、市场垄断。结果是竞争不够充分，超额垄断利润和客户对金融服务满意度低，从而造成了在金融与实体经济、金融与资金提供者（储蓄者和投资者）之间收益的不平衡。垄断是社会收入分配不公的重要制度基础。

（二）金融结构弹性较低，吸收和平滑风险的能力较弱

现代金融的核心功能是配置风险。金融结构的弹性既来自竞争、透明度和市场化机制，更取决于金融体系的证券化程度或者说取决于金融资产中证券化金融资产的比重。金融体系的风险不在于价格波动，而在于风险的持续积淀或风险的存量化机制。要使一国金融得以安全有效运行，必须要创造一种风险流量化的机制，这种机制就是资产证券化和以此为契机发展起来的资本市场。风险流量化的机制是金融结构富有弹性的前提。无论是从资本市场的现状，还是现有证券化金融资产的比重看，中国金融结构都是相当刚性的。刚性的金融结构为金融风险乃至危机埋下了伏笔。

（三）开放度不够，国际化程度较低

我们对金融的开放始终保持相对谨慎的态度，因为金融危机甚于一切经济（行业）危机，金融危机会动摇一国根基。

从战略角度看，中国金融必须开放，也一定会国际化，因为要维持日益庞大的中国经济的长期增长，必须要有强大资源配置和风险配置能力的金融

体系。中国国内资源难以维持越来越庞大的中国经济的持续增长。开放是中国金融发展的大趋势，也是中国经济持续增长的必然。但从目前的状态看，中国金融的国际化程度和国际影响力显然与中国经济在世界经济舞台上的地位不相适应。开放度较低的标志是外国投资者在中国市场投资的比例过低，国际影响力不够的主要表现是人民币国际化程度低。

二、中国金融改革的重点

（一）调整准入门槛和标准，推动民间金融阳光化，允许金融领域的适度竞争，加快利率市场化改革

打破垄断，形成多元化竞争格局，实现金融与实体经济协调平衡发展和共赢，是推进中国金融市场化改革的重要目标。民间金融阳光化，允许民营资本参与银行、证券、保险、信托、基金等金融机构的发起设立和并购重组是中国金融市场化改革的重要内容。

互联网金融在中国还处在蓄势发展的阶段。互联网金融将对中国传统金融格局产生重大的甚至是革命性的影响。利率市场化是当前中国金融改革的核心内容之一。中国金融（银行）利润的垄断性在一定程度上与竞争的不充分有关。竞争不充分扭曲资金价格，进而导致了银行的高额垄断利润，损害实体经济，加剧资金供求关系的紧张，导致大量以“利率”为标的的寻租行为。当前，中国政府正在着手推进利率市场化改革，贷款利率正逐步放开，但存款利率尚未放开。上海自由贸易区内的金融改革是一种新的探索，是中国金融的未来。从短期看，利率市场化可能会收窄金融（银行）机构收益率，也可能会给一些金融机构带来一定的风险，但长期看，有利于金融竞争秩序的有序形成。

（二）大力推进资产证券化特别是信贷资产证券化，促进资本市场的发展

资产证券化是资本市场发展的前提，也是一国现代金融体系形成的基石，是金融结构变革的主要力量。中国资本市场发展在结构上是不平衡的：股票市场优于债券市场，这种结构不平衡的资本市场损害了资本市场的效率，降低了资本市场财富管理的功能，不利于企业优化资本结构。中国股票

市场可能是金融危机后全球表现最差的市场之一。2008 年后中国经济平均以 9% 左右的速度增长，但股票价格却与此毫无关联。

中国股票市场当前改革的重点是：一是着手修改《证券法》，为股票市场的市场化改革扫除障碍；二是修改以 IPO（首次公开募股）发行制度为核心的资本市场一系列制度、规则，以适应市场化的要求；三是严厉打击包括虚假信息披露、欺诈上市、内幕交易在内的违规违法行为，提高市场透明度。

信贷资产证券化已提到改革的日程表上。信贷资产证券化将有效地盘活商业银行的存量资产，提前消除其未来的不确定，减轻其对资本金的依赖，丰富固定收益证券市场（债券市场）的品种。中国债券市场最大的问题是市场分割，产品种类少，一般投资者难以进入。中国信贷资产证券化必须防止类似于美国次贷危机的出现。

（三）进一步推进人民币汇率的市场化改革，加快人民币国际化步伐

人民币经常项目已经放开，资本项下大多数也已放开，但外国普通投资者进入中国资本市场进行投资仍有限制，只能通过 QFII（合格的境外机构投资者）机制进入。人民币汇率形成机制市场化改革的趋势不会停止，只会加快。按照我国政府的设想，到 2020 年，要把上海（深圳）建设成为 21 世纪新的国际金融中心，这个国际金融中心，其职能主要是人民币计价资产的交易中心，是全球投资者人民币资产配置中心。到 2020 年，中国资本市场的规模、影响力应在全球资本市场中处在第二位。基于此目标，人民币国际化步伐会有所加快。我们鼓励国际间贸易结算用人民币或双边货币结算，同时，中国人民银行扩大了同有关国家和地区货币互换规模。2013 年 10 月，中国人民银行与欧洲中央银行完成了 5 000 亿元人民币和 500 亿欧元的货币互换。

我们有理由相信，到 2020 年人民币应是国际货币体系中重要的一员。

三、中国金融的未来

在中国，对于构建一个什么样的金融模式是有争议的。我本人主张，在中国应构建一个以资本市场为平台，开放的、既能在全球有效配置资源又能

在全球有效分散风险的现代金融体系。为此，在有效控制风险的同时，全面推进金融结构的市场化改革，加快资本市场的发展，实现人民币的国际化，是中国近中期改革和发展的重要任务。

中国资本市场：何去何从？

——在凤凰卫视《世纪大讲堂》上的演讲

【作者题记】

这是作者 2013 年 9 月 15 日在凤凰卫视《世纪大讲堂》上的演讲，也是作者第三次在凤凰卫视《世纪大讲堂》上的演讲。主持人为田桐。

田桐：27 年前，首只公开发行的股票飞乐音响以新鲜事物的方式进入了公众的视野。对公众来说，恐怕很少有人能够预见到我国的资本市场只用了 20 年左右的时间就完成了很多发达市场百年才能走完的路。随着中国经济的不断扩张，以及经济、金融体制的改革和完善，我国资本市场从很少有人参与，到现在的与每个百姓的生活息息相关，它已经成为国民经济体系中不可或缺的重要组成部分。今天中国资本市场现状如何，未来中国资本市场又该何去何从，今天我们请到的嘉宾是中国人民大学金融与证券研究所所长吴晓求教授。

吴晓求：谢谢邀请。经济社会的现代化离不开资本市场。

田桐：首先我们可能会有一些热点问题想要您给我们解答。第一个问题是，资本市场对中国来说在经济上有哪些重要意义？

吴晓求：中国资本市场在中国经济社会的发展过程中具有重要的作用。中国经济从 2001 年之后都保持了 9.5% 左右的高速增长，其中资本市场起到了重要作用。概括地说，主要有这么几个方面：一是推动了中国经济的持续稳定增长，有助于公司治理结构的改善，为上市公司提供了一条规范的融资渠道；二是为中国企业，特别是国有企业的市场化改革提供了一个市场化的平台；三是为中国金融体系的现代化提供了坚实的基础，工商银行、农业银行、中国银行和建设银行这些重要的国有商业银行，都是借助于资本市场这个平台，形成了现代商业银行制度，大大提升了中国金融体系的竞争力；四是为投资者提供了多样化的投资选择，中国投资者开始具备现代金融意识、风险意识和经济意识。资本市场是人生重要的学习大舞台，在中国，还没有哪一所大学像资本市场这样能够培育中国人的现代意识。从这几个方面看，中国经济社会的现代化离不开资本市场的发展。

田桐：实际上 2013 年 6 月的时候也发生过一次“钱荒”。人们以为它是中国资本市场的一次地震，实际上人民银行和中央政府对于这次“钱荒”的处理办法和以前不太一样，您怎么看这个事件？

吴晓求：现在一般不用“钱荒”这个词，当时是记者、媒体喜欢用老百姓非常熟悉的词来描述那样一种现象。

田桐：那专业性词汇应该怎么讲？

吴晓求：流动性风险，或者说货币市场上的流动性风险。

田桐：流动性风险。

吴晓求：这一事件反映了中国金融体系在结构层面上存在重大缺陷，也预示着如果我们不改革，仍然保持目前这样一种金融体系、这样一种金融制度，在未来，中国有可能会出现金融危机。这次出现的流动性风险，给商业银行带来的影响还相对比较小，对资本市场带来的心理预期影响则很严重。从那时开始，中国资本市场开始进入低迷状态，投资者信心大减。当然，更重要的是，这次流动性风险提醒人民银行和其他金融管理部门，要高度重视金融制度改革，因为如果这种金融制度继续延续下去，会给中国带来金融危机。这对我们是一种警示。

田桐：一个警示作用。

吴晓求：对。

田桐：实际上，从今年上半年开始，很多股民疑惑现在的股市为什么呈现出这样一种低迷状态，上半年上证综指下跌12.78%，深证成指下跌16.5%，这个数字能代表什么现实意义？

吴晓求：这个数字本身背离了中国的实体经济，也就是说这不是中国经济的真实反映，也不是这些上市公司投资价值的反映。它受到很多复杂因素的干扰，包括6月20日银行体系、货币市场上出现的流动性风险，给市场非常大的心理震撼，到现在，投资者还有一点心有余悸。

田桐：您觉得接下来，中国股市会有一个什么样的走向？什么时候会走出这样一种低迷状态？

吴晓求：这完全取决于我们的改革，取决于我们如何去理解资本市场。虽然我们发展资本市场有23年的历史，实际上20多年过去了，我们对资本市场的理解还处在非常落后的状态，我们没有理解中国资本市场的发展对未来中国经济、社会的巨大作用，我们的理解是肤浅的。充分理解中国为什么要发展资本市场是最根本的。在这个基础上，我们再推进相应的改革，制定能够促进资本市场发展的政策。这样，资本市场才会发展起来。

田桐：所以，改革势在必行。好的，接下来有请吴教授带来他今天的演讲，演讲的题目是，中国资本市场：何去何从？有请吴教授。

吴晓求：我今天演讲的题目是，中国资本市场：何去何从？按道理资本市场发展了20多年，人们应该知道它向什么方向发展。非常令人疑惑的是，过去20多年了，竟然还不知道这个市场向什么方向发展！这听起来的确有一点荒谬。

从中国资本市场的发展历史以及最近的表现，的确能得出这样一个困惑：中国资本市场，何去何从？2008年全球金融危机之后，中国资本市场的确找不到方向。2008年全球金融危机最严重的国家是美国，也包括欧盟，欧盟一些国家深陷金融危机的泥潭。这次金融危机对我们的影响有一些，但不是很大。可是作为国民经济晴雨表的资本市场，股票价格指数似乎失灵了，我们似乎成了全球金融危机深陷其中最严重的国家。放眼望去，全球金融危机之后全球市场，即使是欧债危机最严重的那四五个国家，它们的市场有一些比我们还好呢。这就非常令人疑惑：难道这次金融危机对我们的影响真的如此之大吗？显然不是。因为，金融危机之后中国经济仍然保持相对高速的增长。

今年上半年7.6%的经济增长，是近些年来相对比较低的，但即使7.6%的增长，从全球视角看，也是一个较高的增长。理论逻辑和金融变革的历史告诉我，在一个大国的经济发展过程中，资本市场随着这个大国的崛起而发展起来。作为一个大国，而且是正在走向现代化的大国，其金融体系不应该是传统的、落后的，也就是说，融资投资活动不能主要依靠商业银行体系来完成，因为，这种金融体系的功能是相对单一的。我们要成为一个现代化的国家，就要建设一个结构上富有弹性，既能够分散风险，又能有效配置资源，同时具有良好流动性和透明度的现代金融体系。这个现代金融体系的核心和基础，就是发达的资本市场。因为，只有这样结构化的金融体系才可能维持这个大国的经济处在一种持续增长的状态。没有这种市场化、结构化的金融体系，要维持经济的持续增长是困难的。

到今天，我仍在疑惑，我们孜孜追求的目标和理想，为什么渐行渐远？最近，我的思想发生了某种变化，这个变化主要是在怀疑，是不是理论逻辑出了问题，或者说中国这个国家的土壤里面就长不出一个强大的资本市场？

看看亚洲国家。亚洲国家的金融市场的确也不是很发达，远不及美国和英国资本市场发达。亚洲国家、欧洲大陆国家，它们的资本市场不那么发达。这一现象促使我反复思考，文化传统、法律体系是否在根本上制约了资本市场的发展。在中国传统文化和价值观念中，在金融市场特别在资本市场获得很大投资收益，人们一般不会有正面评价。中国会对实业家顶礼膜拜，但很少会对金融家顶礼膜拜，无意或有意地认为这不是正道，挣的这个钱不是很体面。我在想，巴菲特在中国大概也不会受到正面评价，大家可能也会把他看作一个投机家。这是一种文化。

我也认为，一个国家的强大，首先必须是实体经济的强大。没有实体经济支撑的金融，一定是泡沫化的金融，对社会和国家一定是灾难性的。所以，实体经济是金融发展的基石。当然，在现代社会，除了关注实体经济，还必须关注金融，因为金融包括资本市场对实体经济具有重要推动作用。不能简单地把资本市场和泡沫画等号。在中国，有泡沫吗？当然有。在我看来，中国的房地产市场就是巨大的泡沫化的市场。我不认为现在的资本市场有多大的泡沫。

如果把资本市场简单地和泡沫画等号，资本市场稍微涨一涨政策就会打压。中国发展资本市场的根源在于观念。传统观念对资本市场的不正确认识，是严重阻碍中国资本市场发展最深厚的原因。我们骨子里把资本市场妖魔化，至少没有把它看作是正道。所以，在这个市场赚了钱，不仅没有人欣赏，还会有人深怀忌恨。

看来，这种文化的确在一定程度上制约了中国资本市场的发展。如果中国资本市场难以发展起来，那又怎么样？我会很悲观。中国经济不仅仅要增长20年。日本经济高速增长之后，现在还处在一个相对低迷的阶段，已经20年了。可是，反观美国经济，仍有很好的增长潜力。也就是说，美国经济的增长，从20世纪初到2008年大概成长了一百年，其间有七八年的衰退，剩下的都在成长，虽然其经济成长不像中国这样快速地以10%的速度增长，大多数年份的增长速度不高但相当稳定，这种增长是具有财富效应的增长。中国GDP（国内生产总值）如此高速增长，实际上有很多是没有财富效应的。

美国经济的百年增长，人们作了很多总结。在我看来，主要有两点：

一是科学技术的原动力。科技进步催生产业的升级换代，推动产业革命，引发经济长周期的出现。这是美国经济在最近一百年经济增长最成功的经验。中国也在学习这个经验。

二是现代金融的推动作用。我们知道，新技术到新产业、新产品以至于产业革命，是有一个周期的，这其中孕育着巨大风险，并不是新技术出来之后会无风险地被大家所接受，因为传统产业会抵触新技术产业。新技术产业的出现，有一个认识过程和适应过程，存在巨大的不成功风险。

在传统金融体系下，新技术产业的风险会被放大，放大到新技术成果可能永远停留在实验室，难以变成新产业。因为没有人去帮助这个新技术变成新产业、新产品，产业革命的风险没有机制去分散、去承担。新技术变成新产业、新产品的风险，单个资本是无法承受的，必须依靠金融制度的创新，用新的资本业态去承担这种产业升级换代的风险。

可以看到，如果中国经济要维持长期增长，一方面要重视科学技术进步的作用，另一方面还必须重视现代金融特别是资本市场对经济持续增长的价值。现代金融的功能正在悄然地发生变化。过去一般认为，金融的功能主要是融资。在中国绝大多数人都还停留在金融主要是融资的理论认识上。实际上，现代金融最核心的功能不仅仅是融资，而且还有为社会提供财富管理，为此，就必须为投资者提供可以自由选择和组合的、多样化的、具有充分流动性的各类金融资产。不要有钱了就存银行，或者去炒房。如果社会主流的投资行为都是这样，只能说明金融体系是极其落后的。因为它没有给投资者提供可以选择的、流动性好的、有相应收益的金融资产。

刚才我说到，文化层面的因素在一定程度上会影响现代金融体系在中国的形成。疑惑归疑惑。我想，经过努力，一些根深蒂固的貌似是基因似的原因，也会发生变化。随着社会的进步，人们的意识会发生很大的变化。随着人口结构的变化，喜欢投资的人会越来越多。所以，我们也不能太悲观。当前，重要的是，我们必须对资本市场的制度、规则、政策进行改革和调整，必须转换发展理念，升华理论认识。

刚才我也说了，制约中国资本市场发展的关键因素是理论认识和发展理念。长期以来，有这么几个理论认识束缚了我们。

一是把这个市场看成是融资的市场，认为这个市场的融资功能大大超过投资功能。这种认识误导了中国资本市场，因为把融资看得非常重要，所以很多政策、规则、制度的设计是倾向于融资者的，倾向于企业的。

二是这个市场更多关注的是融资者利益，而不是投资者的利益。要知道，这个市场的资金来源于投资者，没有投资者哪里有融资者的资金。本末倒置了。保护投资者利益成为一个装潢门面、空洞无物的宣传口号。

三是把资本市场看成是资金池，而不是资产池。这种意识与前面两种认识一脉相承。

四是把这个市场看成是麻烦的制造者、泡沫的制造者，而不是财富的孵化者。

要发展好中国的资本市场，我们必须对上述理论认识作颠覆式的变化。

首先，要把这个市场看成投资的市场，是一个孵化财富的市场。未来中国人的财富相当大的比例都应体现在这个市场上，而不是把剩余资金存入银行，更不是炒房子。财富管理的市场和投资的市场，就要求透明度，所有的信息都要非常透明。

其次，要把保护投资者利益放在首位。任何损害投资者利益的行为都应该受到处罚。

最后，从资金池转换成资产池。

这些认识发生变化后，就要制定符合市场发展要求的政策。要在制度、规则和政策三个层面进行调整和改革。

中国资本市场发展了 20 多年，股权分置改革也完成了 6 年，中国资本市场的内部结构和外部环境已经发生了重大的变化，原来制定的制度、规则、政策完全不适合今天的资本市场。

我先讲制度改革。制度改革最重要的体现在三个方面：

第一个方面，推进发行制度的改革。最近证监会在原来的基础上进一步完善了 IPO（首次公开募股）制度，但是改革还不到位。发行制度改革最重要的有两点：要不要审，由谁来审？最基本的方向就是发行审核和事后监督要相分离。现行发行制度最严重的缺陷是责权不对称，有很大的权力但没有责任。一种制度如有很大的权力，同时又没有责任，这个制度一定是不好的制度。我们一定要建立一个透明的、权责匹配的制度。中国市场不断出现欺诈上市的事件，但很少看到发行审核的主体承担什么责任。所以，要建立一个发行审核和事后监督相分离的制度。

第二个方面，就是要大大加强透明度制度建设。中国市场时不时会出现欺诈上市现象，最近有一个 IPO 大检查，主要是财务大检查。财务大检查之后有很多企业主动撤出 IPO，其中不少企业涉及财务作假。

第三个方面，就是退市机制的改革。中国资本市场有 23 年的历史，退市制度也有 20 多年的时间，但是退市制度基本上没有发挥作用。我们在源源不断地上市，却没有一个有效率的淘汰机制。上市公司源源不断地增加，市场却缺乏清道夫，这个市场必然鱼目混珠，劣币驱逐良币的现象会越来越严重。具有投资价值的企业交易并不活跃，那些已经没有任何价值的股票交易却非常活跃，这不是一个正常的现象。因为没有退市的约束，或者说没有有效地执行退市制度，市场就会价值颠倒。本来应该退市的，还有这么多资金去追逐，背离了资本市场的宗旨。退市制度不但要进一步完善，而且要发挥清道夫的作用。

第四个方面，就是并购重组。并购重组的制度和规则需要进一步调整。

中国市场上并购重组的功能非常弱。资本市场生生不息地发展，主要是因为这个市场有并购重组的功能，有对存量资源的再配置功能。对存量资产的并购重组，有利于企业的扩张和竞争力的提升。但是，中国市场的制度设计却把重点放在发行制度上。这种制度建设重点的错位，充分体现了市场是在为融资者服务，这也是中国市场缺乏成长性的重要原因。

制度改革之后，就是规则的调整。规则调整，最重要的有两点：一是激励机制。在中国资本市场上是不允许高管持股的，过去长时间也不允许员工持股，但可以让外资持股。这非常令人困惑。为什么要这样？高管和员工持股又不是送给他们，他们也是按照外资一样的价格购买，怎么就不可以？他们持股了会更关注企业的成长。恰当的股权激励是企业成长的润滑剂，企业发展除了货币资本外，人力资本是至关重要的，对于那些高科技企业来说，人力资本的价值可能要超过货币资本。所以，激励性规则要调整。

二是减持、增持、回购的规则要修改。股权分置改革完成后，这一规则没有调整，没有进一步完善。很多控股股东可以随意地增持或减持股份。为什么要增持？控股股东有信息的优先知情权，你要增持是要提前公告的，如果不事先公告，就有内幕交易的嫌疑。为保证这个市场的公平，控股股东、实际控制人增减持都应实行预先公告制度。

这些财务投资者、所谓的战略投资者在上市一年以后就可以套现走人，我也不认为这个制度设计是好的。这些财务投资者、战略投资者，本质上都是寻租股东，他们对企业发展没有什么价值。我的意思是说，任何资本要获得投资收益，必须承担相匹配的风险。

在制度设计上，不要让寻租股东、寻租资本有太高的回报，不承担风险却可以获得高收益，说明制度是有问题的。

三是规则之后是政策规范。政策的重点是要让市场供求关系处在一个动态平衡中。我们这个市场持续性下跌，长期处在低迷状态，可以找到很多基础原因，比如说经济处在下行阶段、货币紧缩，这都是市场下行的解释变量，甚至也可以归于银行间市场的流动性风险。但是直接原因是市场供给与需求完全失衡了。

所以，在这个时候，还大规模推出 IPO（首次公开募股）有点不合时宜。市场都这样了，还大幅度增加供给。从政策层面要找到一个与供给相匹配的需求。一方面要增加增量供给，另一方面减持还在增加，如果市场没有新增资金进入，市场不下跌才怪呢！所以，政策层面要想办法让新增资金进入市场。如何让新增资金进入市场，是政策调整的重点。

第一，研究内部资金的进入。我们把养老金称为养命钱。我问过一些管理者，养老金到哪儿去了？有的存银行，有的进入地方财政体系，通过打包，被挪用到房地产开发上了。这种管理养老金的方式只会造成资金缺口越来越大，因为没有投资功能。美国的养老金为什么没有那么大的缺口？是因为它有投资功能，每年资产的收益率通常能达到 7%~8%，我们基本上没有收益。用一个静止的资金存量去支付未来越来越大的退休金，怎么能没有缺口呢？所以要改变这种管理方式，必须让其具有投资功能。要投资就必须改革，要建立透明、专业化的投资体制，要有考评指标等，不能有任何内幕交易。

第二，加大外部资金的引入。这就要推动开放。没有外部资金的进入，中国市场难以成熟起来。

概括而言中国资本市场的未来出路唯有改革开放，改革开放才能推动中国资本市场的发展。我今天就讲到这里。

田桐：非常感谢吴教授刚才的精彩演讲。我们现场的嘉宾有一些自己的想法，想与您交流。

吴晓求：好。

田桐：有问题的请示意我，谢谢，前排中间这位。

现场观众：吴教授您好。

吴晓求：你好。

现场观众：我的问题是，近一段时间全国各大城市开始掀起了新一轮的新三板热，地方政府和企业对新三板保持一种很大的热情，目前企业的新三板热基本上都是依靠政府补贴，这种扶持是否合理？这种运动式地推动新三板是否合适？

吴晓求：你这个问题非常重要。我们有一个提法，发展多层次资本市场。这个提法本身没有问题，但是在理解上是有很大问题，或者说有很大分歧。相当多的人，或者说绝大多数人都把它理解成要发展产权交易所，要发展新三板这样的市场，于是乎各地都在办产权交易所，都在做所谓的新三板市场，以为做了这个，就能解决小微企业融资难的问题，以为做了这个，就能成为区域交易中心或者区域金融中心。这两类市场实际上根本不能解决小微企业融资难的问题。小微企业融资难问题的核心，是要改革中国现行的银行体系结构。发展多层次资本市场，更重要的在于在发展好股票市场的同时，要发展债券市场，这是非常重要的。债券市场是发展多层次资本市场的一个重点。在进一步完善主板、中小板和创业板市场的同时，也要关注风险资本业态的发展。

现场观众：吴老师，您好！2013 年 7 月 11 日，我国的 IPO 已经暂停了近 9 个月，到目前为止在审的企业已经有 746 家，现在又迟迟没有得到重启的信号，任何信息都没有，在这种情况下，有些人认为如果马上重启，会对我国的股票市场产生重大的冲击，您认为应该不应该暂停 IPO，如果应该的话，在将来的什么时间再次重启比较合适？

吴晓求：从理论上说，一个市场应该有源源不断的新增企业来上市，只要这些企业是如实披露信息，同时又有良好的成长性，有助于这个市场发展。从一般原理上说，我是赞成的。一旦价格跌破了一些投资者所认为的价值时，理论上说会有新增资金进入，但是中国理论有时不能成为现实。理论上说 IPO 的增加对市场的价格不会带来影响，因为一旦低于投资价值是会有新增资金进入的，可是在中国，恰恰又不是这样。这就要考虑面对这样一个扭曲的市场，有时也要用一个相对扭曲的办法去对付它。那可能就要暂停一下。虽然暂停 IPO 不是根本之举，但是是一个短期应对之策。IPO 停摆一下，让市场有信心恢复到一个正常状态。所以暂停一下是可以理解的。现在重启

IPO 不合时宜。

现场观众： 吴老师，您好！现在中国的银行、信托、基金和保险公司这些机构合作比较密切，产生了许多结构化的金融产品，但是在监管方面是分离的，银证保是分离的。这种情况是否说明中国的金融监管体系落后了呢？

吴晓求： 目前中国的监管体系是基于分业的监管体系。中国金融监管的架构是“一行三会”，其中，中国人民银行行使中央银行的职权，主要制定货币政策，还有货币发行权以及保持金融体系的稳定。三个金融监管部门各司其职。我认为，现阶段保持这样一个监管格局，有利于各自行业的发展。如果我们一开始就实行综合监管的模式，可能商业银行会变得更加强大，它会对相对比较年轻、比较幼稚的行业如证券、信托、保险有所抑制。中国亟待发展的恰恰是资本市场，恰恰是为社会、为老百姓管理财富的一些新型的金融机构，而不是一个存款性金融机构。中国存款性金融机构力量非常强大，我们越来越需要一个基于市场的、一个能够帮助老百姓管理财富的新型金融机构。

同时，还要推进保险业的发展。一个就基于分业发展的分业监管，就有利于这些处在相对弱势的行业的发展。当然分业监管也会带来一些问题。一些产品是跨行业的，审批起来会很麻烦。如果说目前监管的架构有什么重大缺陷，就是客观上会阻碍了中国金融的创新。金融创新的一个重点就是跨行业创新。这个金融制度或金融产品可能既有支付功能，又有财富增值的功能，或许还有保险的功能，这就跨了几个领域，碰到的困难会很多。所以，从这个意义上说，从未来发展角度看，等到每个相对弱小的行业发展起来，中国金融监管架构是需要改革的。

田桐： 1990 年深交所和上交所相继开业，标志着中国资本市场从零起步。经过了 20 多年的时间，深沪两市现在已经成为全球第二大的市值市场，当下中国正在酝酿着从资本大国向资本强国的转型。吴晓求教授的观点也告诉我们，目前中国资本市场实际上外部环境和内部结构正在发生重大变化，战略目标也日渐清晰，改革正在不断深入。再一次感谢吴教授的精彩演讲。

中国资本市场改革的重点

——在“第十七届（2013年度）中国资本市场论坛”上的演讲

【作者题记】

这是作者2013年1月12日在“第十七届（2013年度）中国资本市场论坛”上的主题演讲。本次论坛的主题是“中国资本市场：变革与成长”。

中国资本市场已经发展 20 多年了，股权分置改革也已完成 6 年了，中国资本市场的外部环境和内在结构都已发生重大变化，中国资本市场面临的战略任务也发生了重要变化。在当前条件下，资本市场成为中国构建现代金融体系最重要的基础，也将成为推动中国经济持续稳定增长的发动机。中国资本市场全面改革的时期已经来临，条件也已完全具备，我们必须全面推动中国资本市场各个层面的改革：从发行制度、交易制度，到信息披露、并购重组，以及股权激励、退市机制等，都应该全面梳理一下，进行系统改革。只有这样，我们才可以完成中国资本市场的战略目标。

现有很多规则和制度还带有大量传统体制下的烙印，严重阻碍资本市场发展。虽然证监会近期两任主席都做了大量改革，但是我们还要进行全面的、系统的改革，改革就要全面审视现行的制度、规则和政策。这些制度、规则和政策存在哪些问题？要有一个价值标准。这个价值标准是什么？我想，主要有三个：

第一，公开、公平、公正的原则。所有违背市场公开、公平、公正原则的制度都要改革，要建立一个规范透明的市场。

第二，按照国际金融中心的标准来审视现有的制度和规则。中国是一个大国，中国金融在不久的将来通过改革、开放和发展，要成为全球新的国际金融中心，否则，与中国的大国地位不匹配。按照国际金融中心的标准来审视我们的规则、制度和政策，是非常重要的。

第三，资本市场和实体经济协同发展的标准。资本市场离开了实体经济，就是泡沫化的市场。两者之间要协同发展。

按照这三个标准来审视从发行到退市的一整套规则。由于时间所限，我不能全面展开讲解，在十个要进行系统改革的方面中，我重点讲四个最重要的改革。

第一，发行制度改革。投资者说定价不合理，定价合理不合理关键看定价机制。定价机制市场化改革的方向不能变。定价机制的核心是询价机制和主体的多元性。核准主体审什么，由谁来审，这个很重要。作为未来改革的方向，发行审核的主体和事后监督的主体要分离，要相互制约。现在的核准制是由专家核准，不是行政审批，核准制条件下的核准主体毕竟还在一个法人主体内，要做分离，这是未来改革的方向。

第二，退市机制。一进一出都要改。进，是要让未来有成长性的企业上市，退市机制是市场的清道夫，要把很多劣质的上市公司清理出去。中国的退市机制与中国资本市场的历史是一样长的，但是没有效率，基本上是一个装点门面的摆设，受到各种相关利益主体的阻挠。退市机制一定要发挥淘汰的功能。20 多年来，大概只有几家上市公司被彻底退市，这不符合资本市场的要求。让退市机制真正发挥作用，是改革的重点。最近沪深两个交易所对退市规则作了大的修订，实效如何还有待于观察。

第三，信息披露和内幕交易。虚假信息披露从司法角度看，是可以查证的。对市场破坏最大的还有内幕交易。要加大违法行为的处罚力度。中国资本市场的违规违法成本太低，以至于违法者铤而走险，要大幅度调高违规违法行为的处罚标准。

第四，资本市场的政策要调整。政策调整的重点在哪里？从供给和需求角度来看，供给重点不在新增 IPO，关键在存量减持的规则。控股股东持股 3 年后，到期都要减持。中国有两个理念误导市场：一是市场的融资定位，人们误以为这个市场的功能主要是融资。二是套现功能。从供给层面，要对大股东、控股股东的禁售期重新研究，要从现在的 1 年禁售，调整成 3 年，3 年之后只能按一定比例减持，尤其对中小板、创业板更应作相应改革。

与此同时，要扩宽市场的资金来源。资金来源的拓展主要在两个方面。

第一，要改革现行的社保基金特别是养老金管理体制。中国的养老金通常被养命钱这个概念吓住了，通常都存放在银行，有的也被地方政府挪用搞房地产开发了。要改革养老金和社保基金的管理体制。在专业化、市场化、透明度的前提下，有考核的基础上，这部分资金可以有序地按比例地进入资本市场，当然，前提是资本市场要有成长性。这有可能解决养老金缺口越来越大的问题。中国养老金缺口越来越大，一个重要原因是这部分资金没有投资功能。

第二，要进一步开放。要适当地降低境外投资者进入中国市场的门槛，开辟多元化资金渠道。

只有这样中国资本市场才会有更好的发展，才有持续成长的机制。

2012 年的演讲

金融业是现代经济的核心而非依附

——在“搜狐金融德胜论坛——银行家年会”上的演讲（摘要）

【作者题记】

这是作者2012年1月10日在由搜狐金融事业部主办的“搜狐金融德胜论坛——银行家年会”上的演讲摘要。

实体经济和金融的关系经历了不同的发展阶段。从根本上说，实体经济是金融发展的基础，同时，金融体系也为实体经济提供资金，提供增值服务。没有实体经济的发展，金融就会失去稳定的基石。

从 20 世纪 30 年代的金融危机可以发现，早期金融危机的起源来自实体经济。实体经济出现了很大的衰退，进而导致金融危机的出现。20 世纪 50 年代之后，经济结构正在发生某种变化，金融的市场化是大势所趋，金融的功能也正在发生转型。导致金融结构市场化趋势最重要的动能，是金融脱媒的力量。这种力量使金融的功能从媒介资金供求关系、调整资金盈余演变成配置风险和财富管理。脱媒使企业并不完全从银行体系获取资金，而是通过走向市场获取资金。在这种背景下，投资银行在过去 50 年得到快速发展。投资银行的出现，极大地推动了金融变革。在现代经济结构中，农业仍然是非常重要的，无论产业结构升级到什么状态，离开了农业就无法生存。但是，今天的产业结构，显而易见不能仅仅停留在农业阶段。金融也是这样的。即使在金融结构如此复杂的今天，金融仍然包括媒介资金供求关系这一基础功能，但这不是其核心功能，只能说是主要功能之一。与媒介资金供求关系作用同样重要，甚至在一定意义上更为重要的金融功能出现了，这就是配置风险或财富管理。金融体系从配置资金到配置风险是金融功能的重大进步和升级。

中国金融体系在这方面是落后的。我们不能仅仅停留在一个媒介资金供求关系的阶段，这样的话，中国经济难以保持持续稳定的增长。中国经济 2011 年达到 7 万亿美元规模，人均 GDP（国内生产总值）达到 5 000 美元。作为全球第二大经济体，需要一个与此相匹配的金融体系。强大的金融体系，是以发达的资本市场为标志的。金融业发展不能脱离实体经济，就如同产业结构升级，没有农业是不可能的一样，产业无论多么高端，离开农业肯定不行，但是仅有农业是不够的。推动中国金融结构的变革，意味着中国金融体系要升级换代，为此，必须大力发展资本市场，创造新的金融产品。当然，金融与实体经济不是依附关系，如果仅仅将其看作简单的依附关系，则会阻碍中国金融结构的进步，继而难以推动中国金融体系的现代化。

在今天，金融对实体经济不是被动的关系，不是简单的提供外力的作用。邓小平同志讲，金融是现代经济的核心。能对实体经济发展起主动推动作用的金融，就是高质量的金融。金融与实体经济不仅仅是一个媒介资金的供求关系。金融要创造大量产品，为社会服务，让投资者去避险。现在全球金融市场的不确定性已经越来越明显了，金融体系要为规避这种不确定性提供大量的可选择的工具，这些工具是金融市场提供的。从商业银行的兴盛到投资银行的发展，预示着金融结构的变化。

一般认为，从 2001 年加入 WTO（世界贸易组织）到 2020 年的这 20 年，将是中国经济最黄金的 20 年。这 20 年，中国经济以平均 8% 左右的速度增长是大概率事件。前 10 年平均速度为 9%，后 10 年平均速度为 7% 是可以实现的。平均下来应该是 8% 的增长速度。维持 20 年这样的高速增长，是中国经济增长的目标。日本也维持了 20 年的高速增长，后来停滞了，原因是什么？人们可以找到很多原因，但可能最核心的问题是，日本的金融体系无法分散风险，无法推动庞大的实体经济往前走，无法催生新科技来推动产业革命。美国的金融体系能够做到这一点，所以美国经济维持了 100 年的成长。一个如此庞大的经济体成长 100 年，其中必有奥秘。这个奥秘我认为就是两条，这两条都值得我们学习。

第一，人才战略。人才推动科技的进步，科技进步引发产业革命，产业革命导致经济长周期的出现。学经济史的人都知道，任何一次经济长周期的出现，都是以产业革命为先导的。这一条我们深刻地领悟到了，所以，我们也重视人才、重视教育、重视科学技术的进步。

第二，金融体系。科技进步是一个国家经济成长的原动力，没有科技进步就不会有经济的成长，但是仅有原动力是不够的。我们如何将原动力以加速度方式表现出来，这就是现代金融的作用。要使科技的力量发挥作用，转化为现实生产力，就需要金融制度的创新，包括风险投资。风险资本市场是金融制度的重大创新。产业革命带来的经济长周期的出现，使增长能够持续下去。这就是现代金融的作用。

我们在相当多的时候，都会认为现代金融是泡沫，我始终不理解为什么会有这样的理解。难道中国金融永远都应停留在以传统商业银行为主导的金融体系中吗？传统商业银行如果长期主导中国金融体系，中国金融肯定是没有生命力的。我们一定要让市场的力量强大起来，股票市场发展将增加实体经济的稳定性，债券市场发展会推动商业银行的变革，它们都具有金融"脱媒"的作用。对现代金融我们要有正确的理解。中国经济要保持百年增长，除了必须重视人才、推动科技进步、推动产业革命外，还必须推动中国金融的市场化（脱媒）变革。

金融变革的另一个重要力量就是开放。没有开放，中国金融还是不会成长起来的。美国金融体系之所以强大，开放和国际化是重要原因。开放可以把全球资源为我所用，可以把风险分散到全球。2008 年这么严重的金融危机，美国经济并没有持续衰退，与其金融的内在结构和吸收风险的弹性是有关系的。推动人民币国际化，推进中国金融的国际化，是中国金融变革和现代化、市场化的重要措施。发展现代金融不是制造泡沫，也不是在脱离实体经济，而是为实体经济提供更好、更高质量的服务。

2011 年的演讲

中国资本市场未来发展的战略思考

——在“中国高新技术论坛”上的主题演讲

【作者题记】

这是作者 2011 年 11 月 17 日在“第十三届中国国际高新技术成果交易会中国高新技术论坛”上的主题演讲。

我记得我去年来参会演讲的时候，主要分析了中国的创业板，指出了创业板存在的八大问题。这些问题现在都在逐步暴露。当然，对中国创业板的评价还是肯定多于批评，因为创业板对于改善中国资本市场的结构还是起了非常重要的作用，而且未来也是中国的财富培育中心，或者说财富的成长未来在中小板、创业板。

今天主要给大家讲中国资本市场的发展战略。组委会实际上是要我讲2012年中国资本市场的展望，后来想想，有很多券商、分析师对明年的展望都做了比较好的研究，我想，中国资本市场的发展最重要的还是缺乏战略研究，中国金融改革和发展，也是缺乏战略性的研究，甚至，我们不知道中国的金融体系应向什么方向发展，有时候也不知道究竟为什么要发展资本市场，也就是说对金融和资本市场的研究是比较缺乏的。中国经济每年以9%以上的速度增长，而中国的资本市场则完全不给力，根本不反映实体经济的状况，原因在哪里呢？这或许与最近一个时期以来我们对资本市场的认识是不清楚的，战略上是模糊的有关。有一段时间我们对发展资本市场的认识是清楚的，比如股权分置改革的时候。在2005年前后，经过讨论，上下一致都认为不推动股权分置改革中国资本市场就没有未来，后来又慢慢变得不清楚了。认识不清楚导致我们的战略目标是模糊的，我们的政策也把资本市场边缘化，宏观政策的每一次重大调整，实际上都没有把资本市场放在重要的位置，忽视了它的发展。认识不清楚，战略模糊、政策边缘化，导致市场信心严重匮乏，所以现在资本市场发展与经济发展完全不匹配，几乎完全脱节。

今天我主要讲中国资本市场的未来发展战略，主要讲四个方面的内容。

一、要从灵魂深处理解资本市场在中国经济发展和社会进步中的重要作用

中国资本市场已经有20多年了。回顾过去20多年，资本市场在中国经济发展和社会进步中发挥了不可替代的重要作用，而且这些作用正在与日俱增。从20多年的实践来看，这些重要作用主要表现在以下六个方面。

第一，资本市场作为现代金融的核心，推动着中国经济的持续快速增

长。2010 年，中国经济的总规模已经超过日本，位列全球第二。2011 年的经济增长预计也会达到 9.3%，GDP 的总规模大约会达到 44 万亿元人民币，约 7 万亿美元，经济增长速度是非常快的，人均 GDP 到今年年底可能会达到 5 000 美元，超过中等收入国家的起点。一般认为，人均 GDP 达到 4 000 美元是中等收入国家的起点。资本市场不仅从资本筹集、公司治理、风险释放、财富增长和信息透明度等方面推动了经济的持续增长，而且大大提升了经济增长的质量。

第二，资本市场加快了社会财富特别是金融资产增长。资本市场为社会创造了一种与经济增长相匹配的财富成长模式，建立了一种经济增长基础上可自由参与的财富分享机制，同时推动了金融资产的快速增长。没有金融资产的快速增长，没有大规模的金融资源，要维护中国经济的长期持续增长是非常困难的。资本市场为中国经济发展创造了巨大的源源不断的金融资源。

第三，资本市场为中国经济的持续发展提供了有力的支撑。现代金融是科技进步这一经济增长动力源，发挥乘数效应的加速器作用，为大国经济的持续增长提供了杠杆化的动力。

第四，资本市场为中国企业的机制改革和竞争力的提升提供了市场化的平台。资本市场让中国的企业摆脱了为所欲为、无知无畏的盲流心态，它让中国企业逐渐形成了既有约束又有激励的现代企业行为机制，使上市公司成为一个理性的行为人。同时，资本市场也为企业的定价提供了一种合适的机制。在今天，全球公司 100 强中有 10 家（按市值排名）是中国的公司，资本市场在其中起到了非常重要的作用。

第五，资本市场发展推动了中国金融体系的市场化变革。现代金融体系不仅包括资源配置机制和媒介资金供求机制，还包括风险分散机制。美国 2008 年出现了金融危机，如果它没有现代金融体系，没有市场化的金融结构，那么金融危机一定会引发经济的严重衰退。市场化的现代金融体系，实际上在配置全球资源的同时也分散了风险。现代金融体系实质上是一种风险分散机制，其中资本市场起到了最核心的作用。以资本市场为核心构建的现代金融体系已然具有存量资源配置、分散风险和财富成长与分享三大功能。

金融体系中如果没有资本市场或者说资本市场欠发达，那么它只能对增量资源进行配置，而难以对存量资源进行重组。体系如果可以实现存量资源的再配置，那就意味着可以提升资源的配置效率。

第六，资本市场提供收益风险在不同层次匹配的证券化的金融资产。给投资者提供多样化的、不同收益和风险相匹配的、具有充分流动性且信息透明的金融产品，是一国金融体系和资本市场的基本功能。资本市场的这一功能将彻底释放金融压抑，从而使金融投资充满活力和创造力。

以上这六个方面的重要作用是我做的概括。如果我们真正认识到资本市场有这六大作用，我们就会大力发展资本市场，就不会让资本市场边缘化。

二、中国资本市场未来发展的背景分析

资本市场的发展离不开经济、金融等因素的支持。总体而言，中国资本市场的发展，未来面临的市场结构因素和经济、金融环境主要有以下几个方面。

第一，中国资本市场已经步入了真正意义上的全流通时代。股权分置改革开启了全流通时代，恢复了资本市场的资产定价功能，为中国资本市场的持续发展和全面开放奠定了基础。

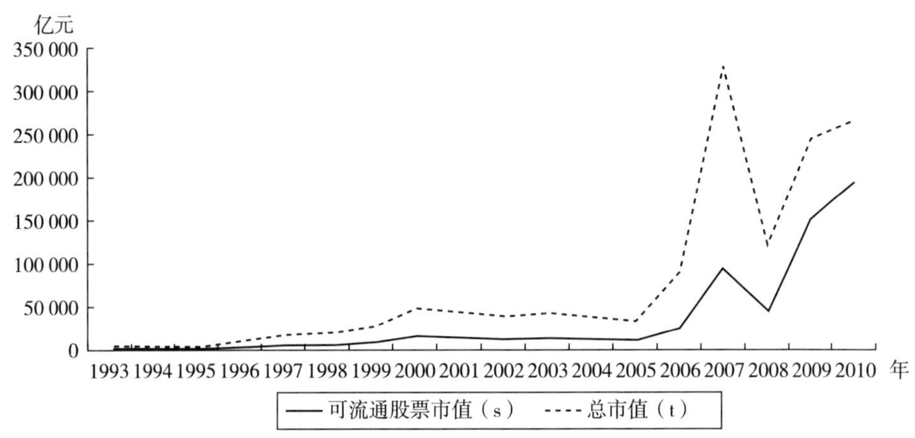

图 1　中国股票市场流通市值和总市值变动趋势

从图 1 可以看到，流通市值和总市值已经越来越接近了，全流通时代已经到来了，流通市值和总市值之比不断上升，意味着市场的流通功能越来越大。

全流通时代对资本市场会带来一系列的影响。从短期来看，市场存在一个解禁期，长的 48 个月，短的 12 个月，解禁期的到来会压抑市场的上涨，会使市场定价的重心下移，所以，从 2007 年 2 月完成股权分置改革后到现在，市场都在消化股权分置改革带来的逐步到期的解禁股的压力。我认为，需要花 5 年的时间才能基本消化股权分置改革带来的解禁股的压力，到 2012 年，这种解禁压力才会慢慢消失，到那时，市场将会进入一个新的变动趋势。

第二，中国资本市场面临着宽紧交替、外松内紧的货币环境。资本市场发展离不开资金的支持，离不开适当的货币环境。经济背景再好、基本面再好，如果没有适当的货币环境，市场是不会成长的。也就是说虽然土壤肥沃，如没有适当的温度，万物还是不能复苏的。经济虽然增长了 9%，但是没有政策环境的支持，没有新增人民币资金的进入，这个市场是不可能成长的。

未来一段时期内，我们的货币环境将是外松内紧、宽紧交替的。所谓外松，就是全球金融危机以后，国际主要货币发行国实行的是量化宽松的货币政策，美国已经实行了两次量化宽松政策，第三次量化宽松还是存在较大可能的。全球进入了一个流动性过剩的时代，大宗商品和黄金价格不断呈现上升的趋势，国际通货膨胀面临着长期的、潜在的巨大压力，这是长期实行量化宽松货币政策导致的流动性过剩的必然结果。中国的货币政策大体上与外松的政策是相逆的。为了应对通货膨胀，与国际主要货币的量化宽松政策相对应，中国的货币政策会以抑制通货膨胀为重要目标，稳健而趋于偏紧的货币政策将会呈现周期性的特征。从周期性角度看，这次紧缩政策应该已经结束了，现在正出现某种微调的信号，包括信贷政策对中小企业的结构性调整，也包括央行票据基准利率的下调，这些都在暗示着货币政策会有某种变化，至少可以说是这一轮的紧缩周期已经结束了。

从中国的实践来看，当CPI（消费价格指数）低于4%时，中国的货币政策将会出现周期性的松动，松动的核心标志就是存款准备金的下调。现阶段，中国货币政策的主要操作工具是存款准备金率的变化，而不是利率的调整，这与国际上通行的操作特点明显不同。中国采用的货币政策工具侧重于总量收缩或者是总量放松，而不是资金结构的调整。这可能与中国目前的货币投放机制和基础货币结构有关系。我们在观察中国货币政策变动的时候，一定要观察存款准备金率的变动，如果有一天存款准备金率下调，那就预示着资本市场的转机到了。目前的21.5%的存款准备金率是比较高的，是一个非常紧的货币政策。有人说汇金公司增持四大国有银行股票的开始，实际上只是一个暗示，转势的环境还不具备，转势的环境就是存款准备金率的下调。

第三，中国资本市场面临着持续性的巨大融资压力。因为金融的结构性缺陷，中国的股票市场承受了很大的融资压力，其中商业银行在资本市场的融资需求巨大，而且持续、源源不断。仅上市商业银行每年可能就要在资本市场融资3 000亿~4 000亿元。通常情况下，为保持8%的经济增长，我们每年的新增贷款都在8万亿元以上。按照《巴塞尔协议Ⅲ》和银监会的相关要求，8万亿元新增贷款要消耗5 000亿元的核心资本，其中上市银行占整个银行的比重大概是70%到75%，也就是说上市银行每年要消耗3 000亿元到4 000亿元核心资本，这对市场形成了巨大的压力。如果再考虑更大规模的实体企业的融资，包括IPO、增发等，那市场就要承受巨大的融资压力。市场承受如此巨大的融资压力，事实上与2008年国际金融危机以来中国的金融创新改革停滞不前有关系。从2008年国际金融危机以来，中国金融特别是商业银行的创新是不够的。唯有进行金融的结构性改革和创新才能解决这一问题，否则这个市场难以承受如此之压。2011年9月M_2（广义货币）的增长只有13%，可是我们的经济增长是9.4%，CPI是6.2%，加起来就是15.4%，这实际上预示着资本市场上新增资金的进入甚至是净流出，同时市场上又面临大量的融资需求，所以资本市场出现了严重的供求失衡。要缓解这样的融资压力，唯有进行金融的结构性改革和创新。所谓金融的结构性改革和创新，首先要大力发展债券，特别是公司债市场，同时要让商业银行巨大的信贷资产流动起来，一方面能优化商业银行的资产结构，调整风险结构，另一方面又为资本市场提供结构化的资产，缓解了对资本市场的融资压力。如果不进行金融的结构性变革，那么资本市场迟早会出现问题。

第四，中国资本市场的发展是基于实体经济的持续增长和结构转型。中国资本市场的发展不是泡沫化的，因为它的实体经济在快速增长。到 2020 年，中国经济还将维持较高的增长速度，年均增长率在 8% 左右。温家宝总理说，在“十二五”期间，或者到 2020 年维持 7% 的增长，那是一个稳健的目标，在实际运行中，通常会高于这个目标，到 2020 年仍然会维持 8% 左右的增长。在维持高增长的同时，中国经济增长模式也会进行结构性调整，无论是经济的高增长还是结构性调整，都为资本市场的发展注入了巨大的动力。在“十二五”乃至更长时间里，我们要大力发展七大战略性新兴产业，包括节能环保、新一代信息技术、生物、高端装备制造、新能源、新材料、新能源汽车，与这七大战略性新兴产业相匹配，中国资本市场也会出现结构性的机会。与此同时，我们的内需会有极大的扩展。经济结构要转型，要逐步从以出口为主转向以内需为主，这为中国资本市场的发展带来了很大的机会。

第五，中国资本市场面临不断开放和国际化的内在要求。建设国际金融中心是中国金融发展重要的战略目标。到 2020 年，把上海—深圳建成新时期的国际金融中心，这是我们国家的战略目标。经济快速发展将促使资本市场实现跨越式发展，资本市场的跨越式发展将为海外资本提供完善的保值增值和财务管理渠道，这是形成国际金融中心最重要的基础。国际化既为中国资本市场发展提供了巨大的发展空间，也可能带来巨大的风险或波动。当前，关于美债和欧债危机对中国金融改革和资本市场国际化要有深刻理解。目前的美债危机从短期来看是没有支付风险的，美国国会提高了它的债务上限，它可以通过发行美元来对冲它的支付风险，当然这样也会使美元的长期信用遭到破坏，所以从长期来看，我们持有的美元资产会有减值风险。我主张人民币国际化的进程要逐步加快，因为一个处于颓势的美元会给人民币国际化留下空间，在强势的美元背景下，人民币国际化没有太多的空间，所以我认为应顺应趋势、抓住机遇、推进改革。欧债危机是一个实实在在的风险，因为其货币政策没有对冲财政危机的功能。欧债危机的背后是欧元危机，欧元本身存在结构性的缺陷，它从出生那天开始就出现了结构性的缺陷，这个结构性的缺陷一定会通过欧债危机表现出来。现在欧债危机正向纵深发展，意大利已经出现了很大的问题，甚至法国也在受影响。如果意大利不能解决问题，马上就会蔓延到法国，整个欧元体系就面临着巨大的问题。欧元区不能抱有幻想，僵化地维护原有规则和标准不变，也不能悲观地认为欧元会崩溃，两个极端都是不可能的，从目前看，完全做到让欧元区财政政策和货币政策一体化在短期内不现实，唯一的可能就是修改协议，建立淘汰机制，将不符合标准的国家淘汰出去，保持相对小的欧元区，这可能是一个现实的选择。当然，欧元的不稳定对全球的货币体系改革会带来负面作用。全球的主权债务危机在未来会出现比现在更大的危机，我们要深刻认识到这些背景。

三、到 2020 年中国资本市场发展的战略目标和政策重心

（一）中国资本市场发展的战略目标

如果我们对发展资本市场从认识上理解清楚了，对发展的内外部环境也有透彻的把握，我们就必须制定一个恰当的战略目标，以及根据这个战略目标来制定一个恰当的政策，以推进中国资本市场的发展。

中国资本市场发展的战略目标是：到 2020 年，将以上海—深圳资本市场为轴心的中国金融市场，建设成全球最具影响力的金融市场增长极，并将上海（包括深圳）建设成全球新的金融中心，全面实现中国金融体系的现代化、市场化和国际化。届时，中国资本市场将会呈现以下特征。

第一，中国资本市场将会是全球最重要、规模最大、流动性最好的国际性金融资产交易市场之一。到 2020 年，仅股票市场的市值将达到 100 万亿元人民币左右，证券化率超过 100%，现在的市值是 25 万亿元左右，还有 9 年的时间，我相信能够达到 100 万亿元人民币。

第二，将形成股票市场、债券市场、金融衍生品市场相互协调，共同发展的资本市场结构系列，资本市场的功能得以完善。在这个结构系列中，中国的债券市场非常不发达。我们是重股票市场，轻债券市场，这对中国金融体系市场化的改革是不利的，对商业银行的改革和转型也是不利的。对传统商业银行的挑战不是来自股票市场，而是来自债券市场。要调整我们的金融体系及其结构，必须大力发展债券市场，特别是公司债市场。中国管理债券市场的部门非常多，财政部、发展改革委、证监会等部门都在管，这么多部门管，债券市场肯定发展不起来。

第三，多层次的股票市场结构会得到进一步的发展和完善。到 2020 年，上市公司将会达到 4 000 家，其中主板市场将会达到 2 000 家，现在主板市场是 1 300 多家，未来增加 700 家是可能的，中小板、创业板达到 2 000 家。B 股市场将会与 A 股市场合二为一而退出历史舞台，主板市场将会成为最重要的财富管理中心，中小板和创业板市场则成为重要的财富培育中心。实际上财富培育中心的成长速度比财富管理中心要快。从美国纽交所的 30 种工业品指数到标普 500 指数，再到中小企业指数来看，中小企业的成长更快。国际板市场是蓝筹股市场的重要组成部分，整个股票市场的透明度日益提高。

第四，投资者队伍进一步发展，类型趋于多样，功能日渐多元，规模不断扩大。机构投资者特别是私募基金会有快速发展，所占流通市值之比将从 25% 左右上升到 50% 左右。

第五，市场功能进一步改善，将从关注增量融资（IPO 和增发）过渡到关注存量资源配置（并购重组）。现在我们的注意力都在融资规模上，似乎不关注这个市场的建设，也不关注这个市场的功能定位，这是认识上的严重偏差。由于功能会得到改善，中国资本市场将会更具有持续性和成长空间。当然，如果我们未来还是把关注的重点放在融资上，那么，这个市场将不会得到发展。

（二）扩大供给、优化结构的供给政策是中国资本市场的主导性政策

以上是中国资本市场发展的战略目标。与战略目标相匹配的是制定什么

样的政策。中国很多事情是战略目标设计得非常好，但是政策设计非常差，不配套，也就是说没有制定让战略目标实现的政策支持。比如，党中央、国务院提出要大力推进经济增长模式的转型，这是一个战略目标，非常正确，可是具体的政策配套是跟不上的，因为你要实现经济增长模式的转型，除了产业结构的调整之外，很重要的是经济增长推动力的结构转型，究竟是靠外需拉动为主，还是政府投资推动为主，还是消费需求为主，这是非常明确的。我理解党中央、国务院提出的经济增长模式转型，是要逐步转到内需为主，其中消费需求要成为中国经济增长主要的推动力。要拉动消费需求，就意味着中国国民收入分配比例要调整。从现阶段国民收入分配比例来看，政府财政收入的占比过大，居民收入占比过小。多年来，我们财政收入增长都在 25% 以上，而经济增长 9%，这样的国民收入分配制度显然不可能实现我们所倡导的经济增长模式的转型。所以，有时战略目标设计得很好，但具体政策是不配套的，战略目标的实现困难重重。所以，要实现经济增长模式转型，就必须大力推进国民收入分配制度的改革，要大幅度提高居民的收入。我们在制定战略目标之后，一定要关注具体政策的制定，要让政策有利于战略目标的实现。

中国资本市场发展的重心是供给政策。我们在相当长时期内把需求政策放在政策的主要方面，股票市场涨高了，银监会就发一个严禁信贷资金进入股市的通知，财政部就提高印花税，如此等等。我们要把发展资本市场的政策重心放在供给上。事实上，未来中国资本市场发展的重点是在扩大供给、优化结构方面。发展中国资本市场的政策重心在供给，或者说供给政策是中国资本市场的主导型政策，这种在资本市场发展中起主导作用的供给政策的核心内容是扩大规模、优化结构。实现的途径主要有五个方面。

一是要继续推进海外蓝筹股的回归，包括在海外市场未上市流通的存量股权，以及回归后在 A 股新发行的股份，适时推出国际股。

二是包括央企在内的上市公司控股股东关联优质资产的整体上市。整体上市对上市公司来说很重要，对于防止频繁的关联交易，促进企业的整体成长，回归真实价值有现实意义。由于历史原因，我们不少企业都是切割上市的，客观上存在大量的关联交易，过多的关联交易使上市公司盈利能力的真实性原则受质疑，它受上下游严重制约。整体上市也要注意盈利资产和非盈利资产的区别。非盈利资产不能通过打包让其上市。蓝筹股回归和整体上市使中国资本市场形成至少 50 家有行业代表性、有成长性的大型上市公司，这样，中国市场才能做大。美国市场很大，上市公司很多，但纽交所的 30 家（道琼斯 30 种工业股票指数公司）以及纳斯达克的前 20 家，这 50 家企业成为美国资本市场的指标性的公司，中国市场也要培育至少 50 家这样的公司，如上交所 30 家，深交所 20 家。

三是要着力推进公司债市场的发展。公司债市场不发达，资本市场存在结构性缺陷。

四是不断推进中小板、创业板市场的发展，完善其制度和规则，特别要完善创业板市场的制度。

当前，要加快推出创业板市场的退市机制，如果没有退市机制，创业板市场的泡沫就很难消除，有了便捷、有效的退市机制，才会抑制投机，形成合适的风险机制。据说，退市机制推出很难，是因为有一个社会稳定的问题，但是在我看来，这是没有道理的，只要信息透明，所有投资都要自我负责。不能赔了找政府，赚了就是自己的聪明才智带来的。

五是大力发展并不断规范金融衍生品市场。

（三）积极疏导内部需求、大力拓展外部需求是中国资本市场需求政策的基本内容，也是供给政策得以实现的基本前提

与供给政策的主导作用相匹配，中国资本市场的需求政策有两个基本点：一方面是积极疏导内部需求，推动居民部门和企业部门的金融资产由单一的银行存款向银行存款和证券化金融资产并存的格局转变，也就是说要把商业银行的负债通过政策引导，引到资本市场中来，如果政策过度压抑市场，那么就会有越来越多的居民收入变成商业银行的存款。如果有越来越多的居民收入变成商业银行的存款，这就意味着中国的金融体系走向复归、走向传统、走向落后，那是没有希望的。所以积极疏导内部需求，不断提高证

券化金融资产在全社会金融资产中的比重，是中国金融体系市场化改革的重要取向。

扩张外部需求的另一方面就是要大力拓展外部需求，扩大境外投资者的投资规模，逐步提高境外投资者在中国资本市场中的投资比重，这是中国资本市场对外开放和实现市场供求关系动态平衡的重要措施。外部需求的拓展对中国资本市场战略目标的实现意义重大。截至 2011 年 10 月，QFII 只有 105 家，累计的规模也只有 206 亿美元，这个规模还是非常小的，所以，需要探讨境外人民币回流资本市场投资的渠道。

四、中国资本市场战略目标实现的重要条件

中国资本市场战略目标实现的前提条件：人民币国际化。人民币国际化有它的必然性，它既是国际货币体系改革的要求，也是国际经济格局呈现多元化趋势的必然结果。我希望到 2015 年，人民币是一种可随时交易的货币，是由市场供求关系决定的货币，希望到 2020 年之前，人民币成为国际上重要的货币，应该是仅次于美元的一个重要的储备性货币。这是金融改革的核心战略目标。现在国际储备市场上，美元占了 65% 的份额，欧元是 25%，两者加起来就已经达到 90% 了，日元只占 3%，剩下的就是英镑和其他货币。我想从现在开始，国际储蓄货币的格局要改变。美元本位制的时代要渐渐改变，在过去几十年中，美元本位制推动了全球的经济发展，但是时至今日，其负面作用越来越大，其中最重要的就是没有约束，滥发货币，使得全球经济处在严重的不稳定状态。改革的目标是构筑一个多元的、有约束力的国际货币体系结构。G20（20 国集团）六次峰会都谈到这个问题，但是最后都没有有效的结果。美元本位制正在危害全球经济，现行国际货币体系蕴藏着巨大的风险，美元本位制是现行国际货币体系的一个重要特征，美元资产占据着各国外汇储备的绝大部分，但美国的货币政策是以国内经济目标实现为依据，并不考虑作为国际货币所应承担的责任。美国利用了美元的霸权地位绑架了世界经济，一旦美国经济下滑，世界经济也会随之陷入衰退。人民币国际化的基础和进展还是非常好的，中国经济实力的明显提升，为人民币国际

化的推进提供了坚实的经济基础，资本市场的发展和规范提供了相应的保障，同时作为联系东亚各国的贸易纽带，也逐步扩大了人民币的辐射范围，人民币在中国周边的辐射范围越来越大。

人民币国际化的阶段性安排和进展正在推进，目前尚处在产品出口和经贸往来这一货币国际化开始的最初阶段，中国逐渐强大的经济实力与对外贸易的广阔覆盖性，为推进人民币资产交易国际化创造了良好的契机和基础。2008 年金融危机以来，中国人民银行与 12 个国家和地区的中央银行及货币管理局进行了货币互换，这是人民币国际化的重要步骤，互换的金额达到 8 000 多亿元人民币，同时也鼓励用人民币进行结算，当然这还不够，我们还要推动人民币的可自由交易，我觉得这一点是非常重要的。

中国资本市场的战略目标实现还要一些基础条件，例如，金融市场特别是资本市场的大发展。2005 年以来中国资本市场的各项改革和相关政策的调整为中国资本市场的未来发展奠定了基础。没有金融市场的发展，没有资本市场的发展，就没有人民币的回流机制，要使人民币国际化走得很远，使人民币成为一个国际货币，必须要有通畅的回流机制及其基础，这个基础就是既要有宽度又有厚度、信息透明的资本市场。中国已经具备大力发展资本市场的基础。这些基础包括股权分置改革的成功、蓝筹股的回归、券商综合治理、融资融券交易、股指期货、中小板和创业板的推出。

目前资本市场发展的固本强基做得很好，但是未来怎么走目前似乎还搞不清楚。当前中国资本市场存在的问题，主要是认识不清、战略模糊、功能错位，信心缺乏，只有解决这些问题，资本市场才会有良好的发展。要从战略的高度认识资本市场的意义。我个人认为，中国发展战略应是科技立国，人才强国，金融富国。前面两个我们理解了，“金融富国”我们是没有理解的，很多人把金融看成泡沫，看成财富的分配，而没有把它看成富国的机制。美国 100 年的增长，经历了三次产业革命，都是以科技进步、科技革命为先导的，但是很多人忽略了美国金融对美国经济的巨大推动作用。说金融可以富国，相当大的成分是指资本市场。

中国资本市场大发展万事俱备，只等暖风，暖风来了，春天就到了。

关于我国金融专业学位（金融硕士）培养的若干思考

——在“全国金融专业学位研究生教育指导委员会”上的主题演讲

【作者题记】

这是作者2011年6月17日首次以全国金融专业学位研究生教育指导委员会副主任委员的身份，在“全国金融专业学位研究生教育指导委员会暨首届培养单位院长（系主任）工作会议”上的主题演讲。

刚才，国务院学位办主任张尧学院士发表了重要讲话，全国金融教指委主任吴晓灵教授结合金融专业人才规划就发展金融专业硕士发表了重要的指导性意见，袁卫常务副校长代表人民大学就如何支持金融教指委秘书处做了讲话。我结合他们的讲话精神，就本次会议的主题、任务和金融专业硕士发展的必要性、如何创新金融硕士培养模式谈一些看法，供大家讨论。

一、本次会议的主题和主要任务

本次会议主题是，贯彻落实《国家中长期教育改革和发展规划纲要（2011—2020年）》，研究全国金融硕士专业学位研究生培养模式，讨论金融硕士专业学位研究生培养方案，探索金融硕士专业学位研究生教育规律，促进金融硕士专业学位研究生教育的持续、健康、良性发展，着力打造中国“金融硕士”的著名品牌。在我国39种专业学位中，金融硕士应该在不远的将来成为其中最著名的品牌，因为金融是最有影响力的领域。金融领域的人很优秀，每一所大学金融专业的学生几乎都是这所大学录取分数最高的、最优秀的，教师也非常杰出。所以说，我们有能力也应该打造我们39种专业学位中最著名的品牌。我们要有这个理想。经济理论体系非常庞大，金融学理论的地位如同这个庞大体系之上的皇冠，金融学是现代经济学体系的核心内容，现代经济理论体系离开金融学的内容，就如同身体没有了心脏，就只有外壳。

这次会议的主要任务是：明确培养目标、转变教育理念、创新培养模式、树立品牌意识。我们原来主要培养学术型硕士，从学术传承、文献来源着手，探索学术发展的内在规律等。但金融硕士是不培养未来金融学家的，而主要是培养未来的金融家，培养未来解决实际问题、具有卓越能力的实践者。我们必须转变教育理念才能实现这个目标，因为教育理念不转变，相应的培养方案就难以制定，课程设置、课程内容就很难与学术型区分开来。转变教育理念不是一个口号，其实际内容非常丰富。明确培养目标，转变教育理念，进而要创新培养模式、树立品牌意识。理念转变的核心是要创新我们的培养模式，包括教学方式、学习方式，也包括案例分析，甚至论文形式与内容、答辩方式等都统筹在培养模式创新中。最后，要树立品牌意识，虽然金融硕士专业学位刚刚开始，但是我们要爱惜它，金融硕士要有很强的品牌意识，不能沦为挣钱的工具，不能像有些学校的 EMBA（高级管理人员工商管理硕士）那样给钱就招生，成为金钱的俱乐部，那不是我们追求的目标。

二、发展金融专业硕士的经济金融背景

无论是从国际还是国内角度看，发展金融专业硕士都是具有战略意义的。从国际方面看，国际经济金融之间的关系越来越复杂、越来越紧密，金融对经济的作用日益增强，金融以其杠杆化的功能推动着实体经济的结构性调整、重组和成长。在国际经济舞台上，一国金融的竞争力是其经济竞争力的重要体现，现代金融成为大国经济博弈的重要平台。经济与金融的关系已经由过去的简单依附演变成现在的相互依存、相互促进，金融不再是经济的外壳，已经从经济外壳演变成内核。金融是现代经济的核心。金融成为未来大国博弈的重要平台，是因为随着经济的发展，经济资源越来越金融化、证券化了，金融成为转移风险的重要机制。我们常常说市场是资源配置的重要机制或者基础机制，在现代经济结构下，市场主要就是金融市场，因为资源已经金融化，金融已经证券化了，这个方向非常清楚。全球经济资源的博弈离不开金融市场，因为经济资源已经金融化了，现在无论是石油、煤炭，还是贵金属，配置的主要方式实际上是通过金融市场完成的，金融已然成为大国之间的重要博弈平台。

现代金融也已成为转移风险的重要机制。从 2008 年美国的金融危机可以看到，美国如果没有现在的金融体系和金融结构，那么它面临的困难就要大得多。美国具有非常成熟的、开放式的金融市场，能把风险转移出来，使其经济和金融大体上处在较强的安全状态。所以，金融成为大国博弈的重要平台，从资源配置和风险转移角度看，非常清楚。而一国金融竞争力的核心又是什么？是制度和人才。制度造就平台，人才造就演员，两者缺一不可。这是从国际金融经济关系来分析培养金融人才的重要性。

从金融内部演变看，现代金融结构正在发生深刻的变革，催生着对金融人才的需求。金融学家对金融结构的变革有不同的理解。金融结构发生深刻

变革的起因就是金融市场的发展。基于市场的金融结构的变革，构成了现代金融的基本形式。任何国家和地区，金融结构的变革如果离开了金融市场的发展就很难完成。基于市场的金融结构的调整，意味着金融功能的升级。所以，以市场为基础的结构调整正推动着金融功能发生重大变革：由单一走向多元，即由单一融资走向融资投资并重、风险分散多种功能并存的一个现代功能体系。这实际上对今天的金融人才培养提出了新的全方位要求。为此，我们要进行理念创新，要理解现代金融结构变革的深刻含义，否则我们培养的学生一毕业就落伍了。

现代金融的基本趋势性特征是，金融机构越来越市场化，金融资产越来越证券化，金融体系越来越呈现高流动性特征。“金融的历史起点是融资，发展动力是投资，未来方向是基于财富管理的风险配置”，在黄达老师获得终身成就奖颁奖典礼上我说了这句话，主要是指金融正在向新的方向发展，金融由相对单一的融资已经进入融资与投资并重，投资功能日益重要的时代。金融功能中资源配置是基础，风险配置是趋势。金融专业硕士的培养要顺应金融的这种变革和发展趋势。

我国金融专业硕士发展的深厚根基来自中国金融改革、开放和发展的需要。中国金融改革和发展迫切需要一批高质量、具有卓越能力的金融专业人才。对中国金融发展模式，虽然学者们有不同理解或存在争议，但中国金融结构的市场化、资产的证券化、金融机构的多元化、金融体系的国际化应是基本的共识。金融结构市场化的核心基点是大力发展金融市场，推动中国金融体系市场化改革。大力发展金融市场特别要关注资本市场发展。资产证券化是中国金融创新的重点，亦是金融市场发展和中国金融体系现代化的基石。没有资产证券化，中国金融体系现代化就找不到基石，很难推动中国金融市场发展。金融机构也有多元化的特性，但基于财富管理的金融机构可能是未来发展的趋势。金融体系国际化是构建与中国经济相匹配的大国金融和21世纪的国际金融中心。按照国务院的战略规划，到2020年要把上海建设成21世纪的国际金融中心，这也是中国金融体系国际化的一个标志。中国的金融硕士专业人才应该具有国际化视野，要具备在东西方两个平台自由行走的能力，这是黄达教授对我们金融人才的期望和要求。要在中西方两个平台自由行走，仅在一个平台行走是不够的。我们培养的金融人才既要了解国际经济金融的基本规则，也要深入了解中国的国情。所以，无论是从国际经济金融背景看，还是从金融自身演变趋势和中国金融改革、开放与发展角度看，加快培养现代金融人才都具有战略意义，这其中当然包括金融专业学位人才的培养。

三、金融专业硕士发展的理念、使命和目标

明确我国金融专业硕士发展的理念、使命和任务非常重要。理念、使命关系到金融硕士的定位，从哪里开始，要达到什么目标，为此要设计什么样的培养方案，这些都要系统思考和研究。

理念。在金融硕士的发展理念中，首先是要具有扎实的、系统的现代经济金融知识，同时，要有卓越的实践能力。系统的专业知识和卓越的实践能力的结合就是知行合一。金融硕士的发展理念是一定培养知行合一的专业人才。其次，要具有全球化视野，熟知中国经济金融的基本特征。中国是一个大国，正在成为一个全球性经济大国，我们培养的金融人才既要有全球化视野又要熟知中国经济金融的基本特征。这就是中西融合。离开中国经济金融的土壤，简单演绎一些西方金融理论不是中国金融硕士的培养目标。所以，中西融合、知行合一是我们中国专业硕士的理念。

使命。金融专业硕士的使命是为中国金融改革、创新和发展提供高质量的专业人才支撑，同时也为中国现代化建设提供高质量的专业人才支撑。

培养目标。经过全国金融专业学位研究生教育指导委员会（以下简称金融教指委）全体委员讨论通过的《金融硕士专业学位培养方案》中，对培养目标的描述是：具有扎实的经济、金融学理论基础，良好的职业道德，富有创新的精神和进取的品格，较强的从事金融实际工作能力的高层次应用型金融专业人才。这个培养目标表述得很规范，我把这个规范的表述作了一个概括，那就是具有卓越实践能力。具有解决实际问题的卓越能力是金融专业硕士最核心的目标。我们旨在为社会培养具有卓越实践能力的金融专业人才，

包括金融分析师、风险（财富）管理师、产品设计师和金融企业领导者。

在这一目标下，金融专业硕士应该具有四种意识：首先，是要有很强的创新意识和市场意识，因为金融的灵魂是创新，市场意识意味着我们培养的人才必须要时刻了解客户需要什么。2008 年金融危机前，金融的创新有些问题，创新的动力不是来自实体经济的需求，而主要是来自金融自身的需求。满足于金融体系内部需求的自我创新，实际上会给整个社会经济带来风险。美国金融危机很重要的原因是基于金融体系内部需求的自我创新过度。其次，是要有根植于心的服务意识。金融业属于服务业，没有服务意识，金融业就很难发展。最后，要有国际意识。金融业的很多规则是全球通用的，发展规律也是一样的，国际意识实际上就是要善于学习、善于借鉴。所以，金融人才的卓越实践能力是要有四种意识：创新意识、市场意识、服务意识和国际意识。

与这四种意识相对应，卓越实践能力实际上包括四种能力要素：一是创新能力，二是服务能力，三是管理风险的能力，四是中西方两个平台自由行走的能力。

四、金融专业硕士培养模式

理念和目标实际上明确我们的定位和任务，接下来必须思考从现在到未来目标如何实现，这里的核心是培养模式的创新。金融专业硕士的培养模式一定是富有创新的、区别于传统的培养模式。近期，也许我们可以研究、借鉴 MBA（工商管理硕士）的培养模式。中国 MBA 教育毕竟有 20 年历史，一开始 MBA 教育也不是很好，后来在发展中找到了方向。金融专业硕士的近期目标就是赶超 MBA，现在是学习，未来一定要超越 MBA。

金融专业硕士培养模式的基本要点是课堂教学与实际能力训练相结合、课程学习与案例分析相结合、学院派师资与实践型师资相结合、基础必修课与专业选修课相结合、一般标准与培养单位特色相结合。

1. 教学方式。教学方式上要采用课堂教学与实践能力训练相结合，要整合传统资源，建立系统的实践实验教学体系。组建一批目标清晰、制度健全、管理有序、实效明显的教学实践基地，为金融专业硕士走向职业化道路提供过渡性平台。目前，在实践训练方面我们还是有所欠缺的，我们要建立实践能力训练基地为金融专业硕士走向职业化道路提供一个适应性平台，要保障实践教学时间，注重教学实践内容设计、教师聘任、实践过程管理。要对实践计划、实践工作日志、实践总结报告和实践过程产生的新知识、新方法、新方案、新产品等进行质量评价。实践基地的实践能力训练应保证 3~6 个月。

2. 教学方法。我们主张教师讲授、案例讨论、团队作业互相结合的教学方法。课程学习与案例分析相结合，其中，案例分析应占相当的比重；提倡团队作业，而不是师傅带徒弟的传统方式。在条件成熟时，金融教指委应组织编写一套金融专业硕士案例分析集。

3. 教学内容。基础必修课与专业选修课相结合，其中专业选修课应占较大比重。专业选修课根据培养方向的不同和各培养单位的特点可形成不同模块或“课程组合包”。金融领域非常庞大，案例分析可按不同模块进行，有的侧重于商业银行，有的侧重于证券市场，有的侧重于财富管理，有的侧重于风险管理等。每一个培养单位特点不同，所以，根据不同的培养方向和各个培养单位的不同特点要形成多个不同模块和“课程组合包”，以实现金融专业硕士培养的多元化模式。我们要提倡比较、竞争，不要搞一元化的东西，通过多元化的相互比较才知道哪个好、哪个不太好。

在教学内容上，要注意国际性与中国元素的结合。我本人不赞成两个极端：一个极端是，全面照抄照搬美国、欧洲的课程；另一个极端是，仅仅讲授我们本土的东西。我们需要学习发达国家的经验，要学习现代金融学知识体系和理论范式，但全盘照抄、照搬不行。我们也反对仅仅介绍本土的传统，讲一些传统落后的知识、理论和方法，排斥现代金融学中成熟的理论、方法。要把两者很好地结合起来。我们最终是要解决中国的问题。

4. 教师（导师）的双轨制或“双师制”。倡导高校全职教师与实践部门具有良好理论素养和丰富实践经验的专业人士为共同导师，实行“双师制”。面对金融专业硕士的教学要求，高校教师实际上面临着挑战。要防止金融专业硕士与金融学硕士同质化的倾向。

5. 金融教指委确定的一般标准与各培养单位特色办学相结合。金融教指委一般标准主要体现在基础必修课上，各培养单位办出特色是金融专业硕士生命力的体现。鼓励各培养单位特色办学，适度竞争。金融教指委一般标准主要体现在基础课程（经济学、金融学、工具和方法）的相对规范和完整上。

6. 国际化与中国元素的结合。鼓励引进国际课程、双语教学，海外游学、国际暑期课程、国际学生交流。鼓励在海外金融机构建立实习实践基地。要主动参与国际人才培养市场的竞争，努力造就一批国际知名的教师队伍、精品课程，培养一批国际知名的金融精英。在提升国际化程度时，要注意与中国元素特别是中国金融元素的结合，要讲清楚中国金融的现状，面临的问题是什么，发展的方向是什么，否则学生学完了不知道中国金融体系是怎么组成的，难以说这个教学是成功的。

7. 奖助贷体系和就业服务体系。在奖助贷体系方面，要设立金融专业硕士教育专项基金、企业奖学金、校友奖学金等多种形式奖学金。

学生就业。要建立金融硕士就业指导中心，定期举办就业指导讲座、求职面试模拟等活动；根据学生特点，积极向用人单位推荐毕业生；主动联络用人单位，邀请用人单位来各培养单位举办招聘会等。

各培养单位要加大投入，完善以服务教学、服务学生的管理服务体系。管理服务体系要组织化、制度化、规模化。设立金融专业硕士工作机制，专人负责，确保工作能全面、高效地开展。

8. 学制、学分与学费。金融专业硕士的基本学制是两年。基本学分一般不低于 37 学分，各培养单位根据培养方向和生源结构可适当增加学分。各培养单位根据培养成本、社会需求状况、教学质量和社会声誉等制定有差别的学费收取标准，但收取标准须按照规定和程序得到主管部门的批准。

9. 学位论文与答辩。金融专业硕士学位论文应与金融实践紧密结合，选题来自实际问题。论文应着重对实际问题的分析。论文形式提倡案例分析、产品设计、调研报告或基于实际问题分析的政策建议。不提倡过于学术化的论文，提倡多种答辩形式。

各位委员、各位院长、各位专家，我们正在从事的是一个新兴的事业，有挑战、有探索、有期待，我们一定要充满信心，共同努力把金融专业硕士这个新的专业学位人才培养做好。我们在座的都是这项事业的先驱者，再过20年，等我们回望过去的时候，一批批具有卓越实践能力的金融专业人才从我们面前走过，我们就无憾了。

中国创业板市场：现状与未来

——在“第十五届（2011 年度）中国资本市场论坛”上的主题演讲

【作者题记】

这是作者2011年1月8日在“第十五届（2011年度）中国资本市场论坛”上的主题演讲。本次论坛的主题是“中国创业板市场：现状与未来”。

一、应当研究维持中国经济百年增长的金融模式

作为论坛的主要发起者，我在设计中国资本市场论坛每年主题的时候，都是围绕一条主线展开的。这条主线是什么呢？一些有心人能够理解，特别是常年与我一块儿合作研究的老师们，还有早年毕业的博士生们，他们或多或少都理解了这条主线。这个主线也是我和我的研究团队一直在思考的问题：如何使中国经济像美国经济那样维持百年增长？百年增长的金融模式是什么？

对这个问题的思考，源于美国经济 20 世纪到 2008 年这次全球金融危机差不多 100 年的增长，全世界没有哪个国家的经济实现了 100 年的持续增长，唯有美国实现了。日本没有。日本维持了 20 年的高增长，就停下来了 20 年。也许英国在 19 世纪可能实现了百年经济增长，我没有研究这段历史。中国作为一个大国，要成为一个现代化的强国，显然不只是 20 年的增长。我们的经济体制改革、人口红利，再加上比较丰富的资源，事实上就可以维持中国经济 20 年高速增长。

然而，20 年的持续增长很难使中国成为现代化的强国，只能解决贫困，只能使其进入一个相对小康的社会。把中国建设成一个现代文明的强国，大概是这代中国人的理想。所以，中国经济如何维持更长的增长，是一个很大的话题。有时候我在想，为什么美国的制度、体制能够使其维持一个世纪的增长，其中必有奥秘，一定有可以总结的规律、可以学习的经验。人们或许可以总结出很多要点，但是我认为以下两点至关重要。

第一，科学技术非常发达、创新能力强。科学技术进步必然引起产业结构的调整，乃至于产业革命。以科技创新为基础的产业革命是美国经济长周期增长的原动力。没有科技创新所带来的产业革命，美国经济不可能有一个世纪的增长。所以，中国把科技创新、科教兴国作为国家战略是非常重要、非常正确的，这是中国未来发展的原动力。不过，应当看到，仅有原动力还是不能维持百年增长。日本的科技创新没有太大问题，日本的科技创新及其在产业中的运用效率、转换速度，有时比美国还高、还快、还更有效率。

第二，建立在发达资本市场基础上的现代金融体系具有重要作用。一个大经济体，要解决经济持续增长，必须要解决两大难点：一是源源不断的动力来自哪里？二是长期经济增长所遗留下的风险如何释放，也就是说经济增长过程中压力释放机制的设计问题。只有激励机制，没有压力释放机制，经济终将崩溃。

经济增长的激励机制，包括科技创新基础上的产业革命和开放的、可以在全球范围内配置资源的现代金融体系。在这个金融体系内，资本市场起到了至关重要的作用。金融制度安排有很多类型，有资本市场，资本市场中还有其结构序列；也有商业银行，还有其他的一些金融制度安排。为什么说资本市场在构建现代金融体系中具有关键的、核心的作用？这就涉及第二个问题：经济增长的压力释放机制。唯有资本市场既能够配置资源，特别是配置存量资源，推动存量资源的重组，又能创造了一种风险流动机制，也就是压力释放机制。

科技创新带来产业革命，以资本市场为基础形成的现代金融体系具有强大的资源配置功能和风险流动机制，或者是释放机制，这个国家的经济就有可能进入长周期。放在这个视角上看，研究在中国如何构建一个现代金融体系就是一个特别大的战略问题。现代金融体系中的资本市场的一个核心部分就是我们通常说的主板市场。主板市场是现代工业文明的结果。与此同时，我们还必须解决高科技企业成长的融资机制和激励机制。在这样一个视野下创业板就变得非常重要。它与构建发达的资本市场，构建现代金融体系，维持中国经济长期增长的战略目标息息相关。我是从这样一个战略架构下来看待创业板市场的。

基于上述理解，今年我和我的研究团队都认为，中国创业板市场值得研究。虽然中国创业板市场的发展历史只有区区一年多，全球创业板作为一种新的金融制度安排，在漫长的金融发展史中，也只不过有 40 年时间。从 1971 年纳斯达克交易所建立开始，到现在只有 40 年的时间。在这 40 年经济金融发展历程中，有的辉煌延续，有的昙花一现；有的生命力十足，有的则苟延残喘。在设计中国创业板发展模式，规划中国创业板的未来时，我们既要分析全球创业板市场的发展史，从历史中探寻启示；更要研究时代背景的变化和国情因素对中国创业板发展所带来的深刻影响，在变动中把握未来。

在中国资本市场发展的历程进程中，2009 年 10 月 30 日是一个应当铭记的日子，这一天，中国的创业板市场开始运行和交易。在这个时候我们要思考：中国的创业板市场能不能承接纳斯达克市场的辉煌？还是说走自己的第三条道路？中国创业板的制度安排是完全学习、照搬纳斯达克的制度安排，还是要根据历史的变迁、国情的因素形成自己的一个模式？我们还要思考，我们的创业板会不会变成日本、德国以及中国香港那样的创业板？这些问题都是要思考的。

二、中国创业板市场值得正视的九大现象

我本人对中国的创业板是有信心的。在谈到信心时，我们要看到创业板目前所存在的问题，看不到问题的信心是盲目的乐观。存在问题是正常的，只要我们正视这些问题，我们就能找到解决问题的办法；不正视这些问题我们就会掩耳盗铃，就会自欺欺人。看到问题绝不是否定成绩。中国创业板一年来的运行总体上看应该给予积极正面的评价。中国创业板目前存在哪些问题呢？我认为，以下九个方面的问题或现象应当正视。

第一，寻租股东突击入股现象比较严重。我创造了一个词叫寻租股东，这个寻租股东基本上不承担企业成长的风险，目的非常直接而强烈，就是迅速攫取高额的资本回报。寻租股东的出现严重破坏了资本市场的公平原则，损害了资本市场的核心价值理念，即创业带来财富。我对寻租股东是鄙视的。

第二，券商直投与上市保荐人制度的利益关联现象比较严重。这个潜在的利益输送机制必须改革，因为它损害了市场的公正性。

第三，资金超募现象严重。资金超募最大的问题，就是泯灭和腐蚀了企业家的创业理想，会掩盖企业发展过程中的矛盾和问题，影响企业管理的有效性，大大降低资本的回报率。

第四，高市盈率现象非常严重。创业板市场的高市盈率不可持续，其背

后是投资者对创业板市场梦幻般的预期，和以寻租股东为核心的利益集团操纵市场的结果。投资者这种梦幻的预期绝大多数都终将破灭，市场实际上具有很大的风险。

第五，频繁的高管辞职现象。这一现象严重损害了市场信心，背后必有制度设计上的缺陷。深交所正在对这个问题背后的制度进行完善。

第六，信息泄露相当严重。创业板上市公司股本小，通常都有高送股，高送股之前都有多个涨停板，这其中包含了信息的泄露。

第七，退市机制难产。高效快捷的退市机制是创业板市场的核心规则之一，没有一个高效快捷的退市机制，创业板一定不会成功，这项符合逻辑，又得到现实的验证。没有高效快捷的退市机制，创业板的风险结构就建立不起来，所谓高风险市场就形成不了，投机就无法遏制。创业板就会成为无成长、无风险的市场。高效快捷的退市机制是有别于主板市场最本质的区别之一。

第八，扭曲的创富效应。在中国创业板市场，寻租股东不承担“价值创造”过程的风险，而是通过突击入股和上市一夜暴富，形成了扭曲的创富效应，这是财富分配和实现过程中的不公平，大大损害了创业板市场的信誉。

第九，强烈的套现意愿。首批创业板公司原始股解禁的一个月内，各类原始投资者踊跃套现 28.5 亿元。套现意愿强烈，反映市场价格或制度设计存在隐忧。

这些现象或问题在我看来有些是发展中的问题，有些是制度不完善带来的，有些则可能是公然的违规行为。

三、中国创业板市场未来发展的五大动因

经过 20 年的发展，中国在资本市场建设过程中积累了丰富的经验和教训，这些都为创业板市场的发展做了很好的铺垫。中国创业板市场不会像日本、德国、中国香港等国家或地区的创业板市场那样日益衰弱。对中国创业板市场未来的发展前景，我个人是乐观的。中国有着创业板市场发展的天然土壤和有利条件。我们对中国创业板市场的未来信心，主要来源于以下五个

方面。

1. 中国经济发展的大背景

2008年全球金融危机后，美国经济的全球影响力正在下降，中国经济的国际影响力正在提升。如今中国已然成为全球第二大经济体。经济持续性增长，给我国中小企业发展提供了巨大空间。

中国创业板与40年前美国纳斯达克所面对的经济背景、科技创新背景大致相同。同时，中国经济又是一个快速成长的经济，一个庞大的经济体，数量巨大的中小企业为中国创业板发展提供了源源不竭的动力。

2. 中国金融市场结构性变革的要求

中国市场经济的蓬勃发展，必然催生着金融体系的市场化改革和金融市场特别是资本市场的大发展。中国金融体系演变的基本方向是市场主导型金融体系，而创业板市场的建立和发展是其中的重要一环。

我们在研究中也发现，英国和美国的这种金融模式更有利于资本市场的成长，更有利于创业板的发展。日本和德国的金融模式相对压抑了资本市场的发展，我们国家的法律制度过去像日本和德国的模式，但是中国人兼容并蓄，好的东西拿来为我所用。所以，在我们的法律架构和制度设计当中，英国和美国的金融模式的色彩越来越浓，这是中国资本市场包括创业板市场成长的基本环境。

3. 战略性新兴产业特别是创新型中小企业的发展亦催生着创业板市场的发展

如今，发展战略性新兴产业已成为世界主要国家抢占新一轮经济和科技发展制高点的重大战略。这种战略安排有助于创业板市场的发展，同时一个由政府引导，由包括创业板市场在内的资本市场推动、各方资本广泛参与的融资体系也将成为“十二五”规划中战略性新兴产业的强大推动力。

4. 中国未来全球金融中心的发展定位

未来10年，中国不仅要成为世界经济、金融增长的重要一极，而且还要成为21世纪新的国际金融中心，因此，建设包括创业板市场在内的、多层次、高成长并具备财富管理功能的资本市场，是其中的关键因素。

5. 制度不断完善的现实主义态度

中国资本市场在制度和规则设计方面，有着既充分吸收和借鉴发达国家经验，又根据自身国情不完全照搬的特点，所以，中国资本市场中的基本制度和规则既体现了国际惯例，也符合中国国情的传统，创业板市场亦沿袭了这种传统。这种中华民族海纳百川、兼容并蓄的现实主义态度有利于创业板市场规则的完善。

中国的实用主义态度也是一种现实主义的态度，不盲从、不照搬，根据自己的情况不断制定适合自身发展的规则，这是保证创业板市场成功非常重要的条件。我们可以细细地研究中国资本市场的所有规则，包括创业板的规则，既体现了某种国际惯例，也考虑到时代的背景和中国的一些特殊因素，这可能就是成功之道。上述五大因素应该能够给我们乐观的预期。

四、我们需要一个什么样的创业板

1. 公平透明的交易场所。公平透明的交易环境是任何资本市场赖以生存的基础。中国创业板市场的发展前提是信息的公平透明。

2. 对风险资本的合理引导。中国创业板市场应该担当起对风险资本进行合理引导的任务，成为风险资本的“价值投资引擎”。

3. 创新精神的激励机制。中国的创业板市场通过财富效应应当为企业的创新活动提供一种长期有效的激励机制，让创新的精神得以延续，让创业带来财富的核心价值观得以充分体现。

4. 培养真正的基于市场竞争的企业家精神。创业板市场应该培养具有成功渴望、意志力坚强以及社会责任感强烈的企业家精神，让真正的企业家实现价值，让短期投机者无利可寻。

5. 孕育未来领袖企业的摇篮。中国的创业板市场需要发挥其洞察力强、孵化面广的优势，成为孕育未来高新技术领域领袖型企业的摇篮。

我相信中国创业板经过 20 年的发展，其中一定会出现像今天纳斯达克市场上的微软、思科、英特尔和苹果这样的新型领袖企业，只不过可能不在信息产业。

6. 中国资本市场新的增长极。中国创业板市场中蕴含的增长潜力和增值空间不可估量，未来创业板市场应当成为中国资本市场的财富培育中心和金融新的增长极。

中国资本市场发展 20 年，虽风雨曲折，却精彩纷呈，永远充满着鲜活的话题，深入其中，方知滋味万千。黄河九曲，终向大海，中国资本市场的发展汇聚到中国市场化改革的浪潮中，势不可当，推动着中国经济快速持续成长。中国创业板市场尚处于发展初期，规模小，内部机制和外部环境仍有待完善。知困者方能自强，我们相信人性的力量能够驾驭未来。未来的某日当我们回眸，中国创业板企业已然成为参天大树，创业板市场已然成为浩瀚常青的森林，我们的目标就已经实现了，我们的国家也就强大了。我们期待那一天的到来。

2010年的演讲

中国资本市场二十年

——在凤凰卫视《世纪大讲堂》上的演讲

【作者题记】

这是作者2010年12月25日在凤凰卫视《世纪大讲堂》上的访谈和演讲，也是作者第二次在凤凰卫视《世纪大讲堂》作演讲。主持人是王鲁湘先生。

王鲁湘：欢迎走进世纪大讲堂，这里是思想的盛宴，这里是学术的殿堂。1990年11月26日上海证券交易所成立，1990年12月1日深圳证券交易所成立，中国建设资本大国的序幕从此拉开。20年间中国证券市场规模不断扩大，资本的概念深入人心，与此同时，中国股市也经历了大起大落。回顾20年，中国资本市场对国民经济的发展产生了怎样的作用？其发展进程中存在哪些问题？还需要完善哪些制度？在当前的经济形势下，2011年的股市发展趋势又如何？关于这些问题，今天我们非常荣幸地邀请到了中国人民大学金融与证券研究所所长吴晓求教授，让我们掌声欢迎。

吴先生您好。

吴晓求：您好。

王鲁湘：欢迎来到《世纪大讲堂》。

吴晓求：谢谢。

王鲁湘：首先我们来看一个介绍吴晓求先生的短片。

吴晓求教授是中国著名经济学家和金融证券专家，现任中国人民大学校长助理、金融与证券研究所所长。他在宏观经济、金融改革和资本市场等领域有深入的研究、独到的见解。他在中国资本市场发展的每一个关键时期，都针对当时的重大问题提出自己鲜明的理论观点和政策主张，得到了各方的良好评价。他是我国经济学界在资本市场研究领域最有影响力的专家之一。

吴晓求：中国资本市场大而不强

主持人：吴先生，您好像是1990年获得中国人民大学经济学博士学位的？

吴晓求：是的。

王鲁湘：也就是说您在经济学这样一个知识领域中的成长过程，与中国资本市场的成长过程完全是同步的？

吴晓求：对。我读经济学的时候，侧重于宏观经济学。

王鲁湘：宏观经济学。

吴晓求：研究资本市场，对我来说是历史的一个偶然。在1992年，我和其他人一起编了一本《股票债券全书》。这本书把我从原来的宏观经济学研究，推到资本市场研究上来。所以说，我对资本市场的研究，实际上是从1992年开始的。

王鲁湘：当时您对中国资本市场的未来发展，有过一些什么样的预测和想法？

吴晓求：一开始还没有预见到中国资本市场会有迅速发展，规模如此之大，而且有如此重要的影响。当时主要觉得金融是现代经济的核心。我是从一个比较宏大的视野中，来研究资本市场的。后来，到了2000年前后，我才感悟到资本市场是现代金融的核心了，是现代金融的基础。没有一个发达的资本市场，现代金融体系可能就很难建立起来。所以，从那个时候我就意识到，中国要成为一个强大的国家，没有现代金融体系的支撑，是很难成为一个强大的国家的。之后才发现，现代金融体系的核心是资本市场。

王鲁湘：到2009年底，沪深A股市场总市值已经达到了24.27万亿元人民币的规模。

吴晓求：是。

王鲁湘：超越日本成为美国之后全球第二大市值市场。从这样一个规模来看，我们是不是可以说中国现在已经是一个资本强国了？

吴晓求：现在只能说是一个正在兴起的资本大国。

王鲁湘：大国？

吴晓求：对，要成为一个资本强国，我想还需要10年到20年的努力。

现在中国经济虽然是一个大国经济，但还不是一个强国经济。中国资本市场也可能是一个大国的资本市场，但还不是强国的资本市场。这其中，最核心的标志有两个：一是对全球市场的影响力。对全球市场要有影响力，重要的是市场规模要大，同时市场上的资产要成为全球机构投资者必须配置的资产，只有这样，才可能成为全球性资本市场。二是人民币必须是国际化的货币。只有这两个要素具备了，才能说中国的资本市场是一个强大的资本市场。

王鲁湘：一个成熟的资本市场，有哪些指标呢？

吴晓求：作为成熟的资本市场的标志，第一，信息披露必须及时、完整。第二，公司治理结构必须规范。第三，有成熟的机构投资者。这三个方面缺一不可。

王鲁湘：中国资本市场这三条具不具备？

吴晓求：应该说都还有缺陷。

王鲁湘：都有缺陷？

吴晓求：对，尤其是信息披露方面存在的问题更多。

王鲁湘：好，下面我们就欢迎吴晓求教授开始他今天的演讲。他今天演讲的主题是“中国资本市场二十年”，大家欢迎。

吴晓求：推动中国资本市场发展的六大事件

吴晓求：非常荣幸，第二次在凤凰卫视《世纪大讲堂》来作演讲。记得第一次是 8 年前，那一次演讲的题目是“处在十字路口的中国资本市场”。8 年过去了，我们已经跨过了这个十字路口，我们已经找到了一个正确的发展方向，我们也有了自己的战略目标。

今天中国资本市场已经成为全球具有重要影响力的一个市场，同时也成为中国市场经济体制建立的基石，已经或者正在成为中国经济未来持续成长的一个强大的发动机。

在这样一个曲折和辉煌的发展过程中，我们不妨来分析一下，在过去的20年，有哪些大事在推动着中国资本市场发展。按我心目中的重要性顺序，对这六件大事做一一分析。

第一件，也是头等重要的，就是股权分置改革。股权分置改革是中国资本市场发展过程中，最具有里程碑意义的制度改革。股权分置改革是中国计划经济体制印烙在资本市场中最明显的烙迹。股权分置改革是中国资本市场20年来最复杂、最艰难、最重大的制度变革。

这项改革起始于2005年5月，主要目的是要把上市公司原来两类不同的股东，也就是流通股股东和非流通股股东的利益结构、利益取向，通过股权分置改革一致起来，以构造一个中国资本市场发展的共同利益平台。与此同时，推进股权分置改革，也是要寻找资本市场发展新的动力源。经过三年多的改革，我们终于完成了这种世界上从来没有过的制度改革。之后，才有今天的这27万亿元市值的资本市场。股权分置改革为中国资本市场的发展奠定了很好的制度平台。之所以说具有里程碑意义，是因为它从制度层面上再造了中国资本市场。没有这个改革，中国资本市场就没有未来，更不可能建设成21世纪新的国际金融中心。

第二件，是海外蓝筹股回归中国A股。过去中国资本市场被边缘化、空壳化。也就是说，一些很小的公司在A股上市，一些代表中国国民经济主体的、大型的企业统统都到海外上市，这就势必造就中国资本市场的边缘化和空壳化。也就是说，这样的资本市场是没有什么财富管理功能的。过去中国资本市场上充满了投机，是因为上市公司的股票难以作为财富来管理。所以，在2006年5月，我们终于让在海外上市的这些蓝筹股回归中国A股了。这是中国资本市场未来发展的基石。如果未来要成为全球性的市场，这些蓝筹股的回归将起到决定性的作用。

第三件，就是《证券法》的颁布和实施。1999年7月1日颁布实施的《证券法》，开启了中国资本市场的法治时代。在这之前，应该说中国资本市场没有受到严格的法律保护，各种条例在管理着这个市场。自从《证券法》颁布以来，中国资本市场开始有法律保护了，谁要关掉这个市场，已经不可能了。《证券法》也为未来的中国资本市场发展提供了一系列准则和规范。

第四件，就是2002年1月30日颁布的《国务院关于推进资本市场改革和稳定发展的若干意见》，我们把这个规范性文件简称为“国九条”。我把它看成是自有资本市场以来一次正本清源的认识。在“国九条”出台之前，从总体意义上说，中国对资本市场的认识是肤浅的，是功利主义的，没有战略目标。实际上，发展资本市场是有逻辑的，有必然性的。发展资本市场是中国推进金融市场化改革，建设现代金融体系的重要内容。如果不放到这样一个架构下来认识，只是为我所用，我想中国资本市场是不可能成为参天大树的，永远只是一棵小树。

第五件，就是在证券公司综合治理基础上客户保证金的制度管理改革。这种改革使投资者的资产第一次得到了真正的有效保护，从根本上削弱了证券公司的资金杠杆，形成了一种有效的金融风险防范机制。

2006年，我们启动了客户保证金的制度改革，由原来的券商直管，变成第三方托管，有点类似于基金的资金管理模式。这种模式使得券商不可能再挪用客户保证金。证券公司要买卖股票，只能动用自己的资本金，这就极大地降低了证券公司自营投资所引发的风险，建立了一个有效的风险防范制度。对这项改革，很多人不理解其中的意义。如果没有这项改革，在2008年市场由6 000多点跌到1 600多点，中国证券公司中的绝大部分都要破产。然而在这次从6 000点跌到1 600多点，没有一家证券公司因此而破产，一个非常重要的原因就在于券商的综合治理，特别是客户保证金制度改革。

第六件大事，就是包括中小板、创业板在内的多层次资本市场的建立。它从根本上改变了中国资本市场的功能和结构，形成了资本市场新的增长极，为中小企业的成长提供了具有强大激励功能的平台。

过去20年的这六件大事，从根本上推动了中国资本市场的发展。

吴晓求：资本市场推动中国经济持续稳定增长

第二个问题，中国资本市场在过去 20 年，究竟对中国经济发展、社会进步起到什么作用？

从 1990 年到 2010 年的 20 年间，是中国近现代社会最为辉煌的 20 年。在这 20 年中国经济发展和社会进步过程中，资本市场起到了不可忽视的作用，而且这种作用随着资本市场规模的日益扩大、国际影响力的提升与日俱增。我把这种作用也概括为六个方面。

第一，资本市场作为现代金融的核心，推动着中国经济的持续稳定增长，而且大大提升了经济增长的质量。

没有资本市场，很多我们今天看起来很成功的企业可能已经破产、倒闭。我记得工商银行、农业银行、中国银行和建设银行在上市之前的很长时间里，从技术上已经破产，因为其不良资产的规模大大超过了资本金。成为上市公司后，工商银行、农业银行、中国银行和建设银行，不仅全面改善了监管指标、盈利指标和相应财务指标，而且也大大提升了其在全球的影响力。这其中，资本市场起了非常重要的作用。资本市场帮助工商银行、农业银行、中国银行和建设银行建立了现代商业银行制度，及时补充了资本金，形成了源源不断的资本金补充机制，建立了有效的市场化的风险防范平台。这些都是资本市场对企业所起的作用。

吴晓求：资本市场加快金融资产的增长速度

第二，资本市场加快了社会财富（金融资产）的增长。

经济发展是需要财富的积累和优化配置的。在我的理念中，经济持续成长，必须解决两个问题：一是要有很好的科技创新机制和能力，二是必须有源源不断的金融资本。改革开放 30 年，通过制度变革、人口红利和大量资源的投入，中国经济维持了 30 年的成长，我们甚至还可以维持 10 年的成长。到 2020 年，也许我们的人口红利会消失，但如果要有源源不断的金融资本，中国经济还有可能维持持续增长。这种源源不断的金融资本，靠谁来创造？

靠现代金融体系来创造。所以，社会的进步，需要财富的大幅度增加。以资本市场为基础的现代金融体系，不仅仅是经济成长的发动机，而且还为社会创造了一种与经济成长相匹配的财富成长效应。也就是说，构造了一种财富成长与经济增长相关联的函数关系，建立了一种经济增长基础上的人人都可以自由参与的财富分享机制，可以有效地提高经济增长的社会福利水平。如果经济增长了，由于制度的原因，财富被少数人占有了，这种经济增长是有问题的。如果经济增长能够让社会绝大多数成员增长其财富，这种经济增长都是人人追求的。也就是说，资本市场发展有利于提高经济增长的财富分享水平。

资本市场的财富效应，加快了社会财富特别是金融资产的增长速度。

金融资产的增长，是社会富裕的一个标志，同时也意味着中国经济增长具备了源源不断的巨大的资本来源，进而为中国经济增长模式的转型提供了坚实的基础。这是资本市场所具有的一个重要价值。我们不能把这种金融资产的快速增长看成是资产的泡沫化，两者之间要严格区分开来。在经济成长过程中，特别在中国这样的国家，在现阶段，金融资产的增长速度大大超过经济增长速度，是完全正常的，如果认为是泡沫化，我们就会采取很多措施来抑制金融资产的增长。

第三，资本市场为中国企业特别是国有企业的改革和机制转型，提供了天然的市场化平台，从而极大地提升了中国企业的市场竞争力。

没有资本市场，中国企业特别是国有企业就不可能建立起真正意义上的现代企业制度。资本市场使单个股东或少数股东的企业，成为社会公众公司，资本市场可以把社会的闲散资金迅速地集合到企业，通过一种机制，让这些人去有效地利用，以提高社会资金使用效率。资本市场推动公众公司的形成，本质上是企业的一种革命性变革。对中国企业来说，是一种深刻的制度变革。这种制度变革使我们的企业从为所欲为、无知无畏的盲流形态，转变成深刻的既有约束又有激励的理性行为机制。

资本市场使中国企业，不仅具有股东意识和公司治理概念，不仅对收益与风险匹配原则有深切理解，而且通过强制性信息披露和透明度要求，使社会开始具备了经济民主的精神。这一点至关重要。社会进步的核心的标志，是民主和法制。在推进中国社会现代化过程中，资本市场的发展，或许从根本上，会让人们逐步形成一种民主和法制的理念。资本市场在使中国企业华丽转型、迈向现代企业制度的同时，中国企业的市场价值也得到了公正的评价。

20 年前全球十强乃至百强根本看不到中国企业的身影。在 20 年前、30 年前，我们上大学的时候，哪里会想到我们中国的企业无论按什么指标排名，在全球十强中会有两三席，根本没有想到。这就是一个巨大的变化，这也是对中国企业的公正评价。

第四，资本市场推动了中国传统金融体系的变革，进而使其逐渐向现代金融体系演变。所谓的传统金融体系，是指以信贷为主要业务，以传统商业银行为主体的金融体系。所谓的现代金融体系，是指以资本市场为核心、为基础形成的市场化金融体系。在现代社会，金融体系不仅仅是资源配置的机制，还是调剂资金余缺的一种机制，更为重要的是一种风险分散机制。通过金融体系，把全社会的风险分散开来，让风险流动开来。中国经济增长，必须要有一个持续性增长的机制，必须构造强大的动力体系。这个强大的动力体系，除了刚才提到的科学技术、科技创新、产业革命外，还需要一个强大的金融体系。与此同时，还必须构造出一个与这个动力体系相匹配的风险释放机制。任何经济增长都会遗留风险，所以，在我们的制度设计中，就应该构造出一个与这个强大动力体系相匹配的风险释放机制。这个风险释放机制是什么呢？那就是现代金融体系，那就是资本市场。因为只有资产证券化，只有让风险流动起来，风险才可以分散和配置，风险才可以释放。也就是说，现代金融体系一个非常重要的核心功能，就是使原来存量化的风险，变成流量化的风险。这点非常重要。传统金融体系，是让风险存量化。不良贷款出现了，也就变成了一种存量，之后只有通过拨备，才能对冲掉这种风险。如果不良资产累积越来越大，就会出大问题，这家银行就可能破产。因为在传统金融体系下，通常是以金融机构破产重组的形式来释放风险，而这对金融体系的危害非常大。所以，金融改革就是要把这种存量化的风险做流量化的处理，以改善风险结构，这是现代金融体系的核心功能。

要做到这一点，就必须发展资本市场。以资本市场为核心构建的现代金融体系，具备了资源配置、分散风险和财富成长三大功能。这就是在中国，为什么要发展资本市场的根本原因，也是资本市场对中国经济发展和社会进步所起的重要作用。

吴晓求：资本市场孕育了现代社会的公民意识

第五，资本市场发展培育了数以千万计的、具有风险意识的投资者。资本市场极大地提高了中国投资者群体的金融意识、民主意识和政策意识，这对社会进步具有重要作用。从来没有一所学校，没有一种教育方式，能像资本市场那样，让中国的普通投资者那样真切地关心国家大事，那样深度地了解国家政策的变化，那样全身心地关注国际形势的变化，那样富有理性地行使经济民主的权利。美国的量化宽松政策对我们有什么影响，朝鲜半岛局势的变化对我们有什么影响？为什么要关注这些？因为他要投资，所以他要关心国家大事，关心国际形势。哪一家上市公司做得不好，他可以富有理性地行使经济民主的权利。所以，在中国，资本市场是投资者的践行地，经济前行的发动机，更是现代社会公民意识孕育的摇篮。公民意识的孕育，是中国社会迈向现代文明社会的重要标志。

第六，资本市场给社会提供了多样化的、收益与风险不同匹配的、可以自主选择并具有相对流动性的证券化金融资产。在消费品市场上，我们经常强调消费者对消费品的自主选择权，这是消费者权益的核心内容，不能用任何制度设计影响到消费者对消费品的选择权。与消费者这一权利相对应，投资者也必须拥有自主选择投资品的权利，这也是衡量市场经济发达程度的重要标志。在法律允许的范围内，投资者拥有自主选择任何资产的权利。给投资者提供多样化的、收益与风险相匹配的、具有充分流动性的、信息透明的金融资产，是金融体系和资本市场的基本职能。今天有很多人，有钱就去买房子，反衬中国金融体系的落后。买一套房是为居住，没有问题；买两套房为享受，也没有问题；买三套、四套就有问题了，肯定是作为资产来投资的。如果中国社会很多人都把房子作为资产来投资，只能说明两个问题：一是中国金融体系的功能有问题，没有能力提供相应的可以让投资者自由选择的资产。二是中国的投资渠道不畅通，有很多领域不让投。要大力推进投资体制改革，有一些领域可以允许非国有资本进入。大家为什么都去炒房，因为社会没有提供相应的投资渠道和资产选择。金融投资的活力和创造力，是经济活力的重要源泉。今天，中国资本市场虽然离上述目标还有相当大的差距，但是，扬帆已过万重山，人们已经看到了未来的辉煌。

吴晓求：资本市场需进一步开放才可领先世界

第三个问题讲一讲，未来中国资本市场的发展方向和目标。目标非常清楚，就是一定要把中国的资本市场建设成21世纪新的国际金融中心。基本的方向就要不断开放，不开放就不可能国际化，建成国际金融中心更是不可能的。

为此必须做好两点：第一，要推进人民币国际化。没有人民币的国际化，中国的金融体系和资本市场，就不可能建设成新的国际金融中心。第二，要推进中国金融体系。特别是资本市场的开放，包括向外国投资者开放，也包括国外上市公司到中国境内来上市的开放。只有双重开放，中国资本市场才会越来越有影响力，规模才会越来越大。27万亿元人民币市值的资本市场，难以成为全球重要的市场，难以成为全球新的金融中心。所以必须做大、做厚、做宽、做强。

产品要多，市值要大。希望到2020年，中国资本市场的市值达到100万亿元人民币。从27万亿元到100万亿元，是规模的一次飞跃。到那时，中国资本市场会在全球具有重要影响力。那时候如果开放的话，中国资本市场一定是一个国际性的金融中心。因为时间所限，我就讲到这里。谢谢大家！

吴晓求：到2020年中国经济仍可保持强劲增长

王鲁湘： 非常感谢吴晓求教授的精彩演讲。通过吴教授半小时的演讲，我们对中国资本市场20年的发展过程有了一个清晰的了解。未来20年，推动我国资本市场成长的有利因素和不利因素主要有哪些？

吴晓求：未来20年的有利因素，主要有这么几个方面：第一，中国经济成长的趋势，还是强劲的。到2020年，中国经济还会保持相对强劲的增长势头，这是中国资本市场发展最宏大的背景。第二，经济增长模式的转型，为资本市场发展带来结构性机会。经济增长模式转型，包括七大战略性新兴产业的发展，都为资本市场提供了很好的上市资源。第三，中国经济规模很大，孕育了很多中小企业。韩国也好，日本也好，中国香港也好，它们的创业板为什么发展不起来？当然有制度设计上的问题，更重要的是，成长型中小企业数量不足。中国有数以万计的有成长性的中小企业，为中国资本市场发展提供了源源不断的储备和资源。第四，我们已经意识到资本市场的重要性，不是功利主义的。"国九条"就是一种对资本市场正本清源的理论认识。当然，在中国，现在或多或少还是对资本市场有一些偏见。

王鲁湘：有意识形态色彩？

吴晓求：有意识形态色彩，也有个人价值观的不同。

王鲁湘：个人价值观？

吴晓求：如果谁说他在股票市场上发了财，没有多少人会羡慕。如果办企业赚了钱，还是会有很多人羡慕。

从理论上说，这是两种投资，不应该有太多的价值色彩。还有就是如何看待资本市场泡沫。市场现在一旦过了3 000点，就有人也有舆论甚至包括政府部门，都认为已经有泡沫了。我们对上涨高度警惕，对下跌不在乎。只要一上涨，就认为是泡沫。泡沫的潜台词就是要控制资产价格的上涨。

王鲁湘：就要挤。

吴晓求：对，挤泡沫。我经常想，你凭什么说它有泡沫呀，工商银行的市盈率从8倍到10倍就有泡沫？我总觉得这方面我们存在问题。"泡沫论"影响到政策的变化，政策变了，投资者就要跑了。我们经常是管涨不管跌。

涨，我要管，跌，我可以不管。认为跌是风险的释放，终于安全了，终于落地了。这种观念对资本市场发展不利。美国对资本市场的理解是深刻的，大体上管跌不管涨。

王鲁湘：反过来的？

吴晓求：反过来的。如果跌成金融危机了，可能美联储就出来了，总统也可能要出来，会采取各种办法稳定市场。如果是涨，涨到哪里都不管，只要不违规。

王鲁湘：不要违规就是。

吴晓求：对，不要违规。不要操纵市场，不要违法。涨到哪里，是市场理性行为选择的结果。我们刚好是反的。涨了得管，跌了就不管了。这个也是我非常忧虑的方面。资本市场发展需要适当的社会环境。这个社会环境，我们是不够的。

王鲁湘：还不够。

好，下面进入现场提问环节。在座的同学有问题向吴教授提问，请举手。

吴晓求：不同经济体所涉资产泡沫有不同标准

学生：吴教授，您好！您在演讲中提到，一个经济的正常发展、长期发展离不开金融资产的正常积累。但是您又说，要把金融资产的正常积累与泡沫区分开来。那么，我想问，我们怎么来区分这二者，尤其是当它们重合，比如说在金融市场产生很大泡沫的时候，我们怎么样来分辨出多少是正常积累，又有多少是泡沫？然后在处理泡沫问题的时候，我们怎么能够在不影响金融资产的正常积累的情况下，来处理这个泡沫呢？谢谢。

吴晓求：这个是一个非常复杂的学术问题，它涉及泡沫的标准。资产价格泡沫的标准是动态的。在不同时候，面对不同的经济体，是不一样的。就如同一件衣服，你让一个16岁的少年穿，可能大了，有泡沫，两年以后，就合身了，就可能没有泡沫。同样一件衣服，你给一个比如说70岁的老人穿，大了，那就是泡沫了，因为再过10年，仍然是泡沫。所以，面对不同的经济体，不同的时候，标准不同。标准一定是动态的，这是其一。

其二，在经济正在起飞的国家，在金融结构正在市场化的国家，金融资产以快于经济增长速度的速度在增长，这可能是正常的。这得到了很多数据的验证。就是在这些国家，如果金融资产快速增长超过经济增长，我认为是，可能是一种正常。到了多少是正常，这是一个相对模糊的标准，甚至是一个哲学问题。完全靠计量，超过某一标准就是泡沫，我对此还是表示怀疑。把握这两条就可以。对中国来说，金融资产增长速度超过经济增长速度，应该说是一个正常情况。

王鲁湘：下一位同学。

学生：吴教授，您好！刚才也提到了，关于大盘股，我们的一些优质的银行，市盈率比较低的问题，就此我想问您一下。像工商银行、建设银行，这些非常不错的银行，它们的市盈率长期非常低，我读了一些关于华尔街投资方面的书，他们之中最优秀的这些投资人，可能就是靠投资这些银行发了大财，赚了大钱。但是，我们国家基本上没有听说过有这种事情。我想问您的是，这种状况是不是与中国证券市场无效或者弱有效有关系？还是由于其他什么原因？

吴晓求：我想是三个原因。第一，政策的确在向包括商业银行在内的金融股不太有利的方向发展。比如说，现在的政策趋势是相对紧缩的，虽然还叫稳健的货币政策，但是与2008年、2009年和2010年相对宽松的货币政策相比较，当前这个稳健的货币政策，可以被看成一个偏紧的货币政策，在不断收紧。

第二，现在正在议论的《巴塞尔协议Ⅲ》，刚刚在首尔召开的20国集团会议原则上通过了，《巴塞尔协议Ⅲ》是在吸取金融危机教训之后，一个去杠杆化的重要步骤。

2008年全球金融危机一个非常重要的原因，从技术上看，是高杠杆带来的风险，所以对金融体系去杠杆化，是一个重大步骤。《巴塞尔协议Ⅲ》在这个背景下，核心资本和一级资本都大幅度提高了，这也是市场担忧的。如果按照这样的标准，2012年实施的话，意味着很多商业银行，无论是资本充足率，还是核心资本、一级资本，都要进行大规模补充。如果补充不了，就要削减资产，两头必须做一头。实际上是在降低资本回报率。这是市场上一个很深的担忧。

第三，在中国市场上充斥着一种概念化的东西，比如说七大新兴产业，比如说节能降耗、新能源技术，这些充斥着市场，有些东西还没谱呢，市场喜欢这些概念，所以大量的资金开始进入那些领域。大盘股没有概念，即使有概念也是负面的，规模又大，所以大家都不投资这些股票。迟早有一天，人们要回归主流投资价值。我还是相信这一条。那些靠概念忽悠的，是不能忽悠一辈子的，迟早要回归投资的本源。

学生：谢谢您。

王鲁湘：20年来，中国资本市场在艰难曲折中不断发展壮大，成绩斐然，尤其对于推动中国社会的全面进步，起到了巨大的不可替代的作用。回顾这一段历史，我们也意识到，只有通过不断的自我完善，健全各项制度，中国资本市场才能逐渐走向成熟，迈进更广阔的发展前景，为中国经济的百年增长提供有效的保障。好，让我们再一次对吴晓求教授的精彩演讲表示感谢。

同时也感谢今天在座的中国人民大学的老师和同学。

中国创业板的隐忧与希望

——在深圳“中国国际高新技术成果交易会”上的演讲

【作者题记】

这是作者2010年11月17日在深圳“中国国际高新技术成果交易会”（简称高交会）上的演讲。

一、创业板市场的理论逻辑

创业板市场已经有一年多的历史。在思考创业板发展的过程中，我们需要了解全球创业板市场发展的历史，以及它是在什么条件下发展的。有些国家为什么创业板或者是高新技术企业市场可以成功？有些则不太成功？原因在哪里？我想，这些都是要做深入思考，才能把我们的创业板市场做好。

全球创业板的发展分历史的起点和逻辑的起点。历史的起点就是现实的起点。它从哪里开始，是什么因素推动着，包括纳斯达克市场在内的全球创业板市场的发展。历史上，创业板市场是由交易费用引起的。主板市场无论是 IPO 部分还是上市交易部分，费用都非常高，昂贵的费用显然让一些中小型企业难以承受。交易费用、交易成本推动制度创新，降低费用，是纳斯达克出现的重要动机。当然，仅有这个动机还不够，还必须要有时代的背景，要有市场需求，有什么样的金融需求，就会产生什么样的金融制度。

20 世纪 70 年代，全球新一轮技术变革已经出现，尤其是信息技术的发展，计算机的广泛应用，带来了新一轮产业革命。所以，创业板的逻辑起点是科技创新。一大批科技创新企业的出现，需要与此相匹配的金融制度，其中包括风险资本，也包括后来的纳斯达克市场。这种金融制度创新顺应了科技创新的需求，与当时金融体系的市场化变革趋势相适应。

20 世纪 50 年代之后，全球金融体系就越来越市场化，也就是说，资本市场在其中开始起引领的作用。资本市场的发展推动着当时金融的结构性变革，其中资本市场也蕴含了后来的纳斯达克市场。这三个因素重叠在一起，造就了纳斯达克的辉煌。纳斯达克的辉煌不是偶然的，有其逻辑的必然性。

中国的创业板市场已经有一年多了，实际讨论有七八年的时间。从 2000 年网络泡沫开始，我们就在讨论中国创业板的推出，当时还不太具备推出创业板的条件。到 2009 年，经过近 10 年的讨论与探索，中国资本市场开始发生重大变化，股权分置改革已经顺利完成，中国市场的透明度、规范性也有了改善，所以，推出了创业板。创业板对市场结构的变革是有重要意义的。创业板的推出对中国资本市场的结构性变革，对引领中国高新技术企业的发展意义重大。

我们推出创业板市场有自己的说法。虽然创业板费用包括 IPO 的费用比主板低一些，但是起点不是交易费用，起点是要建立多层次资本市场。这是一个非常重要的命题，这个命题本身是正确的，因为多层次资本市场对应着不同企业融资的需求，也对应着不同投资者对资产选择的需求。所以，在多层次资本市场的架构下，创业板应运而生。

中国创业板市场的推出可能还有一个说法，就是要解决中小企业融资难的问题。我们要开辟一个新的融资渠道给高新技术企业通畅的融资平台，从而推动高新技术企业的发展。

中国资本市场的战略分工是必要的。从战略分工意义上说，沪深港三个市场不能进行同构竞争，应该进行战略分工。上海市场从定位来说，是中国的主板市场和蓝筹股的市场，深圳市场定位于中国的纳斯达克市场，如果把上海市场定位为纽交所的话，深圳市场就定位为中国的纳斯达克市场，香港市场就像伦敦市场那样，比较国际化，虽然英国和美国是两个国家，香港是中国的一个特别行政区，但从战略分工上说，似乎应有这样的层次。

这种战略分工对未来中国市场的发展意义重大，对把中国资本市场建设成新时期的国际金融中心具有重要意义。如果内部都是恶性竞争、同构竞争，没有特点、没有定位，我们要构建所谓全球新的金融中心是困难的。

我是从这三个层面来理解创业板的战略意义，也就是说，我们设立创业板是有基础的、有目标的。

二、创业板市场成功的条件

我们还要思考，在不同背景下创业板市场的成功之道和不成功的原因。英美模式下创业板市场是成功的。英美模式是一个金融学的概念，说得再准确一点，所谓的英美模式主要是市场主导型的金融模式。也就是说，在这种金融模式下，资本市场起着基础的、核心的作用。在这种金融模式下，创业板是成功的，纳斯达克最具有代表性。英美模式下创业板成功的秘诀在哪里？我想主要有以下几个方面。

第一，有一个恰当的金融模式。天生的土壤和环境适合创业板发展。

第二，有一种适当的金融文化。这种金融文化，是一种强调竞争的文化，是一种反对垄断的文化。在我们国家，这一点明显不足。似乎做大了做成垄断了就是成功的。英美模式下，像工商银行、农业银行、中国银行和建设银行这么大的商业银行，可能会被分解。因为它强调竞争性文化，包括创业板市场、纳斯达克市场，培育的企业都是竞争性企业。这是一种文化。

第三，经济的规模和成长性。今天的欧洲已经老态了，没有成长性，美国也似乎进入顶峰期的后端。如果倒退到 30 年前、40 年前，它们是蓬勃向前的，经济发展特别快，有很多创新型企业，这为创业板市场的成长提供了源源不断的资源。创业板市场是高淘汰率的市场，退出速度非常快，如果没有源源不断的资源则很难成长起来。

第四，制度的设计比较科学，所谓制度设计是指完全有别于主板市场的规则，包括 IPO、交易和退市等，都有别于主板市场。

第五，具有相对有效的监管。

这些方面是英美模式下创业板市场成功的重要原因。

其他国家和地区的创业板都不太成功，包括韩国、日本、中国香港地区、德国等。这些国家和地区的创业板不那么成功的原因，可能与金融模式和高新技术企业相对缺乏有一定的关系。

三、中国创业板市场的忧虑

对中国创业板市场，我是忧虑与希望并存。概括讲，有九大忧虑。

第一个忧虑：寻租股东突击入股现象严重。这些寻租股东的嗅觉非常灵敏，他们到处寻找一年左右就可以上市的企业，而且寻租股东大多都是权利与资本的交易，是非常严重的腐败。寻租股东的出现，严重侵害了创业板市场的基本原则，对企业发展毫无用处。纯粹为套利来的。

第二个忧虑：直投和保荐人的关系。我认为，直投要与保荐人彻底分离，不然会严重影响市场的透明度和公开性。

第三个忧虑：资金超募。有人说超募一些资金没问题，把这些资金给企业家使用，可能效果会更好，但是我还在想，如此大规模的超募，可能会严重腐蚀他们的创业理想，也会影响企业管理的有效性。原来企业很小，一下子来了 50 亿元的资金，很难办，会大大降低资本的回报率。

第四个忧虑：高管辞职。创业板企业上市后，大批高管辞职。辞职本来是正常现象，一个人不可能永远在一家公司做下去。本来上市了有钱了，应该更具有创业精神，但是拿了钱之后反而不干了，初创期有很多理想，现在没有了。所以，从逻辑上解释不通，肯定背后有制度缺陷，在诱使高管们辞职。深交所对这种现象做了一些限制，这是正确的。

第五个忧虑：高市盈率现象。高市盈率难以为继，创业板发行市盈率是 65 倍，我不知道这样的市盈率能维持多久，这是梦幻般的价格。这些创业板上市公司似乎都以为自己能成为未来的领袖型企业，而投资者也以为它们可能会成为领袖型企业。

第六个忧虑：信息泄露现象严重。创业板上市公司的股本规模都比较小，它们都有一个离奇的现象，在高送股之前都会有几个涨停板，这里面有信息的泄露，存在着明显的价格异动。

第七个忧虑：退市机制难产。创业板设立之初，退市制度就要建立起来。要告诉大家，退市的标准以及如何执行退市。这就是高风险，这个高风险对市场的成长非常重要。

第八个忧虑：创富效应严重。这主要是指寻租股东的创富效应，他们一夜之间可能会成为千万富翁、亿万富翁。市场上的愤愤不平指的就是这一现象。我们要在制度层面上对创业股东予以鼓励，对寻租股东的突击入股要严格限制。

第九个忧虑：强烈的套现欲望。这个市场如果只是套现的市场，那真的令人恐怖。深交所在相应规则的修订方面还是非常及时的，比如说有一个窗口指导。

四、中国创业板市场可期待的原因

说忧虑，主要是提醒大家要多思考这些问题，找到解决这些问题的办法，创业板才会有希望。不能笼统乐观、盲目乐观，这是不行的。但是，我还是要强调，中国创业板的发展有理由期待，其中三大理由非常重要。

第一个理由：中国经济发展的大背景。这个大背景酝酿了大机会，意味着有大批创新型企业的出现。这得益于经济发展的大背景。中国经济在 2010 年 GDP 将会达到 37 万亿元人民币，折合为 5.4 万亿美元，到 2020 年，中国经济规模就将会达到美国经济规模的 2/3 甚至更多。这是创业板市场发展最重要的经济背景。

第二个理由：中国金融结构性变革的要求。也就是说，大力发展资本市场仍然是中国金融改革和发展的重点，创业板市场的发展是其中重要的组成部分。中国金融体系现在还不是英美模式，从外形上看，仍然是银行主导型的金融体系，但是我们正在向市场主导型金融体系方向发展。从发展趋势看，中国的金融模式开始有着越来越多的美国金融模式的影子。

有人在 2008 年金融危机之后质疑这种金融改革的方向。我们不要被金融危机吓破了胆，大力发展资本市场仍然是中国金融发展的重点，不能因为美国出现了金融危机就否认这种变革。

第三个理由：制度不断完善的现实主义态度。中国人本质上不刻板、不教条，出现了问题赶紧去完善制度，这个非常重要。从 IPO 到交易制度，再到退市机制。比如，创业板 IPO 的标准，我们和全球所有的市场标准都不一样，这可能也是我们成功的原因之一。我们有自己的交易体系，没有让创业板市场引进做市商制度。不刻守教条主义，我们用发展的眼光去看待创业板市场，去完善创业板市场。

刚才都说了问题，也说了希望。我们心目中的创业板市场应该是什么样的?

第一，一定是对创新精神激励的创业板。通过什么方式激励呢？主要通过财富效应去激励创新精神。

第二，孕育未来领袖企业特别是高新技术企业的摇篮。中国创业板市场中，上市公司现在只有 127 家，等到有 500 家、1 000 家的时候，里面出现 10 家左右能引领行业发展的领袖型企业是完全可能的。在中国，出现像微软、苹果、谷歌这种企业是有可能的。

第三，合理的财富创造机制。

第四，构造中国资本市场新的增长极。我们不能把眼光只停留在蓝筹股市场，蓝筹股市场固然重要，但是我们培育中国资本市场新的增长极可能更为重要。现在纳斯达克对纽交所提出了全面的挑战，未来我们的创业板市场也可能对蓝筹股市场提出全面的挑战。

这是我们心目中的创业板市场。创业板市场应该成为中国科技进步和创新的推进器，成为筛选和培育高新技术企业的平台，成为金融体系现代化的引导者，成为中国国际金融中心的重要组成部分。

五、中国资本市场发展的五大背景

首先要了解我们这个市场发展的一些背景。如果对这些背景不了解，对市场只能是一种猜测，心中就无数。如果我们了解了这些背景，我们心中就有数了，涨涨跌跌在我心中。

当前中国资本市场发展的五大背景：

第一个是市场背景。所谓市场背景，就是全流通时代已经全面来临，流通股已经占到市场总值的 80%~90% 了。

中国二级市场的交易量实在太大。每天 5 000 多亿元的交易量频频出现，应当引起警觉。

第二个是货币背景。我们的确进入了通货宽松的时代。通货宽松的导火索是金融危机。为了应对 2008 年的金融危机，各国政府相继推出了宽松的货币政策。过去两年，欧洲，特别是美国，仍然是宽松的货币政策，以中国为代表，正在从宽松的政策走向稳健的政策。最近两次的货币政策操作，意味着我们告别了宽松的货币政策，正在迈向稳定的、中性的货币政策。

整体而言，通货宽松的时代的确已经来临，所以，资源价格也好，CPI 也好，都会出现不同程度的上涨，宽松的通货会形成相应的购买力，会对价格体系带来全面影响。不动产价格是市场重要的资产价格，股票价格也是典型的资产价格，这些价格都会受到通货宽松的影响。

如果我们试图把这些价格都控制住，那是不现实的。一方面进入通货宽松的时代，另一方面又要进行价格的全面管制，那是不行的。我们必须想办法，让宽松的通货流到对实体经济不会有太大影响的领域中去，要有一个池子，这个池子可以沉淀这些货币，这个池子显然不是消费品市场，让大米、蔬菜价格猛涨是不行的。对消费品市场价格变动的政策关注度肯定排在第一位，第二位是大宗商品的价格，第三位是房地产价格，第四位是股票市场价格。我认为让资金进入股票市场，对 CPI 价格的影响就没有那么大。这是通货宽松时代的一种思考。

第三个是政策背景。政策已经进入宽紧交替的时代。在出台政策的时候，要保持连续性，同时也要保持灵活性。有时政策出台太快，观察的期限太短了。政策有一个时滞期。有人说，应马上进行第二次加息，我不以为然。货币政策效果有一个时滞，通常 3~6 个月，不要指望半个月就能出效果。政策频率要保持一个适度，要有耐心，要有观察期。

第四个是经济背景。这是中国资本市场发展最宏大的背景，这个宏大背景就是经济高增长与模式转型时代的来临。经济的高增长为中国资本市场发展提供了强大动力，经济增长模式的转型为中国资本市场结构性增长提供了基础。主要有两条：一是产业结构转型，包括“十二五”规划提出的要大力发展新兴战略性产业。这既对资本市场提出了要求，也为资本市场发展带来了机会。二是增长模式的转型，即由原来的主要依靠外来需求拉动，转到内需、外需均衡拉动，再到内需为主的增长模式上来。这是一个大背景。要深刻理解经济的高增长与模式转型对资本市场带来的深刻影响。

第五个是开放的背景。这是国际化时代的来临。开放，对中国经济也好，对中国资本市场发展也好，都会带来重大机会。开放的核心在于人民币国际化。人民币国际化意味着中国经济第三次红利时代的来临。要深刻理解其深远的作用。

2011 年可能是中国资本市场大幅波动的一年。由于国际不确定因素的增加，各国在政策执行上可能会出现一定的分歧，市场可能会出现前低后高的现象。总体上看，2011 年中国资本市场应该是在波动中成长。这个判断应该是确立的。

全球金融变革中的中国金融与资本市场

——在“中组部司局级干部选学班”上的学术讲座

【作者题记】

这是作者 2010 年 5 月 14 日在“中组部司局级干部选学班”上的学术讲座。

我主要讲四个方面的问题，主题是“全球金融变革中的中国金融和资本市场”。内容包括，这次金融危机将给中国带来什么样的机遇，我们应该如何把握机遇，机遇在哪里，哪些是机遇，哪些是风险，如何妥善处理这些关系，在抓住这些机遇的基础上如何实现中国金融的崛起。

一、全球金融危机后全球货币体系与金融结构的变革

第一个问题，讲一讲2008年全球金融危机后全球货币体系和金融结构的变革。这次全球金融危机之所以称为百年不遇，是因为从规模、深度来看，比70多年前的那场金融危机要更广、更深。在分析此次金融危机原因的时候，有很多不同的看法。深入、准确地分析其发生的原因，对于我们防范未来的金融危机能够提供一个良好的思路。如果我们对此次金融危机的成因只是很模糊地理解，甚至存在不正确的理解，那我们就找不到正确的解决办法，找不到改革的思路，在未来可能会出现更大的危机。

我经常说这场金融危机来得正是时候，有其必然性。之所以说它来得正是时候，是因为中国能通过这场危机深入理解现代金融结构及其可能存在的问题；因为中国的金融市场、金融体系毕竟还没有全面开放。2001年11月，我们加入WTO意味着中国经济体系全面开放了，但金融体系还没有全面开放，所以这场危机对于中国来说应该是利大于弊、机遇大于挑战、机会大于风险。我们要善于分析它、把握它、利用它，以此为镜设计好我们的金融体系和金融模式。

另外，之所以这场金融危机是必然的，是因为金融毕竟是虚拟经济形态，是实体经济的符号。随着金融结构的变化，金融对于实体经济的作用不再是附属性的，也不像马克思那个时代，把金融和货币看成是一种面纱。邓小平同志在早年就很清楚地提出“金融是现代经济的核心”这个重要观点。现代金融不再是经济的面纱，也不是经济的一把保护伞，而是现代经济的核心，对经济的发展起着主动性推动作用。

这次金融危机的发生有其内在原因。作为经济的重要符号，赖以支持金融市场的实体经济已经发生了重大变化。金融危机的出现表明金融体系要适

应实体经济的发展，同时也是矫正过度膨胀，或者结构上过度倾斜的金融体系，从而与实体经济相适应。所以说，金融危机的基础部分在于实体经济，倒不是说这次金融危机的爆发是实体经济出了大问题，而是说全球实体经济在近 60 年发生了重大变化，而现在的全球金融体系、货币体系和市场结构都是在 60 多年前建立起来的。实际上第二次世界大战之后所确立的布雷顿森林体系的框架里就已经形成了今天的全球金融体系和结构，基本上没有太大变化。

60 多年前所确立的全球金融体系和结构，首先是确立了美元的核心地位，确立了以美元为核心的全球单极货币体系。这种体系对于推动日后全球经济、贸易的发展起到了积极作用，减少了贸易结算中的摩擦，也减少了由于货币市场波动所带来的损失。应该承认，这种以美元为核心的国际货币体系在相当长的时间里推动了全球经济的发展，中国的改革开放和经济发展也从中获益不少。全球金融市场结构也是从那个时候逐步形成的，纽约、伦敦和东京形成了三大国际金融中心。60 多年来，全球货币体系、金融制度、金融规则和结构都没有发生本质的变化，而实体经济的结构却发生了重大变化。第二次世界大战结束时，中国还是一个贫困落后的国家，但在新中国成立的 60 年特别是改革开放 30 年，中国经济取得了非常大的成就，在全球实体经济的结构中，中国的影响力日益提高，中国的发展打破了原有的经济结构和产业分工。而与实体经济相比较，中国的金融市场和结构是相对落后的。美国、欧洲的金融市场与实体经济实际上是不匹配的，加上最近 10 多年来追求金融的创新，追求金融的高杠杆率，追求以较小资本来获取风险权重越来越大的利润，同时全球金融监管又跟不上金融创新的节奏，一系列内部和外部的因素结合起来，金融危机的发生就是必然的。

我在 2000 年前后写过一篇至今我都很喜欢的短文，只有一千多字。当时我说，金融正在以越来越快的速度偏离实体经济的发展，在不久的将来，总有一天会以金融危机的形式来矫正这种偏离。当这场危机来临时，将不再是从实体经济开始，也就是说不会像 20 世纪二三十年代由产品供求关系的失衡引起金融市场的波动，而是将从金融本身开始。这次金融危机的背后是实体经济本身没有太大的问题，而是金融本身出了问题。2008 年 9 月 15 日，以雷曼兄弟破产为标志，美国的次贷危机引发了全球性的金融危机。与以前相比，现代金融与实体经济的关系变得更加复杂、更加扑朔迷离，金融对实体经济的主动性明显增强。这里暗含一个道理，也就是说如果中国的经济发展在今后有强劲的增长力、持久的竞争力，必须要有强大的金融体系做支撑，必须要把金融体系的改革与发展，金融的市场化、国际化、现代化纳入国家战略的重要内容。

金融危机的另一个原因主要来自 60 多年前形成的以美元为核心的全球单极货币体系。这种体系虽然在相当长时期内推动了全球经济的发展，但现在它的确出现了大的问题，它让一个国家绑架了全球经济，使一个国家享受到了世界范围内的铸币税的好处，使得美国的货币发行没有约束。早年的美国还有一定的道德感和责任感，今天的美国基本上没有责任感，它是自身利益至上，只有在它的利益得到充分满足的情况下，才会考虑他人的利益。这次金融危机后，大家为什么在慢慢地抛弃美元，是因为美元的长期信用受到严重破坏。当然，现阶段也不可能完全抛弃美元，因为目前还没有新的国际货币出现，换成其他货币也不见得好，比如，欧元已经摇摇欲坠、风雨飘摇了，日元的国际化程度低，所以国际货币体系已经出现大的问题，急需改革，这是此次金融危机一个重要的制度原因。把这个问题看清楚了，我们就感觉到全球金融体系的变革时代已经到来，如同在第二次世界大战结束之后金融体系变革的到来一样。第二次世界大战的胜利，全面地提升了美国在全球的地位，各国都情愿以美元为核心构建国际货币体系。时过 60 多年，以中国为代表的新兴经济体在全球经济格局中发生了重大变化，所以浮在面上的金融体系要进行调整和变化。这次金融危机提供了一种变革全球金融货币体系的契机。

一种制度的变革，一种新理论的兴起，一套新规则的出现都是需要条件和时机的，而金融危机恰恰提供了这样一种机会，所以金融危机对于中国来说意味着机遇大于挑战、机会大于风险，我们要顺势而为，一定要看到这对中国来说是最好的时机，在某种程度上说危机越长对中国越有利。但是，中国作为负责任的大国，在帮助世界走出金融危机的困境中发挥了巨大的作用。金融危机如此快地结束，中国发挥了巨大的作用。如果在20年前，这场金融危机一定会持续相当长的时间，所幸的是现在的世界经济有了中国这样一个新兴经济体，中国的经济刺激计划很有力，进口幅度也大幅度增长，2010年以来中国的进口增长速度很快，这实际上是在拯救全世界，对于帮助世界尽快走出经济危机的阴霾起到了非常重要的作用。如果没有中国这样一台强劲的引擎，世界经济可能还在苦苦地挣扎。希腊债务危机之后，整个欧洲的金融市场也开始动荡，这也是金融危机的第二波，同时意味着全球金融变革时代的到来。

全球金融变革不是一句口号，而是充满内涵的历史机遇。全球金融变革指的是什么？我们通过这个变革可以站在更高的制高点，那么这个制高点在哪里？全球金融变革对未来中国经济社会的发展能起到哪些战略作用？对这些问题，要深入分析，看清楚之后就必须非常果断地推进改革。

（一）全球货币体系的改革

全球金融变革对中国来说有两个方面的战略意义。一是全球货币体系的改革为人民币国际化提供了机遇。刚才我讲述，以美元为核心的单极货币体系有很多缺陷，这些缺陷已经看得非常清楚了，显而易见是需要改革的，而且是具备了改革的条件。过去人们常说G7（7个工业化国家），10年前，国际上的大事基本上是那7个工业化国家说了算，它们的中央银行行长、财政部部长一开会就确定了全球政策的走向。那个时候中国基本上说不上话，因为当时中国的经济规模较小，不够国际化，不是开放型的，货币更不是国际化的。后来俄罗斯加入G7变成G8，但俄罗斯只是军事和资源的大国，在经济上它并不是大国。2008年金融危机之后，世界经济需要新兴经济体的加入，因此形成了G20，中国在其中的话语权显著提高。但是G20集团内部有的经济体并不是非常强，广东省的GDP可能就比其中第十三名之后的国家都要高，也就是说排在第十三名之后的这些国家的经济影响力相当有限，其货币不可能国际化，最后形成了G2这样的概念。

G2的提法既是对中国的赞扬，也是对中国的一种预期，从这个意义上说还是很值得欣慰的。但是从战略意义上说，我们也不希望叫G2时代，两国集团时代远未到来，中国还没那么强大。有的时候，别人说我们的坏话我们可以不听，别人给我们压力我们可以不理，但是别人吹捧我们，我们也只能听听而已，不能过分相信。中国在很多领域还是不够发达的，G2是有很深的含义的，它需要承担相应的国际义务，中国的广大农村还很落后，我们还没有能力承担超出中国国力和能力的国际义务，所以G2只能说说而已，也许20年后G2能够真正实现。随着中国国力的强盛，特别是随着中国的开放，中国一定会成为真正的全球性的大国，那时我们可以承担相应的国际义务。

虽然现在中国是国际社会重要的一员，但还没有重要到需要超出国力去承担特别的国际义务，这点是要非常非常清楚的。也就是说，我们政策制定的着眼点仍然应该是中国自己的事情，而不是全球经济的平衡，也不是其他国家的经济复兴，其他国家的经济复兴要靠中国的政策帮助是荒唐的，美国出口和经济的复兴要靠人民币的升值也是不可能的，我们没有这个义务。在人民币政策、汇率政策和货币政策的制定过程中，中国经济的发展、持续性地增长、产业结构调整、经济增长模式的转型才是我们要考虑的重点。当然，可能在20年后，我们的确需要考虑，因为那个时候人民币已经在全世界流通，别国可能成为人民币资产的拥有者，我们只考虑中国的利益就不可取了，否则人民币迟早将会被人抛弃，国际化进程将中断，别国也不会进入我们的市场。从G7到G8，到G20，最后到G2，这一个过程反映中国实力的不断强盛，这一点毋庸置疑。这就是全球金融变革给中国的第一个机遇，即全球货币体系的改革。

胡锦涛主席在三次G20峰会上发表了重要讲话，我通过认真比较研究，发现里面包含大量的信息和含义，三次他都提到要反对贸易保护主义，反对投资保护主义，推动贸易市场的自由化，推动国际货币体系的改革，同时要求现行的国际货币的发行主体要有责任感。其中要求推动国际货币体系的改革包含了人民币国际化的政策含义，包含了未来国际货币体系不可能是单极的以美元为核心的体系，而一定是一个相互制衡的多元化的国际货币体系。

现在的体系还不是多元的，虽然有很多货币可以自由兑换，但可自由兑换与国际化是两个不同的概念。所以国际货币体系的改革方向就是由单极走向多元，但是多元也不会太多，可能就是三角形的或者四边形的，不会有更多。所谓的三角形就是指美元、欧元、人民币，四边形包括日元。欧元从诞生之日起就埋下了危机的种子，虽然欧元的出现是现代货币理论的重大进展和突破，以前的货币理论认为货币发行权是一个国家主权的象征，别国发行的货币是不允许在本国流通的，但是欧元的出现突破了这个限制。这其实是货币理论上的一个巨大进步，对货币的内涵注入了新的元素。

在我看来，货币就是一种可交易的信用，只要是可交易的信用就是货币，它可以突破原来的框架，理解清楚了这一点，也就理解了欧元的出现，欧元是超主权的，具有划时代的意义，在现代货币史上是里程碑，但它的确有缺陷。举个例子，加入欧元区就意味着原来的主权货币要取消，而且进入欧元区的国家必须满足相应的统一财务指标，比如财政赤字占整个 GDP 的比重有一定的上限。另一个例子，欧元区国家之间也是有区别的，是不平衡的。以德国和希腊进行比较，德国人很勤奋，希腊人则要稍差一些，当他们以统一标准进入欧元区就注定了当环境发生变化之后内部会出现重大问题。如果再考虑新的金融工具的运用，隐含的问题可能就更大。大家也都看到了，希腊危机与高盛公司是有关系的，当年希腊加入欧元区时财务指标远远达不到，高盛帮助希腊做了很多掉期，满足了当时的财务要求，但现在希腊的主权债务到期无力偿还。另外，精明的高盛突破了道德底线。人可以聪明，但不能突破道德底线，人可以赚钱，但不可以赚道德底线以下的钱。高盛一方面帮助希腊达到财务指标要求，另一方面偷偷做空希腊，高盛赚了道德底线以下的钱，因此引起了公愤。所以，投资银行对金融危机的形成起了重大作用，后面会进一步讲到。

总之，从单极走向多元是这次国际货币体系改革的基本方向，也是未来国际货币体系形成的基本特征。在三角形的基础上加上日元则形成四边形架构，但由于欧元基础不牢靠和日元的先天不足，未来不排除美元和人民币二元化的国际货币体系。欧元的基础的确不牢靠，欧元可能也就是 20 年到 25

年的命运，不会太长，未来可能会有新的安排。

人民币可能是继美元之后未来非常重要的国际性货币，拥有人民币的多元国际货币体系对于未来全球经济的发展和金融体系的稳定具有战略价值。很多外国人不适应中国的崛起，尤其是那些老牌的国家，包括美国也不适应。我们无意替代美国的地位，无论是在军事上还是经济上，至少在 20 年内。原来的第二位是日本，日本根本不可能对美国提出挑战，日本的政治架构决定了其不可能挑战美国，它一挑战就会完蛋，我们都知道 1985 年广场协议之后日本的结局。中国经济规模现在已经是世界第二，无论是从规模、单个经济指标来看，还是从影响力和未来增长率来看都没有问题。美国不适应中国经济的崛起，也不适应人民币的国际化，虽然美国说人民币要由供求关系来决定，但我敢断言，当有一天人民币完全由供求关系决定，全世界买入人民币、抛弃美元的时候，它肯定会着急。加入 WTO 就是一例。美国鼓吹贸易自由化如何如何好，批评中国不实行贸易自由化、进行不公平的竞争、进行贸易补贴等，但是，八九年过去了，它们发现无法与我们竞争，它们只有在高端领域具有优势，在中低端领域没有优势。中国人有理想、有追求，力争在高中低领域都具有国际竞争力，从做袜子到做航天飞机我们都得搞，而且要搞一流的。时至今日，不仅经济规模，还有金融市场的规模都得到巨大发展，人民币正在为国际化作准备，因此美国觉得危机感很大，面临着全面的挑战。因此才有所谓的新产业分工理论，说美国应该搞金融、资本市场，欧洲和日本应该搞现代制造业，而以中国为代表的新兴经济体就搞低端加工，这个理论对美国当然好，因为这意味着它可以不劳而获，可以通过金融市场将资源和财富转到美国去。我们以前搞低端加工是没有办法，现在中国的现代制造业有了长足的进步，中国的金融市场到 2020 年也会变得非常强大，到时候我们的经济结构将会覆盖从低到高的三个层次，结构将会很好。当然，在这个过程中要注意策略，我们不要太咄咄逼人，中国人本身是很含蓄的，喜欢韬光养晦。中国目前是被推到世界经济舞台的中心，有一个“被”字，我们自己不愿处在舞台的中心，我们在舞台旁边看一看就很好。（笑声）

在人民币问题上，美国一直主张人民币升值。我敢断言，当人民币在

10 年内真正实现国际化以后，在金融市场上美国一定会大做文章，就如同今天它在贸易上大做文章一样，因为那个时候也许会动摇纽约全球金融中心的地位，至少会形成挑战和压力。当中国金融市场的市值比纽约大，当全球的投资者在上海、深圳配置的金融资产超过配置的美元资产之后，美国肯定会很着急。所以，中国在崛起的过程中遇到的困难将会越来越多，面临的挑战可能会越来越大。我们对此要有充分的准备。中国在崛起过程中的内部不利因素，通过 30 年的改革开放我们消除了很多，或者说解决得比较好，我们的内部事务比前苏联、俄罗斯做得不知道好多少倍，我们终于有一个起飞的起点。但是，我们现在遇到一个比内部因素更复杂的外部环境，出现各种阻挠和障碍，而且这种阻挠和障碍才刚刚开始。现在是从贸易开始，未来会延伸到金融领域，那就会变得非常复杂。中国要成为一个大国、强国，如果金融不强，就永远成为不了大国、强国。这涉及国家的战略目标。如果我们的目标只是温饱，那现在就已经实现了，但这似乎不是我们的目标，我们的目标还是要复兴中华，而复兴中华显而易见就是要使中国成为一个现代化的强国，不光要大而且要强。作为强国就必然开放，如果不开放是不可能实现这个强国目标的。前面我说到，在这个过程中会遇到很多挑战，中国金融的崛起和人民币的国际化首先就会受到美国和美元的挑战和阻挠，所以，我认为在战略上应该韬光养晦一些，不要因小失大。我常说，人民币的国际化在一定程度上就是挑战美元的霸主地位。我们至少在 20 年之内应该给美国一颗定心丸。实际上人民币的国际化更有利于全球金融稳定，人民币国际化不是说要取代美元，没有这个意思。美元取代英镑花了 10 年的时间，在 1916 年以前很少有人会拿美元做国际储备，1916 年以后有一些国家慢慢开始用美元做国际储备，到了 1926 年开始美元全面超过英镑，在 1945 年布雷顿森林会议上正式确立了美元的核心地位。从 1916 年到 1945 年用了近 30 年时间确立了美元的核心地位，但作为国际储备美元超过英镑只用了 10 年的时间。人民币和美元是一个相辅相成的关系，不是一个恶性竞争的关系。

（二）21世纪新的全球金融中心的出现

金融危机的第二个机遇就是我们要构建新世纪全球新的国际金融中心，人民币的国际化还不是我们的最终目标，我们把人民币推出国门以后各国都喜欢了，还希望各国政府和投资者拿着人民币到中国的金融市场来投资，这样就能把金融市场做大，钱还得回流，资源还得回流，这是非常重要的。

为什么美元在60多年的时间里都受到世界各国的推崇，是因为美国有一个非常庞大且非常开放的金融市场。人们都想到美国投资，无论是债券市场，还是股票市场；人们都愿意到美国去投资，包括中国大量的外汇储备都到美国金融市场去投资，如果美国没有如此庞大的金融市场，我想中国也不会拿着如此巨额的美元储备，正因为美国金融市场足够大，所以我们敢拿美元投资于美国金融市场，每年能够拿到约4%的收益。所以对于中国来说，更大的目标是要构建21世纪全球新的金融中心，这个金融中心将是中国金融崛起的核心、支柱和基础。

人民币的国际化是中国金融崛起的前提条件，是先头部队和先锋部队，而构建全球金融中心则是中国金融崛起的主力部队，是中国金融改革开放的核心和重点所在。这个全球金融中心必然是在中国上海，或者以上海为核心，同时包括深圳，也可能包括北京。全球金融中心有一个漂移的过程，我花了两年时间去研究国际金融中心的漂移，结果挺有意思。从13世纪到21世纪，在漫漫长长的八百年时间里，全球金融中心随着经济中心的转移而转移，随着相关国家的强盛，随着贸易的发展，全球金融中心以世纪为期限不断地移动，经济发展和贸易兴起推动金融中心的形成。13世纪是威尼斯的时代，15世纪开始是阿姆斯特丹的时代，从17世纪开始慢慢漂移到伦敦。伦敦成为金融中心是因为大英帝国的强盛，英国通过多次战争把海上所有控制权紧握在手，而那个时候金融中心主要任务是贸易结算，没有金融中心贸易很难发展，所以早期的金融中心更多的是结算中心，是货币的交换中心。到了19世纪末期，金融中心开始漂向美洲大陆的纽约。在整个20世纪，纽约毫无疑问成为全球新的金融中心。重要的是，20世纪国际金融中心的功能发生了变化，由原来的清算中心、货币交换中心开始转变成资产交易中心。金融资产成为财富的主要存在形态，越来越多的财富以金融资产的形式存在。所以，纽交所成为20世纪全球金融中心是必然的。这个时期的金融中心，已经升级为财富管理中心。美国的兴起有很多因素，其中有一个强大的金融体系是最重要的原因之一。

到了20世纪八九十年代，经过20年的高速增长，日本经济已经对美国经济提出了全面挑战，东京市场就开始发展起来（实际上，日本1985年的情况和中国现在的情况有点类似。）但是日本经济政策和模式有根本性的缺陷。第一，日本有些急于求成，它希望经济上很快超越美国而成为全球第一，它不知道自己根本不可能成为全球第一，这是由其政治生态和制度本身决定的。第二，日本的金融模式设计有问题。我在20世纪90年代初博士毕业后在人民大学当教师，同老一辈的教授讨论中国金融模式问题时，当时有些人主张中国的金融模式应该学习日本，因为日本在很短的时间内就实现了经济的腾飞，也就是所谓的日本20年奇迹。不少人认为，日本20年高增长金融作出了杰出的贡献。因此有人认为，中国的经济要腾飞除了产业政策要学习日本以外，金融模式也应该学习日本。当时我就有点疑惑，总觉得有问题，但不知道问题在哪里，当时没有想透。我觉得，金融和实体经济的关系一定要有一道墙，没有这道墙的金融模式一定会出问题，这就是所谓的防火墙。日本的金融模式核心是没有防火墙，这违反了现代金融的基本准则。

到了90年代末期，我慢慢明白日本的金融模式绝对不能学，因为，第一，这种金融模式没有风险隔离墙；第二，风险存量化的特征非常明显，它没有使风险流量化的功能。让风险流动起来的金融模式才是好的。如果一种金融模式使风险不断地累积下来，越积越多，就像一个大水库，上游水源不断水库里水越积越多，上游生态已经破坏了，每次下雨淤泥都往水库里积累，过不了多久，库底就会抬高，水就会溢出，水库不溃才怪，这是一个淤泥存量化的水库，这个水库迟早都会崩溃。由此我找到了不能学日本金融模式的理论根源，应坚决摒弃这种金融模式。当时有很多人不赞同，因为这意味着中国金融改革的模式要调整，金融改革的重心要转移。

我们在相当长的时间里，搞不清中国金融模式的战略目标是什么。中国金融改革的重心长期放在发展多元化的金融机构上。发展各种各样的金融机构不是中国金融改革的重点。金融机构再多，但如果没有一个市场化平台，这些金融机构迟早都会变成类银行，无论是信托公司还是租赁公司统统会变成类银行。所以，中国金融改革的重心一定要从建金融机构转变为搭市场平台。搭什么市场平台？金融市场，核心是资本市场。要搭建一个又宽又厚，具有高度流动性，同时又很透明的金融市场，这才是中国金融改革的重心。把这个平台搭建好，金融机构才有创新的空间、才有市场化的竞争力。就如同在沙漠中建大楼，无论刮多大的风，大楼得在原地经受风沙的侵蚀，但如果把大楼变成船，把船放到太平洋上去就不一样了，哪一天台风来了船是可以开走的，可以进港避风。我是说，一定要建立一种各种金融机构都能有效规避风险的平台。所以，我始终坚信，中国的金融模式一定是以金融市场（主要是资本市场）为核心的金融体系，而不能选择日本那样的金融模式。

我的这套理论原来十个专家里有八个反对，是典型的少数派。时至今日已经变成十个人里有七个赞同的。我确信这个理论是正确的。这就是在中国为什么要建设国际金融中心的战略价值所在。这个战略价值就是可以改变整个金融体系和金融结构，能使风险流动起来，能使金融体系既安全又有效率。金融危机之后，很多人反驳我的看法。说美国都金融危机了，怎么还要学美国的金融。但是我认为，我们不能以金融危机的出现就否定中国金融改革的方向，不能因为金融危机是由美国次贷危机引起的，在美国发生的，就否定美国金融体系的优越性。美国要是没有这个金融体系，它会一塌糊涂，因为这样的金融体系将风险分散到全世界，让全世界帮助它分忧，从而使其没有受到重大损害，损失也就是五大投行关了一个，转型了一个，合并了两个，以及少数企业和商业银行倒闭，并没有特别大的问题，这就是美国金融体系带来的益处。相比之下，日本金融市场昙花一现，1990 年到 2010 年日本经济停滞了 20 年，而美国停滞时间不长，正在慢慢恢复，这与日本完全不同。日本 20 年的人均 GDP 增长，如果剔除其货币升值因素，并没有任何增长，其增长都是因为日元升值，所以其人均 GDP 以美元计算增加了。因此不能因为金融危机，就扭转了中国金融改革的方向，我对此是不赞成的。有人说，要回到实体经济占绝对统治的时代，我也不赞成这个看法，这是很落后的观点。金融危机之后新的金融增长极的出现将会彻底改变全球金融市场的格局，新的金融中心的出现将是这次金融危机之后最重要的结果，而这个新的金融中心就是上海，或者说以上海为符号所代表的中国。

这就是从金融角度金融危机带给中国的两个机遇。我们国家领导人有战略眼光，能够顺应形势，顺应大势，去年决定将上海建设成新的国际金融中心，这是正确的决策。我从 2006 年就说，要从战略角度上把上海建成国际金融中心。目标现在有了，但是步伐有点慢，要成为新的国际金融中心一定是市场选择的结果，很多事情不是说通过政府努力就能实现的。要成为真正的国际金融中心，是要让各国投资者选择的，这又会带来很多挑战，因此需要很多软条件。

第一，信息要透明，不能做假账，不能说假话。做假账，说假话，人家是不会来的，所以说透明度是前提，透明度要进一步改善。

第二，民主法制化的水平要提高，决策不能靠拍脑袋，一切都要按规则办，法律怎么说的就要怎么做，还没有规范的就要立法，不能由人说了算，要由制度说了算。民主法制化的水平不提高，各国投资者也是不会来的。金融市场的规则应该要国际化，必须符合国际规范。

第三，要加强社会信用体系的建设，如果大家都不讲信用那是不行的。中国改革开放 30 年，信用体系遭到严重破坏，严重阻碍了我们建设全球新的金融中心这个战略目标。

当然，有些硬条件也是需要的，但比较敏感，比如说国防实力。建设一个与中国经济崛起、中国金融崛起相匹配的国防力量也是构建全球新的金融中心的一个非常重要的因素，没有这个也不行。中国不扩张，中国历史上除了元朝外都没有大规模扩张，但是强有力的防御能力还是需要的，要让全球投资者觉得很安全。我们的防御从本土到近岸、近海、远海需要一个过程，中国最终要实现远海防御。国防力量的强大对于国际金融中心的建立没有直接的作用，但是能够提供信心上的支持，能够提供相对稳定的环境，从而加快我们建设国际金融中心的步伐。

战略目标确定了，接下来就是实现这个目标。目标实现的过程就是中国建设现代化强国的过程。建设全球金融中心某种程度上也能够推动中国社会的进步，经济的进步最重要是带动社会的进步。社会不进步，经济进步没有意义。

二、全球金融变革与人民币国际化

（一）人民币国际化的基本含义

人民币国际化是一个大概念。我说的人民币国际化有两层含义：第一，人民币一定是可自由交易的货币，在世界各地金融市场可以按照供求关系来自由交易，如果货币都不是自由交易的，那怎么能建成全球新的金融中心？那是不可能的。所以可自由交易的货币是前提。第二，仅仅是可自由交易的货币还不够，港元是可自由交易的，你可以在市场上随便拿港元与任何货币交换，变成可自由交易的货币，但那不是人民币的目标。人民币的最终目标是要成为全球重要的储备性货币，是一种财富储备手段。

所以，从可自由交易到国际储备是人民币国际化不同阶段的目标。在目前的国际储备货币中，日元占 3%，美元占 65%，欧元占 25%，未来人民币的目标也许是 30%，全球国际储备货币的格局会因此而发生重大变化。到那个时候，人民币才真正实现了国际化。

人民币国际化两个阶段的目标如何实现？第一个目标也就是可自由交易的货币，是我们主动改革就能完成的，也就是说通过我们自己的努力就可以实现的。第二个目标即国际储备性货币则完全是投资者和市场选择的结果，是综合国力的体现，是社会稳定的体现，是社会进步和法制化水平提高的体现。没有这些因素，即使人民币可自由交易，投资者也不会把它拿在手上，即使拿到了，明天也会把它卖掉，不会用来买人民币计价资产，因为是否购买人民币资产与人民币的信誉是联系在一起的。所以，第一个目标即人民币可自由交易，是政府主动改革就可以做到的；第二个目标的实现则是国际投资者说了算。

人民币国际化和新的多元国际货币体系的形成，有重要的内在联系。说实话，没有人民币的参与，未来多元国际货币体系是没有实质意义的。目前，我们在人民币国际化方面已经做了一些政策安排，特别是 2009 年，出台了一些政策，包括与 9 个国家的央行进行货币互换。这 9 个国家与中国人民银行之间的货币互换对人民币国际化进程有重要作用，这些国家里没有美国和英国。我们与韩国进行了货币互换，韩国很感谢我们，因为货币互换对阻止韩元贬值和对当时韩国抵御金融危机起到了信用维持的作用。拿到人民币，他们心里踏实，他们手上也有人民币。与此同时，推进双边贸易鼓励人民币结算，特别是边境贸易、区域贸易，虽然数量有限，但意义还是很大的。从政策安排上，我们应不断地扩大人民币的影响，从区域影响到全球影响。人民币在中国周边地区还是非常有号召力的，在周边国家，人民币比美元还有影响力。这是人民币国际化的阶段性安排。

（二）关于人民币国际化的收益与风险分析

人民币的国际化需要进行收益与风险分析。人民币国际化可以分散风险，可以分散中国经济增长中的风险，这非常重要。我们的经济体系里缺少风险分散或风险流动的机制。人民币国际化一方面可以使我们得到与风险相匹配的收益，同时人民币国际化把未来的风险也分散了。现在金融改革似乎有阻力，似乎被金融危机吓到了。中国金融除了资本市场外，从总体上看，改革、创新进展缓慢，商业银行的改革和创新进展更慢，这不是好事。

举个例子，资产证券化，理论上讲了很多，但就是不实行。我也很奇怪，为什么资产证券化不做？这场金融危机难道是资产证券化带来的？一定要注意，说资产证券化带来了金融危机是错误的结论。因为如果不推进资产证券化，商业银行那么大的信贷资产就没有流动机制，也就是说没有风险分散机制。现实的情况是，大客户把钱存在银行，银行又去放贷，导致商业银行的信贷资产规模越来越大，负债规模也越来越大。我记得 10 年前，工商银行的资产是 1 万亿 ~2 万亿元，现在已经达到 13 万亿元了，这样下去，到 2020 年可能会达到40万亿元，太大了。一家金融机构有这么大规模的资产和负债，风险太大了，要有进有出。既然有贷款和新增资产，就需要把这些资产通过证券化的方式卖掉。不过不能骗人，不要搞次贷证券化，不要糊里糊涂打包，资产证券化的风险结构要清楚，要充分揭示，一是一、二是二。在把收益卖掉的同时风险也就卖掉了，这样银行就可以轻装上阵。银行信贷资产的无限量扩张想起来都恐怖。一定要让银行信贷资产流动起来。

资产证券化的另一个好处就是可以减少对资本市场的资本需求，借方不断进来，贷方不断出去，马上就有一个资本充足率的要求。现在银监会采取特别谨慎的监管原则，资本充足率很高，要求大型商业银行达到12%，小型商业银行达到11%，这是很高的，核心资本必须达到6%、7%，达到了《巴塞尔协议Ⅲ》的要求了。中国经济发展很快，银行新增贷款的规模又很大，去年新增贷款9.5万亿元，消耗了6千亿元的核心资本，今年我想将会新增贷款8万亿元，要消耗近5千亿元核心资本，这两年加起来差不多消耗了1万亿元的核心资本。这1万亿元怎么筹集？只能发股票了。所以商业银行每年都要发股票去维持资本充足率，从而导致资本金越来越大，资产规模越来越大，风险也就越来越大。

所以我不明白，这么重要的事情，为什么不做？实际上，资产证券化似乎被看作是金融危机的来源，我不认为这是正确的判断。有时候审慎监管是对的，但是过头了就变成了保守。

人们对资本市场有个误区，以为资本市场只是发股票融资的。实际上，真正成熟的资本市场，股权融资的规模是很小的。1990年之后，美国资本市场上通过股权融资很少，实际上资本市场是一个定价机制、存量资源配置机制、财富管理机制，它不是简单用来融资的。融资方面，它没有优势，银行有优势，公司债有优势，融资可以发公司债，不见得一定要发股票。

在大学当老师，有时候得有点理想，应当关注中国未来的发展。在我的脑子里，中国经济增长20年是没有太大问题的，因为我们至少有两个有利因素。第一，我们有庞大的人口，廉价的劳动力；第二，我们的机制和制度改革所释放的能量巨大。这两个因素可以使中国经济高速增长20年。但是，我认为，我们的增长要持续 100 年，要和美国一样。日本是增长 20 年，停滞了 20 年，从 2000 年到现在停滞了。美国的经济增长却一直没有停下来。美国在 20 世纪的一百年中，只有六七年时间停滞或衰退，包括 1929 年到 1933 年的四年，以及石油危机的两年。亚洲金融危机、拉美金融危机时，美国经济增长率都在 2% 左右。持续的经济增长成就了强盛的美国，没有任何人超过它。在这次金融危机到来之前，美国经济成长了一百年。未来的中国呢？中国也想如美国那样在 21 世纪成长一百年。2000 年以前的改革，都是为了 21 世纪中国经济的持续增长奠定制度和机制基础。从 2001 年开始到 2100 年，如果这整个 21 世纪，中国平均以 6%~7% 的经济增长，那就不得了，你可以算那有多大。这里面需要有良好的制度安排。

我认为，中国经济的跨世纪增长有两个重要因素不能忽视：一是科学技术，因为靠廉价的劳动力不可能推动产业升级，只能解决温饱问题，不可能成为富裕社会，不可能成为有竞争力的国家。要成为有竞争力的国家，一定要靠科学技术，只有科学技术才能引发产业革命，经济长周期增长的起点一定是科技进步引发的产业革命。二是现代金融。现代金融既以杠杆效应推进科技与经济的结合，在创造源源不断的金融资本的同时，提供了一个分散风险或使风险流动起来的稳定机制。除此之外，当然还要勤劳。中国人是全世界最勤劳的。所以我说，在希腊、南欧出现金融危机太正常了，他们不勤劳，还享受那么好的生活质量，到处去旅游，财富从何而来？

所以，人民币国际化第一个好处是分散风险，第二个好处是在全球配置资源。美国那么发达，一个重要因素就是因为全球人都在用美元，美元的离岸业务和本土业务一样大，也就是在海外流通的美元规模和在美国国内流通的美元规模一样大。人民币国际化的风险在于，中国经济的外向型越来越大，外部的风险因素在不断增加，就看你有没有能力来控制它。开放条件下的金融风险的控制，靠命令是不行的，要靠很高超的技巧，靠很好的制度设计，通过一系列政策工具，来不断地对冲风险，使风险处在可控状态。现在下命令不允许贷款，也许可行，到那时候，就不行了，要通过高功能金融工具把风险对冲掉，这对宏观经济管理提出了新的高要求。

（三）他山之石：美国和日本的经验与教训

在人民币国际化的过程中，有很多经验和教训是需要认真学习和总结的。中国金融具有后发达优势。前面的路人家都走过了，前车之鉴。金融发展的规律大体一样。我们要研究一下，各主要经济体金融所发生的波动、教训，也要总结它们的经验，不要重犯他人的错误。其中，日本的教训和美国的经验，是需要总结的。美国的经验很多，我今天不再重复。我不是一个崇拜美国的人，我个人对美国没有好感，因为它是一个很利己主义的国家，但是，它的很多制度设计包括对现代金融和资本市场的理解真的很好。

日本给我们更多的是教训。日本的产业发展有经验、企业管理有经验，做事精细，这些经验要吸取，但它的金融模式不可取。

三、中国资本市场发展与全球新的金融中心的建设

（一）中国资本市场发展

下面我讲讲中国资本市场。金融体系从理论上说，现在已经演化成两种模式。一种是以传统商业银行为主体的金融体系，其典型代表是日本和德国。这种模式的缺陷主要是风险不太流动，财富管理的功能不明显。另一种是以市场或资本市场为核心的金融体系，典型代表是美国和英国。中国的金融体系比较落后，无论是制度本身还是影响力都是不足的，所以要进行改革，但改革得有个方向。改革没有方向，就是瞎改，昨天的政策和今天的政策之间就会打架。我们经常看到，政策反复在变，一定是战略目标不清楚，不知道向什么方向改，心中无数。心中的彼岸弄清楚了，曲折就比较小。对中国金融来说，要把心中的彼岸搞清楚，你想达到什么样的目标，这个没搞清楚就会出问题。我们过去很长时间是没搞清楚。一会儿是这个，一会儿是那个，搞不清楚。我们的教科书上说，中国要构建一个以中央银行为核心、以商业银行为主体，多元金融机构并存的金融体系，我想这不是我们心中的彼岸。我们心中的彼岸必须要比现在好，功能上要完善。这个银行主导的金

融体系是对现实的概括，不是我们的目标。我是强烈主张第二种模式的，即市场主导型的金融体系。中国一定要大力发展资本市场，现代金融体系最核心的东西就是资本市场，只有它发展起来了，风险才能流动起来。所以建设全球新的金融中心，不是说要建设一个强大的中央银行和监管部门，也不是说商业银行很强大，而是说市场很强大。所以，从这个意义上说，把北京看成中国的金融中心，是个误解。现代金融一定是以市场为基础的。资本市场就是心中彼岸的那个金融体系的基础和核心。我主张大力发展资本市场就是从这个角度来说的。并不是说，我们的企业缺钱了，我们才发展资本市场。这也太功利了。功利与战略是相悖的，它可以解决眼前问题，但常常是以牺牲未来为代价的。我们很多时候是眼前问题解决了，可是未来却要解决眼前出台的这些政策所带来的更大问题。功利主义带来的损失比你当年所获得的收益要大很多。资本市场发展在中国是具有战略意义的，对金融模式的转型有重要促进作用。

这些年，我们对资本市场的理解慢慢进入轨道。说实话，中国资本市场20 年，大多数时间没有进入正确轨道。中国社会总是用一种有色眼镜去看待资本市场，所以经常会出一些歧视性的政策，打压资本市场的发展。从 1990 年到 2005 年的 15 年，中国资本市场几乎没有发展。大大低于中国经济增长速度。与此同时，美国金融市场的增长速度是美国经济增长速度的 2 倍到 3 倍；也就是经济增长 3%，美国的资本市场是以 10% 的速度增长。我们的市场则在不断地萎缩。由于缺乏一种战略眼光，由于没有充分理解它的价值，稍微涨一点就开始打压，人民银行和银监会就开始出台政策去调控它，例如，查违规资金进入股市。查违规资金进入股市的这个政策是周期性的，20 年来大概有四五次。每到涨到相对有点高的时候，一定要查违规资金进入股市。这已经成了政策信号，你看到这个信号，就要逃了，没多久它就要下行。20 年来，我们已调整了六七次印花税，不断地去调控市场，使这个市场很难成长，再加上这个市场本身又有缺陷，它怎么能成长呢。20 年前中国的意识形态是不正常的，像让国有资产、国有股权流动起来这样的观点都没有人敢讲，把流动和流失画等号。所以那个时候国有资产是不能流动的，只有老百姓的 IPO 部分可以流动，这样的市场当然没有任何价值成长，长期在 1 万亿元左右波动。为什么市场成长不了呢？除了政策观念外，制度是个重要因素。

从 2005 年开始，我们对资本市场的认识慢慢进入轨道，但其中仍有波折。2007 年提高印花税，我就非常忧虑。提高印花税干什么？你应该扩大供给，而不是收缩需求。银行的存款减少了，会威胁银行的生存，你就压制资本市场？让资金回流银行，这是在复制落后的金融体系。商业银行本身需要转型，靠利差生存的银行是没有竞争力的，利差终究会越来越小的，中国的商业银行有那么大的利差是因为公司债市场没有发展起来。公司债市场一发展起来，利差马上就会迅速缩小。所以，银行在还有较大利差的时候要赶紧转型。

从 2007 年开始到 2010 年三年的时间，我们的资本市场从 1 万多亿元到最高峰值的 32 万亿元，现在大约是 24 万亿元。中国资本市场到 2020 年，也就是到国家确立上海成为国际金融中心的时候，市值会达到 100 万亿元。我确信，可以达到这个目标。因为中国的经济规模，到时将接近美国的经济规模。我们只算了股票市场的市值，加上急需发展的债券市场，规模会更大。中国是一个重股票市场轻债券市场的国家，这不符合金融发展的规律。一个市场如果只有股票市场，没有债券市场，它的风险匹配机制就有重大缺陷。这里就缺乏一个风险结构调整的机制。你买的都是股票，系统性风险都是一样的，差别只表现在行业和公司本身所存在的非系统性风险。我们没有风险管理的结构性产品，所以要大力发展公司债市场和国债市场。国债市场，目前主要在银行间市场，老百姓买不到，交易所交易规模很小，这也影响到投资者的资产匹配和公司融资安排。现在的情况是，公司要么向银行贷款，要么发行股票，没有中间的融资工具，因此一定要发展公司债市场。只有资本市场的产品丰富、结构多元，中国金融市场才有可能成为全球金融中心。

（二）中国资本市场发展的政策重心

中国资本市场的改革除了理念上要正确，政策也要恰当。把市场做大是我们最重要的目标。过去 20 年，绝大多数理念是控制市场，主要体现在控制需求上，控制老百姓去买股票。这与我们金融改革的目标不匹配。因此，供给政策并注重供给与需求的动态平衡是发展中国资本市场的政策重心；不断开放、提升国际性是关键；提高透明度、改善市场的投资功能是基础。

（三）中国股票市场面临的主要问题

中国股票市场面临的问题主要在以下五个方面。

第一，如何平衡存量财富管理与增量融资之间的关系？这之间存在一些问题，我们过分地看重增量融资，而忽略了资本市场财富管理的功能。

第二，内幕交易和操纵市场行为如何进一步遏制？尤其是股权分置改革后，大股东的股权流通了。有迹象表明，大股东在利好消息出台时，其股权流通交易明显增加，这就是内幕交易。目前证监会对大股东监管很严，但大股东之后的二三四五六的股东基本上没人监管。他们也是知情人，他们对中小股东的利益损害的确是存在的，有大量的内幕交易和操纵市场的行为。如果不加注意，会影响中国资本市场的公正性，影响国际金融中心的构建。

第三，结构性泡沫如何消除？结构性泡沫主要在创业板上。创业板有一段时间那是疯了，“三高”很严重。这么高的市盈率，企业未来的成长空间大大缩小了，它还怎么发展？说实话，创业板现在已经上了几十家了，未来还会更多。它们个个都认为它们是微软，那怎么可能！创业板上市公司有一些根本就没有自主创新能力，只是绑架在一个大公司身上，哪天那个大公司一翻脸，它就什么都不是，因为它没有独立的生存能力、没有核心竞争力。微软具有特别强的创新能力，它的产业也是代表未来的。

第四，这种完全不符合实体经济状况的股市大幅度下跌，的确令人担忧。在我们的社会，有一个特点，就是市场跌得很厉害的时候没人说话，涨的时候人人都在说话，每个部门都在说话，每个部门都说它有泡沫，我记得跌到1 660点左右的时候也没有人说它背离了基本价值，反而有人说这很好，跌得真好，风险释放了，终于让你赔钱了。这反映了一种不健康心态。涨到3 000点时，几乎所有人都认为已经有泡沫了。这与发达国家发展资本市场的理念不同。他们呢，在跌得很厉害的时候很多人在说话，要把市场稳定下来，并会采取相应的政策措施，涨的时候大体上没人管。这反映了两种发展资本市场的理念，当然我并不是说我们要做成一个泡沫化的市场，没有这个意思，我的意思是说资本市场的发展要有新的理念，这个很重要。

第五，如何逐步开放我们的市场。中国市场要作为全球金融中心，开放是必然的，开放不是一夜之间开放的，说到了 2019 年 12 月 31 日全面开放，这不可能，开放一定是个缓慢的过程，所以从现在就要考虑这个问题。

四、 全球金融变革与中国金融之崛起

（一）大国经济与大国金融战略

第四个问题，讲讲全球金融变革与中国金融崛起。这个问题很重要，前面讲的已经体现了这方面的内容。进入 21 世纪后的这 10 年，中国经济的确发生了重大变化。我个人认为，2000 年之前，中国在经济层面还只是一个区域性大国，在安理会层面上，我们是一个全球性大国，我们有否决权，但在经济上我们的规模并不大，影响力有限，我们的进出口贸易也相对比较小，中国金融和人民币在国际上也没有什么影响力，所以经济上只是区域性的大国。经过这 10 年特别是加入 WTO 之后，中国的确开始迈向全球性经济大国。什么叫全球性经济大国？有十个指标，我们大约有八个达到了，在金融和经济密度方面还没有达到。经济总规模，从很多主要工业品的产量，包括进出口贸易规模，包括资源拥有总量，包括现代制造业的产量，我们都在全球前三，我们的出口已经是全球第一，超过德国。所以，中国今天已经成为全球性经济大国。2008 年的全球金融危机后加快了中国作为全球性经济大国的步伐，以前我们常说到 2015 年中国将成为全球性经济大国，现在已经提前实现了这个目标。但是我们的经济密度还是落后的，正是密度较低，表明这个国家有潜力。英国的经济密度很高，但那是一个衰落的国家。这样一个经济大国必须要有一个与这个大国相匹配的金融，所以要制定一个大国金融战略。这也是我今年年初在“第十四届中国资本市场论坛”上提出来的。中国不是新加坡，也不是日本和欧洲，像我们这么一个人口众多的大国需要一个

什么样的金融战略呢？需要大国金融战略。中国经济的崛起需要金融的崛起才有持续力，需要一个开放的、能够吸纳全球资源的金融平台，未来你的经济规模越来越大，动力系统就要越来越有力。

（二）中国金融崛起的路径

中国实体经济的发展仍然是我们当前最重要的任务，也是我们制定一切经济政策的着力点。面对中国还有待发展的实体经济，有时候中国金融的国际化或许可以暂时搁一搁，不要太快，要让位实体经济的增长。要有一个坚实的基础，金融走得太快，会出问题。金融的开放和市场化与实体经济的增长、产业结构的调整、增长模式的转型，需要相匹配。有时候在一种政策趋向下这些方面可能难以面面俱到。因此要考虑哪一个是当前最重要的任务。我认为，保持经济的持续稳定增长，实现产业结构的升级换代，推动经济发展模式的转型，是中国宏观经济政策的首要目标。从这一角度看，美国要求人民币大幅升值不可取，一定会对实体经济带来很大的负面作用。政策目标有一个顺序安排。中国的经济规模和竞争力要放在特别重要的位置。中国人民币的国际化发展没有中国产业极其强的竞争力是走不了多远的，产业要有某种不可复制性，要有很多国际品牌，光靠廉价的劳动力是不够的。荷兰国家很小，但是拥有很多国际知名品牌，如飞利浦、联合利华、Heineken、壳牌石油等。中国能想到的比较著名的品牌，想一想似乎只有青岛啤酒（笑声）。从这里可以看出发展产业的核心竞争力多么重要，实现产业的不可替代性还有很漫长的路要走。

2009 年的演讲

金融危机正在改变世界

——在“第十三届（2009年度）中国资本市场论坛”上的演讲

【作者题记】

这是作者在2009年1月10日“第十三届(2009年度)中国资本市场论坛”上的演讲。本届论坛的主题是“全球金融危机：对中国和世界的影响”。这篇演讲阐释了2008年全球金融危机的十大问题，曾引起社会的关注，也是作者喜欢的专业演讲之一。

百年不遇的全球金融危机正在对世界经济和全球金融体系产生深远影响。这场起始于美国次贷危机、发端于华尔街的全球金融危机，究竟会向什么方向发展，对实体经济和金融体系会产生什么样的重大影响，人们正在密切关注和跟踪，世界各国政府也在试图采取措施，减缓危机对实体经济和金融体系带来的破坏。

从目前情况看，虽然我们还难以对这场金融危机的未来走向和对实体经济的影响作出准确的判断，但从金融危机的成因、过程和目前呈现出的特征看，从各国政府救市的政策看，以下十个方面的问题值得我们深思。

一、金融危机不能归罪于虚拟经济

问题一　全球金融危机：必然还是偶然？

目前学者们正在深入研究这次全球性金融危机产生的原因。比较多见的解释有“制度说”、“政策说”和“市场说”。

“制度说”认为，高度自由、过度竞争的经济制度和金融体系是全球金融危机产生的制度原因。“政策说”认为，长期的低利率和宽松的货币政策是全球金融危机形成的政策基础。“市场说”则认为，金融的过度创新和监管的相对滞后，金融工具的结构化、衍生性和高杠杆趋势，导致了金融市场过度的流动性，加剧了金融体系的不稳定。

但我更倾向于“周期说”，即这次金融危机是全球经济长周期的反映，是20世纪30年代大危机以来全球经济结构、贸易结构、金融结构大调整在金融体系上的必然反映，是对国际经济金融体系中实体经济与虚拟经济在不同经济体之间严重结构性失衡的重大调整，以实现资本市场、金融资产在规模和结构上与其赖以存在的实体经济相匹配。

可以认为，这场发端于美国的全球金融危机，是七分天灾，三分人祸。

实际上，“周期说”、“制度说”、“政策说”和“市场说”都在不同层次上解释了金融危机的成因，它们之间具有内在逻辑关系。

问题二　实体经济与虚拟经济：谁主沉浮？

有人认为，20世纪90年代美国新自由主义经济政策主导下的低利率和放松管制带来的金融市场的大规模扩张，导致金融资产特别是证券化金融资产的迅速膨胀。虚拟经济游离实体经济，使金融危机的出现成为某种必然。

金融资产规模的快速扩张是不是背离了实体经济的要求？这需要深入分析。实体经济与现代金融的关系：一方面是指金融、资本市场的发展从最终意义上说必须受制于实体经济。另一方面，以资本市场为核心的现代金融，并不完全依附于实体经济，它们实际上是相互推动、相互促进的。我们不能因这次全球金融危机的出现就否认现代金融对实体经济的积极推动作用，否认金融是现代经济的核心和发动机。

由于金融对实体经济作用的主导性不断增强，如果此时出现金融危机，一般不会从实体经济开始，而可能是先从金融体系和资本市场开始。危机的逻辑过程将不同于 80 年前的那场危机。

我想说明的道理是：在金融结构和金融功能发生巨大变化的今天，我们既不能陷入实体经济决定一切的境地，也不能得出虚拟经济的发展可以天马行空，无所约束，从而忽视实体经济的最终制约作用。真可谓“道在中庸两字间”。

二、重构国际金融新秩序势在必行

问题三　国际货币体系改革：恪守单一还是走向多元？

改革现有的单极（以美元为核心的）国际货币体系是现在最关注的话题之一，也可能是这次全球金融危机之后最重要的金融制度变革。

自从布雷顿森林体系建立以来，国际货币体系发生了重要变化。从美元金本位的确立、形成到崩溃的过程，是各国政府和投资者市场选择的结果。随着格局调整，这种货币体系的效率不断减弱。建立多元国际货币体系势在必行。在此过程中，作为全球重要经济体和负责任的大国，中国应发挥与自身经济地位相适应的作用。

未来多元国际货币体系会是什么样的结构呢？我的理解可能是三元结构：美元、人民币、欧元三足鼎立的体系，也可能是四边结构：美元、人民币、欧元、日元所形成的四边货币体系。

人民币成为多元国际货币体系中重要的一元，势必对中国的产业结构和竞争态势、贸易规模和结构、国际收支状况、金融市场规模和结构等产生全面影响。从不完全兑换到完全可兑换，是一国汇率机制改革所能实现的，而从可兑换货币到国际储备性货币，则是市场选择的结果。一国货币的国际化，对货币发行国宏观经济结构和金融体系会带来全面深刻的影响，其中，最为明显的就是，货币发行国的资本流动和贸易结构会有明显变化，金融市场特别是资本市场要有足够大的规模且结构必须均衡。

问题四　国际金融新秩序：如何重建？

重建国际金融新秩序，是各国政府在应对这次金融危机时所考虑的核心内容。重建国际金融新秩序，应考虑以下三个问题：

1. 加强国际金融监管合作，改革和完善国际监管体系，建立评级机构的行为准则，形成覆盖全球市场统一的财务监管标准，加大全球资本流动的监测力度，特别关注各类金融机构和中介组织的风险揭示，增强金融市场和金融产品的透明度。

2. 启动对现行国际金融组织改革，提高发展中国家在国际金融组织中的代表性和发言权，改善国际金融组织内部治理结构，建立全球金融危机救助体系，提高国际金融组织履行职责的能力。

3. 促进国际金融市场体系的变革与格局调整。全球金融中心的格局在这次危机之后将会发生重大变化。美国（纽约）、中国（上海）、欧洲（伦敦）将成为 21 世纪三大国际金融中心，各司其职，各尽其能。新的金融中心的出现，是全球金融新秩序重建的核心内容之一。

中国要实现从经济大国到经济强国的转变，金融崛起必不可少，而中国金融崛起最关键的步骤就是，人民币的国际化（从可交易的货币到国际储备性货币）和全球性金融中心的建设。这就是这次金融危机对中国来说，机遇大于风险的道理所在。

三、风险监管应与金融创新同步

问题五　政府干预和市场原则：度在哪里？

现在不少人在理论上认为各国政府为应对金融危机采取包括收购部分

金融企业股权的形式干预市场是国有化的过程，以此过分夸大政府的作用，这就如同在危机出现之前很长时期里，有人过分夸大市场的作用一样。实际上，在现代经济活动中，政府和市场都不是万能的。

这次全球金融危机，与20世纪30年代的金融危机相比，无论从背景成因、规模复杂性和其对实体经济的影响上看，都呈现出巨大差异。与此相对应，今天政府的作用也是非常强大的，是80年前所不能比拟的。深入研究和剖析这次危机的成因和演变过程，对于政府为什么必须救市，如何救市，以及在什么环节上救市，都具有重要的现实意义。

面对这次金融危机，各国政府的救市政策，在于纠正预期、恢复信心，创造市场发挥在资源配置中的基础性作用的外部条件，并不是经济的国有化过程，这个度是要把握住的。

问题六　金融创新与市场监管：如何匹配？

有人把这次金融危机发生的直接原因归结于金融创新或者说金融创新过度。这种认识过于肤浅和武断。金融的发展过程本质上也就是金融创新的过程。经济发展的原动力来自科技进步，经济发展加速的动力源则来自不断创新、具有杠杆功能的现代金融。就趋势而言，金融创新给经济活动带来的效率，要大大超过其给经济体系带来的风险。

在金融创新的过程中，不断完善并实时改进风险管理是永恒的话题。脱离监管的金融创新就如同没有法治的社会一样，恶性横流，是非颠倒。所以，金融创新推动经济社会进步的前提是，风险监管与创新同步。

四、强国金融战略有待资本市场发展

问题七　投资银行：拿什么拯救你？

美国第四大投行雷曼兄弟的破产，是一个划时代的事件。

美林、高盛、摩根士丹利、雷曼兄弟和贝尔斯登都是现代版金融学教科书经典故事的创造者，他们创造了辉煌，推动着金融结构的变革和金融功能的无限延伸。由于没有进行内部结构改革，他们在创造金融巅峰的同时也在挖掘掩埋自己的坟墓。他们在外部功能不断延伸、叠加的同时，却没有适时调整内部结构，以至于内部结构与外部功能渐行渐远，直至完全脱节，最终全面崩塌。

在投资银行100多年的演变进程中，其外在功能在不断延伸、不断叠加。资本市场上传统的投资银行业务，是依靠专业性金融服务来获取利润的，这种利润的风险权重很小。基于收益与风险对冲交易的各种形式的资产管理服务，是金融服务的升级，在收益大幅增加的同时，风险明显上升，特别是在杠杆率不断趋高时，风险也以同样速度在增加。以一个较小的资本杠杆来获取尽可能大的风险利润，曾经成为投资银行业的时尚。

对风险利润的疯狂追逐源自不断失衡以至于严重失衡的外部激励与内部风险约束的制度设计。

投资银行在其发展历史中，大部分时间是合伙制。合伙制释放出的强大激励功能与无限风险责任是相匹配的。强大的激励功能激发出人们的创造精神，而无限的风险约束则使这种创造精神受到了内在约束。在这种制度框架下，激情得到了释放，欲望受到了约束，因而，理性繁荣是那个时代投资银行的基本特征。

20世纪90年代后，投资银行纷纷走上了上市之路，一方面通过上市以最大限度地利用公众资本来壮大资本实力，另一方面也试图分散潜在的不确定性。这时，无限的风险责任被有限的风险约束取代，与此同时，功能强大的激励机制丝毫没有改变，对利润的追求甚至变得更加贪婪无度，利润的风险权重越来越大。从这个角度去审视，投资银行的CEO们、董事总经理们的高收入是多么不合情理，他们少则千万美元、多则上亿美元的收入，既是对公众资本风险的叠加，更是对社会财富的潜在侵蚀。所以，美国五大投资银行的集体迷失，本质上是一种制度的迷失。

问题八　金融高杠杆：何去何从？

杠杆化是金融与生俱来的特质。在实际经济活动中，金融的高杠杆率的确是一把“双刃剑”。它创造了金融的活力和流动性，也加大了金融体系的波动和不稳定性。金融市场繁荣时它是天使，金融危机爆发时它就是魔鬼。

在全球特别是美国，金融的去杠杆化成为危机时期重要的防御性措施。

去杠杆化的实质是降低杠杆率，其特点主要表现在金融机构要么减持风险资产的规模，要么增加资本金，要么双管齐下。金融的去杠杆化，一方面可以提高金融机构的风险对冲能力，另一方面也会对市场流动性带来深刻影响。由于金融结构越来越市场化，越来越证券化，对信用货币的创造并不局限于商业银行体系，资本市场甚至衍生品市场也开始具备某种准信用货币的创造功能，不同的是，它们是通过证券化金融资产规模的扩张来实现的。资本市场以及衍生品市场的发展，客观上会增大流动性金融资产规模，进而有可能拉长信用货币结构的链条。如果这种分析的逻辑成立，那么在美国，金融的去杠杆化可能影响美元在全球的供求关系，在金融危机爆发的今天，即使美国政府存在大规模注资行为，美元也会因为金融的去杠杆化而存在升值的潜在性。

问题九　资产证券化：制造危机还是分散风险？

资产证券化与这次全球金融危机的形成究竟是何关系，人们还可深入研究，有两点似乎已经清楚：一是资产证券化并不是金融危机产生的根源，二是资产证券化改变了风险的生存状态，使风险存量化变成了流量化。从次贷危机到次债危机，风险的源头没有变，改变的只是风险的载体和形式。

我一直以来都坚持认为，风险从存量化到流量化的转变是金融创新的巨大成就，是金融体系由传统迈向现代的重要标志，金融开始具有分散风险的功能，完成了从资源配置到风险配置的转型。所以，资产证券化不是制造风险，而是在分散风险。

证券化是金融创新的基石。没有证券化，就没有金融体系的市场化改革。问题的关键不在证券化，而在证券化背后的资产是什么，以及如何评估这种资产的价值，如何揭示证券化资产的风险。

问题十　货币政策目标：单一目标还是均衡目标？

美联储前主席格林斯潘是现代货币政策的倡导者和最重要的实践者。他率先将货币政策关注的目标从 CPI 的变化转向资产价格的变化，并以此来调节经济增长。这种转向符合美国经济金融结构的变化，反映了金融市场特别是资本市场在美国经济活动中的主导地位。这种转向意味着现代货币政策时代的到来。这是格林斯潘对这个时代所作出的贡献。

在分析这次金融危机形成的原因时，有人认为，格林斯潘式的货币政策是导致这次金融危机出现的重要原因，因为从实际结果看，它导致资本市场的快速发展和金融资产特别是证券化金融资产的快速扩张，金融体系泡沫化趋势越来越严重。殊不知，这样的货币政策大大提高了美国经济的金融化程度，极大增强了金融特别是资本市场对经济的影响力，强化了美国金融，尤其是资本市场在全球的支配力。这就是美国式的金融战略。

格林斯潘也承认自己的失误。他天真地认为，贪婪无度的华尔街在法律的威慑和道德的感召下，会变成遵纪守法、内心自律的模范，因而放松了外部的严格监管。看来，内心自律的防线在巨大的利益冲突下终究都会崩溃。这也许是格林斯潘带给我们的教训。

对中国来说，更为重要的是，必须推动经济政策特别是货币政策的转型。基于金融市场特别是资本市场不断发展的金融，已经成为现代经济的核心，成为现代经济活动的主导力量。中国经济的崛起需要一种具有变革的精神，并顺应现代金融发展趋势的强国金融战略。没有推动金融结构变革的货币政策，就不可能形成强国的金融战略。今天，中国的货币政策，既要关注CPI的变化，还要关注金融体系的结构性变革和资本市场的持续稳定发展。只有这样，中国经济的持续稳定增长才会具有更坚实的基础。

全球金融中心的格局在这次危机之后将会发生重大变化。美国（纽约）、中国（上海）、欧洲（伦敦）将成为21世纪三大国际金融中心，各司其职，各尽其能。新的金融中心的出现，是全球金融新秩序重建的核心内容之一。

中国要实现从经济大国到经济强国的转变，金融崛起必不可少。中国金融崛起最关键的步骤是，人民币的国际化（从可交易的货币到国际储备性货币）和全球性金融中心的建设。这就是这次金融危机对中国来说，机遇大于风险的道理所在。

2008 年的演讲

金融危机及其对中国的影响

——在“广州讲坛”的演讲

【作者题记】

这是作者 2008 年 10 月 17 日在“广州讲坛”的演讲。

关于金融危机，人们现在很关注。就这个问题，我今天主要讲三点。

一、由美国次贷危机到美国金融危机，再到 2008 年全球金融危机的逻辑过程

改革开放以来，中国经济在发展过程中遇到了很多的困难，有国际性因素，也有国内因素，但是，我们一直都在坚定不移地推进改革，中国处在大国崛起趋势中。在这个过程中，我们规避了三次金融危机，这实际上预示中国的崛起是谁也阻挡不了的。

哪三次危机呢？

第一场危机，就是 10 年前的亚洲金融危机。应该说，20 世纪 90 年代末期，中国开始崛起，或是说在做崛起的准备。1978 年到 2000 年，用了 22 年的改革做崛起的准备。这 22 年来，我们系统地改革了落后而僵化的体制，同时对经济结构做了大幅度调整，加大了基础设施投资。崛起没有这些前期的准备是不可能的，而且还要有长时间的准备。在崛起的时候，亚洲金融危机爆发，那时，中国的开放程度远比今天低得多。亚洲金融危机对中国金融体系的影响微乎其微，对人民币汇率的影响是心理层面的，但对实体经济在一定程度上有影响。在那场区域性金融危机中，中国顺利地调整了经济结构，同时也发现了金融体系的一些问题，在之后的金融体系改革中，这些问题得到了进一步完善。所以，在亚洲金融危机中，我国基本上没有太大问题。亚洲金融危机对东南亚国家以及韩国，产生了重大冲击。亚洲金融危机给中国一个非常好的发展时间和空间。

第二场危机虽然谈不上是真正意义上的金融危机，但从金融市场角度看，是一次重大考验，这就是 2000 年初的高科技泡沫，或是说互联网泡沫。美国市场由于互联网泡沫，纳斯达克市场下跌幅度非常大。我国市场当时也有一些调整，但总体上讲，这场危机对我国的影响非常有限。

第三次危机就是这次全球金融危机。我国金融体系的开放比经济体系的开放要滞后一些。中国从 2001 年 12 月加入 WTO 后，有三年的过渡期。到 2004 年，我国开始兑现承诺，全面推动开放。

无论是金融体系的开放，还是金融市场的开放，或是经济体制的开放，我们都遵循一个逻辑，这个逻辑可能和中华传统文化有关，就是先进后出。按照我们的理解，开放可以是走出去，也可以是请进来，进来和出去都是开放。但是从顺序上看，一般是侧重于先让别人进来，我们没有把重点放在走出去。2004 年到 2006 年都是请外资进来，比如，外资银行可以在华设立分行，可以办理人民币业务，外资法人银行可以享受和中资银行同等的待遇等。所以，在一两年内，我国的大城市里出现了一些外资银行。证券、基金领域也是先让外资进来，比如，中国有很多合资的证券公司、基金公司。我国的汇率改革也是让外汇（有些是游资，有些是正常的资金）进来，进入到我国金融体系中来，以至于外汇储备到现在接近 2 万亿美元，外汇储备增长速度很快，因为我们遵循让外商先进来这样一种逻辑。同时，与请进来相比较，走出去的资金规模则要小得多。QFII 很早就实行了，而 QDII 则在较晚才施行的。QDII 与 QFII 相比，从规模上来说要小一些。有一种观念认为，请进来是比较安全的，不会有太大负面作用。但对于走出去，就非常谨慎了。半年前，在中央政策研究室讨论如何使热钱不要冲击我国的金融体系、冲击外汇市场时，我也讲了这样的看法。基于我国金融开放的特点，在这场金融危机中，我国所受的损失相对来说比较小。现在市场上对于全球金融危机对中国金融体系影响的反应似乎过度了，实际上没有这么严重。

应当看到，这三场危机对中国的影响都比较有限，我们没有在危机的旋涡之中。当然，在经济全球化的今天，我们也很难独善其身。中国毕竟是一个大国，要参与全球经济的一体化，毕竟改革开放 30 年了，有些资产受到感染是可以理解的，但是，我们是在这个旋涡的外围，我们可以有自己的主动性。这为我们未来建设一个什么样的金融体系，以及在全球金融体系中提升中国金融的地位和作用，提供了很好的契机。

在这之前，也出现过日本泡沫经济。中国的确比较幸运。日本泡沫经济给了我们很深的警示。泡沫经济的核心，除了房地产外，是金融结构的设计以及金融战略出了问题。东方文化对金融的理解有时候是非常接近的。日本出现这样的问题，实际上在提醒我们，不能用东方式的思维去理解金融结构的设计，以及金融与实体经济的关系。虽然日本泡沫经济已经过去近 20 年了，但是我们要认真研究日本泡沫经济出现的原因。金融结构的设计、金融发展战略的失误究竟在哪里，日本泡沫经济为未来中国金融改革和发展提供一个背景。这次金融危机更是给我们提供了一个全方位的思考图景。所以，把这些问题研究透了，未来我们就会少走弯路。这是我对中国在崛起过程中“天佑中华”的一个感受。

这场金融危机究竟是怎么来的？其发酵过程是什么？从各国的救市方案中能看出人们对这个问题的理解。各国的救市方案不同，有的是买金融机构的不良资产，比如美国最初的救市方案，这个方案遭到了很多人的批评。英国拿出一个先进得多的方案，现在欧盟也有一个整体方案。美国现在对 7 000 亿美元的救市方案又做了修改。金融危机即资产价格的大幅度下跌，是由于庞大的不良资产引发的。有的方案侧重点在于对银行体系注资，包括购买优先股等。这种救市方案认为，市场风险不是最重要的，最重要的可能是如果商业银行体系出了问题，大家都去挤兑，银行也不贷款了，并会全面收缩信贷市场，这不但会导致市场下跌，实体经济也会出现严重的衰退。所以，这个救市措施就是直接对银行体系进行注资，注资的目的非常明显，即稳定银行体系，不要让市场的下跌过度影响信贷市场。影响了信贷市场，就会影响实体经济，很多企业就会倒闭，最后陷入恶性循环。也有的方案是直接买股票，目的是稳定投资者信心和市场预期。

美国现在的救市方案是整体方案。要买不良资产，发现 7 000 亿美元规模不够用，不良资产巨大，以次贷资产为基础衍生多次的资产总规模非常庞大。据初步估计，最初级的证券化资产规模大约在 2.6 万亿美元。政府不可能把这些全部买进，在 7 000 亿美元的救市资金中，最多只能拿出 2 000 亿美元用于收购这些初级证券资产。

2007 年初，美国次贷危机有一个发酵过程，一年半后，爆发了全球金融危机。当时人们认为次贷危机并不严重，美国有那么强大的经济，一点次贷能有什么问题？而且美联储和美国政府在次贷危机一出来就采取了比较好的应急措施。当时大家都很乐观，认为只要美联储一出手，这些小问题肯定可以解决。没有多少人感觉这个次贷危机在后来会发酵，而且以杠杆化、乘数的速度在发酵。2007 年初没有意识到次贷危机会引发如此严重的全球金融危机。

我在 2006 年底写了一篇文章[①]，实际上思考了三年，写了半年。这篇文章主要研究资本市场发展速度之快，平均增长速度大概两倍于实体经济的增长，研究它们之间的关系。从 1990 年到 2005 年，15 年的时间，美国 GDP 以平均不到 3% 的速度增长，但是其金融资产规模或证券化资产市值以平均 15% 以上的速度增长，金融资产包括证券化金融资产规模大概是 GDP 的三四倍。在 1990 年，它们之间的比例差不多是 1∶1，经过 15 年，居然扩大到四倍。如果这个趋势延续下去，再过 15 年，岂不是要以 10 倍以上的金融资产面对着相对比较小的实体经济？难道整个经济会这样发展下去吗？通过大量的数据验证，我们发现从 20 世纪 80 年代中期开始，金融特别是资本市场的成长开始慢慢游离于实体经济。通常认为，资本市场价格或股价指数是国民经济的晴雨表，但实际上它们已经不是晴雨表了。如果是晴雨表，怎么可能会以如此快的速度增长？面对这一现象，两个判断就摆在我们面前：这种快速增长是合理的，还是泡沫化的？如果这种快速增长是合理的，那合理到什么时候会慢慢变得不合理？如果正在慢慢变得不合理，那就意味着到一定时候，一定会出问题。实体经济增长是一条非常平缓的曲线，而金融资产特别是证券化金融资产的增长是一条角度较大的曲线，两者之间在不断分离，分离到什么时候会收敛？这个收敛机制就是金融危机。当然有的是通过断断续续的、大的市场波动来收敛；有的则是通过一次大的金融危机来收敛。收敛之后又会怎么样呢？会收敛到实体经济增长曲线的下方吗？显然不会。如果会收敛到实体经济增长曲线的下方，就意味着金融资产的规模萎缩了，萎缩到比实体经济小的水平，这是不现实的。接下来要研究收敛到什么时候会停止，停止之后又会往什么方向变化，以及这种收敛的起因是什么？通过什么方式、什么逻辑过程来收敛？也就是说，金融危机的逻辑过程是什么？这

① 吴晓求 . 实体经济与资产价格变动的相关性分析［J］. 中国社会科学，2006（6）：55-64.

些问题比较专业。可以确信，金融创新不会停顿，金融不会回到物物交换的时代。物物交换时代当然没有危机，危机的空间不存在。自从有了货币以后，特别是有了纸币以后，危机就已经潜伏在其中了。现在不仅是货币，还有很多衍生产品，危机概率大大增加了。但是，我们不能因为这种变化，就回到一个没有危机种子的时代，也就是物物交换的时代，这是回不去的。

从理论上看，金融危机是必然的，还是偶然的？未来的发展究竟向何处去？这次金融危机是由次贷危机引发的。雷曼兄弟宣布破产的当天晚上，我就意识到全球性金融危机真的已经来临，在这之前还抱有幻想，认为这场全球性金融危机不会发生。有着悠久历史的雷曼兄弟的破产给了我们一个警示，全球金融危机真的开始了。雷曼兄弟宣布破产的第二天，人民大学金融与证券研究所的专家研究小组就展开研究，研究这次金融危机怎么蔓延，我们应采取什么措施，为此还写了这方面的研究报告。

雷曼兄弟破产在进一步在发酵。我们首先要研究究竟是什么原因让雷曼兄弟破产的？雷曼兄弟破产以后又会往哪个方向延伸？通过查阅文献、资料整理，我们发现此次金融危机是从次贷开始的，从次贷到危机的全面爆发，经过了三次发酵过程。第一次发酵是从次贷到以次贷为基础资产的次债。次贷本身已经包含了很大的风险。从 20 世纪 80 年代以后，金融市场化、金融自由化是一个基本的趋势，必然会带来金融机构激烈的竞争甚至是恶性竞争。竞争引起了金融创新的全面展开，不进行创新，市场份额就会下降。金融机构为了挖掘新客户，不断推出新产品，甚至是隐含巨大潜在风险的金融产品。刚开始时，住房抵押贷款都是优质贷款，信用基础好，收入稳定、收入较高的人群才能得到贷款，但这部分市场会饱和。新兴金融机构要占领这个传统领域比较困难，要生存就会出奇兵，客户开始下移。客户下移从某种意义上说也是风险的增大。风险增大了就看如何控制，措施如何改进。客户下移之后要把原来贷款门槛以下的客户纳进来，次贷客户出现了。如果门槛降低，又是零首付，又可调整贷款利率，风险已经潜伏了，金融机构纷纷采取措施，吸引越来越多的低端客户。无论采取什么优惠政策，贷款者最后都得还贷，只是先还还是后还的问题。

1994 年以后，美国房地产价格在慢慢上升，到了 2000 年，网络泡沫破灭后，美国经济开始衰退。为了阻止由网络泡沫引起的美国经济甚至全球经济的衰退，美联储主席格林斯潘连续降低利率。在这之前，格林斯潘连续 20 多次提高联邦存款基准利率，每提高一次基准利率，股票价格就涨一次，这是一个怪事，本来提高利率是要抑制股票价格上涨的。在 2000 年科技经济之后，为了刺激经济、防止衰退美联储连续下调了利率，一直到 2004 年 7 月。低利率对抑制经济衰退起到了一定的作用。在利率不断下调时，股票价格也在不断下跌，这也是怪事，和教科书上讲的不一样。有人解释说，每次调整利率，不管是利空还是利多，市场参与者都不信，市场仍然朝着其应该的方向前行。低利率会带来充足的流动性，信贷市场扩张，融资成本降低，同时借款也比较容易，所以导致房地产价格的不断攀升，次贷风险已经开始大规模地出现了。2004 年 7 月，美联储开始提高利率，到 2007 年 3 月，联邦存款准备金基准利率高达 5.15%。从 2004 年中期提高利率开始，风险就在恶化，直到 2007 年危机开始出现。很多人开始还不了贷款，因为利率太高，资金成本太高，钱也借不到了，房地产价格快速下跌，拥有这部分资产的人开始出现问题。

在中国，这种逻辑过程也似乎存在，我们也曾出现过类似的问题，但是我们这种风险只停留在第一道贷款中，没有把这种贷款做证券化处理。如果未来真的有风险，银行里的不良资产会出问题，但是我们的客户并不是次贷客户。有一段时间，我国银行为了争夺客户，也出现过零首付，后来叫停了。之后把首付提高到 30%，这就是一个很好的风险过滤机制，对银行资产来说是提高了其免疫性。与我国相比较，美国的贷款包括次贷后面有一个复杂的衍生过程：开始时，对原始资产进行证券化，提供这些贷款的是一些商业性中介机构，他们把这些资产卖给各家银行，包括投资银行。各家银行认为这个产品收益率稳定，因为当时认为房地产价格还要上涨，对房地产预期很好，还款当然没有问题。除了这些金融机构的业务外，还有很多其他金融资产业务也要打包销售。于是就开始切割，次贷资产首先要按资产质量好坏进行分类，非常好的为一类，中等的为一类，比较差的为一类。切割之后又分售给不同的机构，包括保险公司、基金公司、资产管理公司、私募基金等。到了这些机构手中，它们又开始切割，把很多资产，包括传统商业银行资产、信用卡资产又打包在一起，出售给其他机构。这些打包在一起的资产，特别是卖给最终投资者的资产之间有感染性，也就是说，一种资产价格下跌，会引起其他资产价格的下跌，同时打包在一起的资产由于其衍生性，给信用评估带来了新的困难。到对冲基金要买的时候，交易已经杠杆化了。通过这一连串的过程，问题就出现了。每做一次，杠杆放大一次，而且杠杆之后还有杠杆。在杠杆放大的同时收益也在放大，一个比较小的资本金可以购买比较大的资产，如果有利润，利润是非常大的。如果是一个上市金融机构，从利润到上市金融资产的价格是杠杆化的。假设有 1 亿元的利润，再衍生到后面的股票价格可能就变成 20 亿元了。横向的杠杆越来越大，杠杆中有杠杆，形成立体交叉式杠杆，杠杆放得非常大了。在预期好的情况下，大家都非常有钱。但是如果对基础资产价格的预期开始逆转，杠杆也会以同样的力量影响市场。这就是为什么看上去不严重的次贷，使著名金融机构突然间就倒闭了。从原始资产到后面的衍生产品，都称为金融创新。问题是，金融创新到哪里为止，以及金融创新过程中如何看待杠杆。这次金融危机之后可能要对杠杆进行调整，金融监管部门要对杠杆进行更加严格的监管。

导致上述过程的原因有直接原因和间接原因。直接原因有以下两点。

1. 宏观经济政策，即低利率政策，导致了信用市场的膨胀。

有人把这个归结于格林斯潘。过去人们把格林斯潘看成天上的神，他的话语有很大的分量，现在似乎已经改变了。无论怎么看，不能把这场金融危机归因于格林斯潘。有人说，在 19 年担任美联储主席期间，尤其在 2000 年到 2006 年最后的 6 年里，他执行相对宽松的货币政策，从而扩张了需求。尽管如此，格林斯潘对美国经济的贡献不可低估。没有格林斯潘，美国经济、美国金融市场不会有如此蓬勃的发展。在格林斯潘担任美联储主席期间，美国金融变得很强大。他是从 1987 年开始担任美联储主席的，1987 年还不能说美国的金融市场非常强大，当时日本的金融市场发展也很快，试图成为全球最大的证券市场。20 世纪 80 年代末期，曾经有 3 个月东京证券交易所的市值超过了纽约证券交易所，后来泡沫破灭了。在格林斯潘时代，美国金融开始变得很强大。现在不少人认为，格林斯潘当年就已经把危机的种子播下了，我不认同这种观点。

2. 经济的深层次原因

（1）经济周期的原因。有观点认为，这次金融危机也许是长周期的一个必然，我赞同这个看法。我不认为在宏观经济理论也就是凯恩斯理论出来之后，我们就可以避免金融危机的发生。我不认为政府干预有如此大的作用，从此就可以实现经济的持续、稳定、协调增长，这是人们良好的愿望。事实上，经济本身的风险在不断地释放，经济增长过程中总是有风险的，从来没有不存在风险的增长。问题的关键是，风险累积的方式是什么？风险释放的方式又是什么？经济增长本是有风险的，怎么可能存在没有风险的增长呢？经济不可能出现长期的持续、稳定、协调增长，有时候会出现不太协调的现象。协调是指所有人都能充分掌握信息，而且非常理性，或许这只有计算机才能做到。宏观调控和政府干预可能会使危机的程度有所减缓，也许还会把危机间隔的时间拉长一点，但不可能彻底地平抑波动、控制危机。所以，经济周期总是会出现的。

（2）最近一二十年，自由市场经济理论，或者说完全自由竞争的理论正在影响着我们，这种影响在中国尤其严重。完全自由竞争，就是主张高度自由化。当然，从一般方向上看，也没有什么大问题，但是如果这样下去，就会出现恶性竞争。恶性竞争的本身就是风险的加剧，所以，我主张政府进行适当干预。在中国，当市场出现比较大的问题时，包括前一段时间全球金融危机还没有爆发，雷曼兄弟还没有破产时，实际上我们已经出现了某种危机，股票市场先到了 1 800 点，一直在附近波动，没有太大变化。那时，无论是学界还是业界，都认为政府应该进行适当的干预。适当的干预不是在扭曲市场，也不是在扭曲市场的定价功能。很多人把政府和市场对立起来，以至于监管部门的思维也是非常市场化的，有时候比大学教授还市场化。大学教授提倡自由的市场经济或许还可理解，金融监管部门如果有这样一种理念则很少见。政府存在的意义就是在市场不理性的时候，采取措施让市场理性一些。改革开放 30 年，形成了这样一种自由的、竞争的、开放的文化，对于克服传统体制，是一个巨大进步，但在危机管理方面，政府还是要有限度地介入。

欧美市场出现这么大的问题，这些国家会毫不手软，比我国出手要快得多，坚决得多。我们有时遮遮掩掩，不好意思。当然，我们也出台了针对股市的一些措施，如印花税双边改单边，这也是我一直以来提倡的；汇金公司购买三大银行的股票，有点类似于结构性平准基金；还有国有控股股东增持。后面这两个措施的声音非常大，但是动作非常小。汇金公司到目前也就买了 2 500 万元的银行股票，数额太小。这些措施出来后还是不能阻止市场的下跌之后，央行调低了存款准备金率，这是对的。我是当时学界中比较早的批评“还要采取严厉的、紧缩的货币政策”的学者之一。今年 6 月，报纸上还在说，要采取严厉的、紧缩的货币政策，因为当月 CPI 很高，高达 8% 左右。我在读博士的时候老师就说，货币政策从实施到 CPI 的变化，要 6 个月的时间。现在货币政策还没有发挥效果，怎么还要紧缩呢？前面已经有连续十几次存款准备金率的收缩，这个紧缩措施很厉害，效果会很快显现。中央明确表示要把防止通货膨胀、防止经济过热，即“两防”作为首要目标。人民银行作为经济调控的主要部门要表态，一个月调整一次法定准备金率不行，得调整两次，甚至三次。货币政策传导需要一个过程。CPI 上升到 8% 只表示前面的调控措施还没有传导过来，再过几个月就会下来，此时人民银行还要采取更严厉的货币政策。有人说存款准备金率最高可以调到 20%，一旦达到这个比例，整个银行体系就没有钱了，整个信贷市场会严重收缩，一大批企业会因为失去流动性贷款而倒闭。除了提高存款准备金率以外，还要进一步提高存贷款利率。热钱已经很多了，提高存贷款利率，热钱会蜂拥而至，因为收益率越来越高。我批评说，要立即停止所谓的更加从紧的货币政策。我们要思考宏观经济政策究竟是做什么的，货币政策究竟是做什么的。虽然《中国人民银行法》定义货币政策要保持人民币币值的稳定，可是还要注意后面的一句话——促进经济的持续稳定增长，后面这句话是重要的。

对中国来说，包括货币政策在内的所有宏观经济政策，推动经济的稳定增长是首要目标。我认为，几乎在任何时候都是这样的，除非出现了恶性通货膨胀，可以在一个比较短的时期内把控制通货膨胀作为首要目标。中国还是一个经济待成长的国家，经济处在起飞阶段，不要让经济刚起飞就着陆。飞机刚飞了 1 000 米，怎么能让它着陆呢？这样着陆是会出问题的。只有平稳之后慢慢着陆才是可行的。中国要成为经济强国，没有 20 年的经济起飞，是实现不了的。日本和韩国 20 年的经济起飞使其成为发达国家。中国成为发达国家，至少需要 20 年。我们才起飞了 8 年，至少还有 12 年，一直要飞到 10 000 米高空，那时可以考虑慢慢着陆。所以，这个时候还采取更加紧缩、更加严厉的措施是有问题的。沿海、珠江三角洲、长江三角洲的很多企业都开始倒闭了。不要把这个现象简单地归结为人民币升值，当然有这个因素，但更为重要的是不切实际的紧缩政策。

有人说，采取更加紧缩的货币政策不是针对资本市场，然而，事实上会对资本市场产生直接的影响。如果说只影响 CPI，那是一厢情愿。CPI 没下来，资本市场一塌糊涂，整个经济增长也受到影响。所以，宏观经济调控的理念要调整。我认为，很多宏观经济调控的思路还停留在 20 年前。20 年前我也这么想，追求“货币单一目标论”，也就是通货膨胀的唯一原因是货币发行数量太多。按照这个理论，既然出现了通货膨胀，那就要紧缩货币。通过对冲和收缩，控制通货膨胀的源头。但现在不是了，特别在中国这样一个经济结构正在转型的国家，真的不是这样。我们应该看到现在的经济活动与 10 年前、20 年前相比，已经市场化了。影响 CPI 上涨的因素很多，不仅仅是货币数量的扩张。

对于这一轮 CPI 的上涨，我认为，有两个因素可能比货币数量更加重要：第一，劳动力成本或者说工资水平的上涨。劳动力成本的上升是必要的，中国应该进入一个劳动力成本不断上升的周期。经济增长的目的不就是让人们的生活水平、福利水平不断提高么？这要通过综合收入水平的不断提高来实现。工资的上涨会导致成本上涨，工资上涨是最重要的成本，也是社会进步的标志。有时，对于 CPI 的上涨，不要把它看得太负面，它也是经济增长的另一种反映。哪有在收入水平不断提高的同时，物价水平不变的呢？

这是不可能的。技术进步也不可能进步到这个程度。我国还有许多人收入水平相当低，一个月一两千元。中国会进入一个劳动力成本上涨的长周期。第二，大宗商品价格的上涨。它和劳动力成本上涨构成 CPI 上涨的核心因素。PPI（生产价格指数）的上涨也与此有关。在这种情况下，教条式地收缩流动性而试图控制物价上涨，让 CPI 降下来，显然达不到目的。现在中国许多经济现象和经典教科书上说的不一样，主要原因在于经济结构的不同。

关于金融危机对实体经济的影响，这里暂时不谈，对中国经济的影响，现在已经显现了。我们有一种根深蒂固的观念，认为股票市场的涨跌与实体经济没有关系，不管股票市场怎么跌，实体经济照样增长。他们把金融市场和实体经济完全脱离开来，认为股票市场是虚拟的东西，现在有一个词叫“虚拟经济”，说起源于马克思，我很少用这个词。“虚拟经济”这个词有一个潜台词，就是可有可无。事实上，它对实体经济的影响很大。中国资本市场的发展有自由落体式的味道，因为管理者认为，它与实体经济没有什么关系。股票价格指数 6 000 点时经济增长是 10%，2 000 点时还是 10%。从 6 000 点跌到现在的 2 000 点，股票价格和实体经济的增长率好像没有关系，绝对不是这样的。金融市场特别是资本市场，与实体经济有高度的相关性。这次金融危机会如何影响实体经济？

首先，通过信贷市场的收缩来影响实体经济。金融机构资产缩水，股票价格大幅下跌，首先会影响到信贷市场。信贷市场大幅收缩，表现为对实体经济的贷款大幅收缩。现在欧美市场，每天都有企业倒闭，其中，不乏有百年历史的老店。通常情况下，银行之间的拆借市场可以调节流动性。信贷市场收缩后，拆借市场会出问题，首先要判断拆出去的资金风险有多大。雷曼兄弟突然倒闭与拆借市场流动性窒息有密切关系。在收缩的过程中，拆借成本在不断地提高，为渡过难关，尚能接受高成本资金，但如果把闸关上了，整个拆借市场停止了，流动性危机就会爆发。银行体系拆借市场停摆是非常危险的，特别对中小型商业银行来说风险更大。拆借市场一旦停止，有些企业流动性难关就过不了，一夜之间就会破产。金融机构的破产更多的时候不是亏损，而是流动性窒息。流动性资金的管道全部被切断，金融体系变成一个个孤岛，风险急剧上升。全球最大的保险集团美国国际集团（AIG），如果没有机构把钱拆借给它，它也会倒闭。中小银行只要资金流动机制被切断，都会有倒闭的风险。企业倒闭有时不是因为经营不善，是因为债权人同时催债，贷款已经投资在设备上，设备正在生产还没有产生利润，突然紧缩货币，肯定会带来巨大的不确定性。这个道理用于观察银行体系的风险也是一样的。

资本市场变动趋势会影响到拆借市场，影响到流动性。现金多的银行在信贷紧缩时不愿拆出资金，也不发放贷款。拆借萎缩导致信贷萎缩，实体经济就会出现问题，股票价格就会进一步下跌，从而会导致实体经济的基本面恶化，市场第二轮下跌就开始了。全球金融危机最坏的时候是否已过，要看信贷市场传递给实体经济的影响是不是严重萎缩。金融市场和资本市场的稳定性很重要，即使欧美国家经过了多年市场经济和金融市场的发展，仍要着力稳定市场，这其中肯定是有道理的，要相信他们对有些问题的理解有时候比我们深。中国金融市场化的时间短，对一些问题可能看不清楚。

欧美和日本加起来这次有 3 万亿美元的救市资金，最终的目标是让实体经济不出问题。有时候我们觉得自己很聪明，其实不尽然，比如对风险的理解。中国平安融资 1 000 多亿元，希望走出海外，成为全球最大的金融公司。我是最早的批评者之一。以前我认为平安集团是一个管理有序、有战略眼光的金融集团，但这个事情发生后，我认为这个事情是平安集团自我膨胀、近乎失去理性的对外扩张行为。当时我还是证监会发行审核委员会的委员，我认为这样的融资肯定是有问题的，完全超出了正常的理性需求。一个企业要做成世界第一的理想是要鼓励的，中国希望有很多世界第一，但世界第一需要过程、需要时间，不是一夜之间把别人收购过来，就可以成世界第一。后来，中国平安的两位负责人给我解释，核心意思是，现在有很好的机会，国际化是其战略目标。我赞成国际化这个战略目标，中国金融业迟早是要国际化的，迟早是要走出去的，中国不是一个内陆国家，我们要和太平洋衔接。我对中国平安负责人说，我有两点看法：第一，既然是很好的机会，为什么欧美国家没有人买它？我们只是把头刚伸出去，发现世界很精彩，还不知道哪个更好，只是觉得世界很精彩。欧美那么多投行，那么多顶尖人物，那么多定价模型，难道不会发现这么好的机会？我不相信我们现在有这样的眼光，一眼就看出来哪个好。第二，机遇和风险是一个硬币的两面，从一个角度看是机遇，从另外一个角度看又是风险。在资本市场上，我们的理解还很肤浅，千万不要以为我们已经把握了投资的真谛，我们还要不断学习。资本市场对实体经济确实有重要影响。

二、金融危机对中国的影响

（一）对中国金融改革战略目标的影响

全球金融体系有两种模式：银行主导型和市场主导型。市场主导型金融体系的典型，是美国的金融架构和金融模式。从 2000 年以后，我主张中国金融体系改革的模式应该是市场主导型的，也就是说其核心部分应该是美国金融模式的元素。为此，我和我的同事一起写了一本书《市场主导型的金融体系：中国的战略选择》，我现在仍然坚持这个观点。在 2005 年的一次研讨会上，吴晓灵行长说如果中国未来金融体系改革的战略目标，是吴晓求教授所说的市场化改革，她是完全赞成的，但如果中国金融体系的基础和核心是资本市场，她表示怀疑。晓灵行长是我尊重的专家，既有很高的学术素养又十分了解中国的情况，思想开明，了解实际情况。实际上，市场主导型的金融体系不限于中国金融体系的市场化改革，更重要的是中国金融运行的核心平台应该是资本市场。所有的金融机构、金融活动、产品创新都要以资本市场为平台展开。为此，必须大力发展资本市场。一个没有资本市场或者资本市场不发达的金融体系就像在沙漠、戈壁上建大楼，没有规避风险的能力。一个以资本市场为基础的金融体系，就相当于在大海中航行的船，可以发现风险，继而规避风险。大海就是资本市场，船就是各类金融机构、各类投资者、各类金融中介，有的是航空母舰、有的是驱逐舰、有的是潜水艇、有的是小舢板。任何一种金融体系都会有金融风险，都会有金融波动，甚至会有金融危机。传统的以银行为主导的金融体系穿着华丽的外衣，给人以虚幻的安全感，但其内脏已经开始老化。而市场主导型的金融体系稍有不适，可能会感冒发烧，但其内脏是年轻的，感冒发烧好了后，身体完好无损。我们是要一个稍有不适就发烧感冒的金融体系，还是要一个穿着华丽外衣把所有问题都掩盖在里面，身体开始老化的金融体系？我还是喜欢市场主导型的金融体系。看似有波动，虽有发烧，但身体是健康的。

关于这个观点，最近我有了进一步发展，就是中国金融体系的改革目标既不是传统商业银行为主导的金融体系，也不是美国那样的市场化的金融体系，我们或许可以走第三条道路。这个第三条道路指什么？其中的内核是什么？其内核当然还是市场主导型金融体系的基因，只不过这种内核里的某种架构需要做一些修正，比如对杠杆要有适当控制。这样未来即使出现危机，也不会出现这么大的危机。还有，金融机构的功能怎么定位？是分业的功能还是综合的功能？都需要进一步研究。

美国金融危机对我们产生的重要影响是，让我们进一步思考中国金融体系的未来目标是什么。这需要进一步研究，但千万不要得出这样的结论：出现危机就否定金融创新，否定金融开放，逆转金融的市场化改革。我们不能把金融危机形成的原因归结为金融创新。没有金融创新将会严重阻碍中国金融业的发展。中国金融体系的创新远没有到位，才刚刚开始，甚至可以说还基本没有创新，金融创新是不应扼制的。

（二）对金融体系包括对资本市场的影响

我对已经披露的信息统计了一下，特别是对与我国上市银行有关的信息统计了一下，上市银行持有的雷曼兄弟的债券，加起来不超过 10 亿美元，其他的也许还有一些，但是不太多，加上那些完全损失类的金融资产，我想规模不会太大。这里有三个统计口径：最小口径是 10 亿美元，中等口径是 100 亿美元，最大的敞口是 300 亿美元。300 亿美元不小，但 300 亿美元中有些并不见得完全损失，即使已经披露的最小口径的 10 亿美元，也不是说完全损失了，有一些是优先级的。但市场的反应非常强烈，工商银行、建设银行的股票也莫名其妙地下跌，跌得非常厉害。工商银行会有什么问题吗？如果工商银行有问题，全世界银行都会有问题。因为工商银行是全世界流动性最好的银行，工商银行已经快成了中国银行的银行了，几乎所有银行的拆借都来自工商银行。工商银行流动性最充裕，其活期存款、客户规模都是最多最大的，财政性存款百分之七八十都在工商银行，这些存款基本是沉淀的。所以，工商银行不可能有风险，它若有风险，国家也就有风险了。工商银行业绩那么好，有 1 300 亿元的利润，也跌得一塌糊涂，确实有点反应过度了。不就是买了 1.5 亿美元雷曼兄弟的债券吗？这还不到其利润的 1%。如果它不买，业绩可能是每股 0.38 元，买了就算完全损失了，每股利润最多少一分钱，只是差了一分钱业绩，问题不是很大，但市场反应非常剧烈。

所幸的是，我们被感染的资产非常少，这就给了我们一个机会。有人希望中国加入全球的救市行动。网上也有不同的争论。中国是一个大国，大国应有大国的表率，当然不是说我们要拯救全世界，我们做些口头承诺还是可以的，我们不要过分地承担国际义务。

大危机也是大机遇。一个硬币有两面，一面是大危机，一面是大机遇。我们不能只看到大危机，诚惶诚恐，实际上我们在危机的边缘，而非中心。当然也不能只看到大机遇。中国平安就是只看到了大机遇，没有重视大风险。我赞成向中间看，看到大危机也要看到大机遇。特别是现在，就中国的国家战略和国家金融战略来说，我认为大危机和大机遇处在一个均衡的状态。次贷危机出现的时候，也就是 2007 年，危机大大超过机遇，收益和风险不匹配。现在从整个国家战略来看，是一个收益和风险平衡的时期。如何抓住这个机遇，走出去是至关重要的，如何走出去有很多策略。我们的研究机构要研究这些大问题。对外资产的结构要调整，对外投资重心要调整，对外投资的比重要提高。这种千载难逢的机会一定要把握住，不要惧怕。我们经历市场的磨炼太少，恐惧容易占据上风。国家战略不能有散户的心态，跌的时候就跑，跌得越低跑得越快，国家金融战略和国家投资战略不能这样。就像石油一样，价格到了 60 元、70 元左右时，做一些战略储备是可以考虑的，千万不要等到 140 元的时候去做战略储备性投资。国家战略不在于一得一失。中国经济仍然要快速发展，中国需要大量的资源，需要大量的战略储备，特别是能源、贵金属和稀有金属，等到未来大家都开始储备了，储备成本就非常高了。趁着这时各种矿产贱卖，煤和油都不值钱的时候购买和储备，这需要转变对外资产结构。国家投资，一定是战略上需要的。国家战略不是投机、抄底的概念，不是抄底之后涨到20%卖掉，对国家战略来说，这无足轻重。一定要从战略角度看缺什么，特别需要什么，不仅特别需要，而且也有能力把它做好。

我国的总体发展战略做得很好，一些具体战略做得也比较好，但金融战略做得不太好。中国金融发展这么多年，是在战略不清晰、目标不明确的条件下发展的，一直在摸索。从政策风向就知道，一会儿是严厉控制市场，一会儿又是大力发展市场，没有战略目标。没有战略目标就难以有一以贯之的政策。所以，要制定好国家金融发展战略，把外汇储备和对外投资按照战略的需要一一厘清。除金融机构外，我们可能要花更大的资金在战略资源的储备和占有上。我们要抓住这个机会，走向海外，去买那些战略资源。买股权，或直接买矿产，买完以后把自己土地上的资源留下，留给子孙后代。这些年中国改革开放取得了很大成就，但也出现一个不好的心态，想一夜暴富，个人是这样，企业是这样，国家可不能这样。只要我们占有了矿产，恨不得在有生之年把它挖光，不管子孙后代，这是没有战略眼光的短视心态。美国在这方面是有战略眼光的。他们自己土地上的煤和石油等资源都不少，但很少去开发，大部分去海外买。只是在石油很贵的时候才开发一点。所以，大危机背后是大机遇，要有大战略。我们不能太简单，外汇储备不能只是买美国的国债，当然，美国国债从投资的角度来说是不错的资产，美国国债毕竟有一个相对稳定的收益，而且很难说美国国债会失信，虽然它的对外负债超过了9万亿美元。在可预见的未来，美国是不会破产的，从投资安全的角度来讲，这是正确的，但对我国的金融战略来说没有太大意义。我们购买了美国差不多10 000亿美元的债券，包括大概6 000多亿美元的美国国债和3 000多亿美元的两房政府担保债券。美国政府救市的7 000亿美元，实际上是我们给的，他们拿我们的钱去救市。

（三）对我国经济的影响

金融危机对中国经济的影响要大于对金融体系的影响，至少从短期来看是这样的。这次广交会的人数少了很多，金融危机刚刚出现一两周，在经济领域就显现了。从金融危机到拆借市场的萎缩，再到信贷市场的萎缩，再传递到实体经济，一般来说需要 6 个月的时间，现在已经显现出来了，最严重的情况需要 6 个月后才能看清楚。中国是一个出口导向型的国家，进出口贸易总额占 GDP 的 47%，是大国经济中最高的国家之一，这似乎超出了我们的想象。中国这样一个人口大国，经济增长主要是靠外部需求拉动。金融危机出现后，外部市场需求大幅度下降，对中国产品的需求开始萎缩，外部需求的动力大大减小了。如果我们没有其他的措施加以弥补，经济就会出现严重衰退。党的十七届三中全会在一个关键的时候做了一个关键的决定，就是要采取积极有效的措施扩大内需。扩大内需提了很多年，但政策不到位，各个部门的具体政策和战略目标的配套是脱节的。我们要扩大内需，要完成经济增长模式的转型，要从过度依赖外部出口模式，转向外部出口和内部需求两驾马车，甚至也包括投资的三驾马车共同推动的经济增长模式，这样的经济增长模式是有竞争力的，也能防范外部风险。过度依赖外部需求是有风险的，日本就是一个例子。日本出口产品和中国出口产品的结构不同，所以这次金融危机对日本实体经济的影响要大于对中国实体经济的影响。日本的产品要高档一些，而我们更多的是一些生活必需品，当然我们现在也有很多机电产品，但是机电产品并不占主导。金融危机后，日本的汽车业一塌糊涂，销量下跌了 30%，汽车行业明显衰退。对于必需品，弹性比较低，没有太大影响，但对机电产品是有影响的。所以，我们要想办法把外部需求收缩的部分通过扩张内部需求的方式弥补过来。内部需求的刺激不是马上能见效的，而是一个长期的培育过程，需要政策转型。政策不转型，内部需求是刺激不出来的。

内需就是中国老百姓要消费。扩大内需，需要满足两个条件：第一，收入水平要提高。只有收入水平提高了，才可能舍得花钱；第二，社会保障体系要完善。社会保障体系不建立起来，老百姓挣再多钱也会留到后面，为未来做储备。假定 GDP 每年增长 10%，在这个增量中要有越来越大的比重让老百姓拥有，所以要调整收入分配政策。收入分配政策不调整，是无法扩大内需的。收入分配政策调整了，财政政策也要调整。我国财政政策的目标似乎只有税收收入增长，似乎没有其他目标。就像我们货币政策的目标就是物价稳定，两个都很单一。税收收入大概连续三五年都以 30% 的速度增长，GDP 每年增长 9% 到 10%，在这样的情况下，是很难扩大内需的，经济增长只能通过外部需求拉动。当外部对中国产品有强烈需求的时候，内需变得不太重要。可是现在外部需求收缩了，就不得不刺激内部需求了。所以，金融危机不仅给我们提供了外部战略机遇，在很大程度上也给我们提供了经济增长模式调整的机遇，外部环境的恶化促使我们产生改革的迫切感。

要推动中国宏观经济政策产生根本性调整，财政政策必须有所作为。财政政策要有所作为，核心是以下两条。

1. 调整税收政策。税收要调整，税基要巩固，税率要降低。在 GDP 保持 10% 的增长速度前提下，财政收入保持 15% 的增长速度就很不错了。庞大的财政收入如果用在国防、教育、医疗卫生、保障体系以及适度提高公务员工资上是很好的，但是如果用在地方政府建很气派的办公大楼上就是不正常的。有一个地方的工商局 20 层大楼只有 90 个人办公。山西一个地区的煤炭监管局，刚毕业的大学生都使用独立的带卫生间的办公室。建政府大楼虽然不是贪污，但造成资源的极大浪费，财政收入大幅增加若用在这些方面是不应该的。如果通过减税让老百姓的收入有所增加，提高他们的最低生活保障线，那就能扩大内需。个人所得税的改革讨论了很久，税基从 800 元调整到 1 200 元，两年后又上调到 1 600 元。调整了那么多年，只提高了一点点，多少有点滑稽。1 600 元的工资在广州、深圳这样的大城市，生活都很艰难，怎么还要缴税？他们应该是被补贴的对象。如果能提高到 5 000 元就比较合理了。其他一些税率也都应该下降，让企业有创业的动力。

2. 调整支出结构。财政政策的基本职能是通过转移支付、补贴，实现公平，调节贫富差距，没有哪个国家财政政策是补贴富人的。我国的财政政策有时去补贴富人了，比如对汽油的大幅补贴。比如对两大石油公司的补贴，总共有 800 亿元到 1 000 亿元。从全社会看，拥有汽车的人相对收入水平是比较高的，但是，那些收入低的，骑自行车的人是享受不到这种补贴的。况且汽车还污染环境，怎么能去补贴污染环境的行为？这是不符合常理的。

扩大内需的另一方面是加大对中国农村和农业的补贴。农村不发展，农民收入不增加，很难说中国是一个现代化的国家。如果只是广州、北京很发达，只能说贫富差距扩大了，这不公平。现在工作的重点放在农村是非常正确的。要想办法让这个庞大的人口群体收入水平提高，这才是内需提高的基础。社会学家说，中国的城镇化率已经达到 45%，有的说达到 55%，无论是 45% 还是 55%，按照这样的口径，实际上还有 6 亿到 7 亿人在农村。提高农民的收入无非有两种途径：一是城乡一体化，或者说城镇化。任何国家的现代化过程都要经过这样的阶段。二是让农民通过其拥有的资源切实提高自己的收入，不要指望单纯依靠种粮食来大幅地提高农民收入，除非改变经营模式，实行集约化经营。以前 100 人经营的，现在变成一个人经营，剩下的 99 人都转移到城市去，但这是一个漫长的过程，可能需要 20 年甚至 50 年的时间。在这个过程中，如何让那些还没有转移出来的农民的收入慢慢提高？粮食是国家稳定的基石，但不是农民富裕的重要途径，这两条一定要看清楚，不可能把一斤粮食的价格提高到 100 元，这不现实。那到底有什么办法能让农民收入提高？进城打工是一条途径。另一条途径是，农民还拥有土地。土地是农民的资产，千万不要认为农民的土地是国家的。从广义上讲，土地确实是国家的，但一定要把那部分土地的收益权切切实实、不折不扣地给农民。现在我们还没有解决这个问题。有人认为，土地是国家的，政府一旦征用就是政府的了，以为给点补贴就行。农民赖以生存的就是土地，土地就是农民的资产，相当于在城市拥有一套住房、一份工作一样，这是个人的资产，如果政府把他们赖以生存的土地收益权也拿走了，农民的收入如何提高？一次性补贴解决不了农民收入的问题。所以，要不折不扣地把这部分收益给农民。农民是中国最老实、贡献最大的一个群体。在中国经济发展中，科技工作者、知识分子、城市工人起了很大的作用，但千万不要小看农民对中国现代化、城市化所做的贡献。不要认为农民工到城市来打工，对他们来说是一种恩赐。对农民工要宽容，要给他们正常的报酬，不要剥夺他们土地的收益权，征用时要以市价来计算。现在地方政府一部分财政收入是征用农民土地，然后转让给开发商得来的，应该把征用得来的收入全部给农民，他们是土地真正的拥有者，不要认为这是国有的。我在这里并不是说土地私有化，而是说要充分尊重农民对土地资产的所有权和收益权。如果农民能拥有土地收益权，他们的收入水平就会提高。中国农村在进行第二次变革，我希望向集约化经营方向发展，向尊重农民土地拥有权的方向变动。

三、我们如何应对危机

认清形势，看准问题，保持冷静的头脑。既不要站在右边看，认为风险太大，从而哆哆嗦嗦，战战兢兢；也不要从左边看，认为国际主义大机遇来了，要拯救全世界。要站在中间看，危机和机遇要平衡。要看准问题，从容应对，抓住机遇，完成中国经济增长模式和金融体系的调整。

具体来说，要大力推进中国金融体系的市场化改革，包括对外开放、金融创新，我认为这是不能停下的。我国的金融创新是远远不够的，我们不能停止创新和开放，特别是现在要走出去。只要抓住这个机遇，中国的崛起是一定能完成的。前年我写了一本书，在书里我提出了一个战略目标，到2020年中国一定会成为全球重要的金融中心。金融的强大是中国崛起的重要条件。中国金融不强大，国家要强大是很难的。没有强大的资源配置机制和有效的资源配置能力，怎么能说国家是强大的呢？虽然日本的生产能力很强，技术很好，但它的金融体系很薄弱，所以很难说它是世界上强大的国家。所以，中国拥有一个强大的金融体系，才能真正崛起，才能真正成为伟大的国家。我相信我们一定能够实现这个目标。

当前宏观经济形势与宏观经济政策

——在清华大学世界与中国经济研究中心举行的“宏观经济形势”论坛上的演讲

【作者题记】

这是作者2008年在清华大学世界与中国经济研究中心举行的“宏观经济形势”论坛上的演讲摘要，部分内容刊于2008年8月31日《文汇报》第六版。

改革开放30年，我们取得了巨大的成就。中国从一个贫困、落后、封闭的国家，成为正在迈向小康、奔向现代化国家。中国的国际影响力日益提升，中国已经成为全球第三大经济体。第一大经济体仍然是美国，第二大经济体是日本，第三大经济体就是中国，这个成就了不起。30年来，中国的面貌发生了根本性的变化，中国非凡的成就令世界瞩目，但是世界上有不少人对中国的崛起心怀嫉妒。中国的崛起的确正在改变全球的经济格局，所以这些老牌的强国有些不舒服，但是，谁也无法阻挡中国前进的步伐。

唐宋时期，中国是世界的中心。当时中国的GDP比今天美国的GDP在全球所占的比重要大得多。那时候，中国的GDP约占全球GDP的40%以上。时隔近千年，中国终于又迎来了一个新的强盛时期。这完全得益于我们改革开放30年来所走的正确道路，完全得益于邓小平同志的英明决策。所以，我们现在已经是一个经济大国，成为经济大国还不是我们的目标。我认为，中国一定会成为一个经济上强大的国家，甚至在各个方面都非常强大的国家。我们有这个能力，我们也有这个智慧。在由经济大国向经济强国转型的过程中，我们当然会遇到很多困难，就如同我们在改革开放之初会遇到很多困难一样。中国经济发展到今天，已经进入了新一轮的调整时期，我们将面临更加复杂的问题，有些问题是我们改革开放30年来所没有遇到的。党中央、国务院非常重视改革和发展过程中出现的新问题、新矛盾，把握大局，审时度势，不断调整政策，不断化解矛盾，经济社会正在朝着良好的方向发展。

一、中国正处在经济快速增长期

我国的经济目前仍然处在快速增长期。2008年初，温家宝总理在《政府工作报告》中说，我国2008年经济增长率保持在8%，CPI（消费物价指数）上涨控制在4.8%。《政府工作报告》所提的指标是非常稳健的，实际执行过程中可能会超过这个指标，这是可以理解的。从上半年经济运行情况看，我们的经济增长仍然保持在10.4%，比上年的11.4%有点滑落。CPI上半年上涨了7.9%，其中6月上涨了7.1%。物价水平总体上得到了遏制，经济仍然在高速状态下运行。

中国正处在工业化的中期。要成为现代化的国家，一定要经过一个较长时期的工业化过程。对中国这样的国家来说，没有工业化，就不会有现代化。没有现代制造业、现代核心装备企业，怎么可能成为一个经济上强大的国家？所以我们一定要推进工业化，补上工业化这一课，即补上现代文明这一课。我国是从一个农业社会，或者说农业经济占主导的社会走过来的。从总体上看，工业化水平还是落后的。工业化水平落后会带来很多问题，包括社会秩序、现代伦理、民主法治的理念等，都是欠缺的。所以，工业化是一个综合的指标，它不仅推动经济向前发展，而且能带来社会的全面进步。社会进步是我们的根本目标。现在我们仍然处于工业化的中期，或者说中后期，这一时期的一个基本特征就是经济高速增长。日本和韩国的现代化过程，经历了长达 10 年甚至 20 年的经济高速增长，没有 20 年的经济高速增长，就没有今天的日本和韩国。中国也正在经历这个过程，而且中国的经济体比它们当年大得多。所以，从 2000 年开始，中国经济进入到起飞阶段，经济的高速增长将维持到 2020 年。到那时，中国将大大缩小与美国经济的差距，总规模将大大超过日本。中国的经济规模大概在 2012 年前后就要超过日本，成为世界第二大经济体。之后将再用 8 年的时间从经济总规模上不断接近美国的经济规模。有个别美国经济学家认为，到 2028 年中国的经济规模将超过美国，这是比较乐观的。中国经济仍会维持较高的速度增长。在持续增长过程中，我们要适时地调整我们的经济政策，调整经济结构，提升产业竞争力。

二、中国经济正进入新一轮经济结构调整期

到今年年底，中国人均 GDP 将达到 3 000 美元，开始接近中等收入国家水平。一般来说，特别对于一个经济容量很大的国家来说，人均 GDP 达到 3 000 美元，意味着这个国家的经济结构需要升级，产业结构需要进行重大调整。在经济结构调整和产业结构升级过程中，如何处理好通货膨胀、经济增长、就业、中小企业发展等关系和矛盾是必须正视的问题。这就如同我们在

20 世纪 90 年代初期，中国第一次经济结构调整、市场经济大发展时，给当时很多国有企业带来冲击一样。由于方向正确、政策适当，我们渡过了这个难关。现在我们进入了一个新的时期，如何进行新的经济结构调整？如何在通货膨胀与经济增长之间寻找平衡？

经济结构的调整包括两个方面，结构升级和产业转移。中国的发达地区包括沿海、珠江三角洲、长江三角洲，它们面临着产业升级和产业梯度转移两方面的问题。有些产业要不断地向内地延伸，不断地向中西部推进，这是我国现代化建设的要求。沿海地区、经济发达地区，应该是高新技术产业发展的地方，是现代工业发展的地方。在产业升级过程中，劳动力成本也在不断提高，这给劳动密集型产业带来了挑战。以前劳动力成本相对低，劳动密集型产业有优势，现在这种优势在沿海地区正在慢慢消失。

三、中国宏观经济当前面临的核心问题是如何处理好维持经济持续稳定增长与控制通货膨胀之间的关系

由于我们处在经济结构的全面调整期，所以面临的问题很多，也很复杂，其中最核心的问题是，维持经济持续稳定增长与控制通货膨胀之间的关系。在一般情况下，适度的通货膨胀可以带动经济增长，但如果处理不好，就可能使经济进入滞胀。我认为，当通货膨胀超过 7% 的时候，我们应该把控制通货膨胀作为经济政策最重要的目标。但是，控制通货膨胀不能过度损害经济持续增长的基础。维持经济的持续稳定增长仍然是我们头等重要的事情。千万不要认为中国是一个高收入国家，一个发达国家，发展可以歇一歇了，可以考虑其他的问题了。

我始终认为，发展仍然是我们的首要任务，我们还远远没有完成这个任务。我们的现代化还没有实现，在经济政策的制定方面，这个理念非常重要。我最近提出的宏观经济目标是，要维持 10% 以上的经济增长，同时可以容忍不超过 7% 的通货膨胀。前几天，温家宝总理到广州调研，提出了一个非常重要的概念，“把通货膨胀控制在可以承受的范围内”。这种提法内含了一个前提，就是要维持经济的持续稳定增长。这一两个月我反复强调维持经

济的持续增长是我们当前所有政策的核心，如果说只是简单地、单一目标地控制通货膨胀，那就会出问题。

要充分认识到今年的通货膨胀与20世纪八九十年代中国的通货膨胀是不同的。今年的通货膨胀有两个重要特征：第一个特征是输入型通货膨胀，主要是大宗商品价格的持续上涨，特别是石油价格的上涨对物价全面上涨产生了重要影响。石油价格是能源价格的标杆，石油是能源之王，其价格如此攀升，当然会传递到中国。我们对石油的需求量非常大，50%的石油依靠进口。最近石油价格从每桶147美元下跌到128美元[①]。石油价格如此大幅度波动，使世界经济进入一个大幅度波动的时期，风险急剧加大。

中国崛起的重要标志是中国金融的崛起。中国除了产业要崛起，要有强大的制造业外，还必须要有金融业的崛起。中国金融的崛起可以改变全球金融秩序，有利于全球金融体系的稳定。中国要成为经济上的强国，没有独立自主的创新能力和强大的金融体系是不行的。

第二个特征是成本推动型通货膨胀。所谓成本推动型，有两点含义：其一，劳动力成本大幅提升。劳动力成本的提升是社会进步的标志，所有的劳动者都应该在中国经济发展中得到应得的福利。经济发展最终的目标就是要提高国民的社会福利、生活水平。我们不是简单地追求GDP的增长，我们也不是简单地追求政府财政收入的增长，所有的增长最终都是为了让社会成员过上幸福生活。通过什么方式实现这一目标呢？要不断地提高他们的收入。沿海很多地方，企业为什么出现民工荒？是因为没有提高劳动者的收入，20世纪90年代每月收入1 000元或1 200元，到现在还停留在每月1 200元的水平，这怎么行呢？中国的GDP翻了多少番了？为什么不能提高他们的收入？劳动者收入水平的提高，是中国迈向现代化的一个标志。我们要控制恶性通货膨胀，控制民不聊生的通货膨胀。至于劳动力成本、工资收入水平的提高所带来的成本上升、价格上涨，当然也有合理的成份，有时也是必要的，这样的价格上涨是控制不了的。

① 到2008年8月12日，石油价格已跌到每桶114美元。

其二，资源价格上涨。铁矿石、各种有色金属，甚至包括淡水，都会涨价。价格的上涨，从某种意义上说也是利益关系的调整，它在动态地寻求利益均衡点，所以我对价格管制是持批评态度的。30 年前开始的经济体制改革，很重要的内容就是改革僵化的价格体制。计划经济时期，价格管制把经济管死了，没有利润，也就没有经济发展的动力。价格管制管住了供给，价格如此之低，企业没有增加供给的积极性。价格如此之低，也会使很多人耗竭式地使用短缺的资源。把价格管住，通货膨胀就管住了？这是不正确的理解。把价格冻结了，从 CPI 的计算方面看，是可以低一点的，但与此同时也冻结了供给，企业没有生产积极性。本来通货膨胀就是因为供给不足或需求过旺，不增加供给，怎么可能缓解通货膨胀？在现代宏观经济管理中，供给管理非常重要。长期以来有一种观念，认为只要管住了需求就管住了一切，通过需求来调节经济，这是凯恩斯理论的一个核心。我们把这个理论推向了极致，这是有问题的。实际上，我们现在要更多地关注供给。我就不相信有利可图，企业会不生产。中国现在有强大的生产能力，中国不会出现恶性通货膨胀，中国不是拉美国家，拉美国家完全不能和中国相提并论。很多学者写文章说，中国一定要防止拉美式的通货膨胀，我说这完全危言耸听，在唬人。中国不可能出现恶性通货膨胀，也没有这个基础。中国改革开放 30 年的成就就在于中国有一个非常强大的市场化的供给体系。在抗震救灾中，显示了我们强大的供给能力。如果退回到 30 年前，汶川地震这么大的灾难，不要说 3 个月，就是 3 年也难以稳定当地人民的生活。直接受灾达 400 多万人，间接受灾达 3 000 万人，我们 3 个月就稳定下来，我们靠的是强大的供给体系，这就是改革开放 30 年的成就。我们的政府是负责任的政府，中国怎么可能会出现恶性的通货膨胀？

猪肉价格涨一涨也挺好的，我是支持猪肉价格上涨的经济学者之一。1986 年，我研究生毕业时，猪肉价格就是五六元一斤。过去 20 多年了，2006 年之前，即在这次通货膨胀之前，猪肉价格也只是八元多一斤，太低了。这些年来，养猪的各种成本都在提高，猪肉价格涨一涨，有利于稳定城乡关系，有利于提高农民收入，有利于刺激农民养猪的积极性。现在我看到有报道说，猪肉价格终于下跌了，我很忧虑。中国的现代化没有农村的现代化，没有农民生活水平的大幅度提高就谈不上现代化。所以我认为我们的一个重要的政策点就是如何帮助农民富裕起来。我一直认为，中国的农民对中国现代化作出的贡献太大了。他们在最困难的时期，帮中国走出困难。现在，国家发展了，要想方设法提高他们的收入，要想方设法保护他们赖以生存、赖以发展的资源。土地是农民赖以发展最重要、最基本的资源。我总觉得农村土地上所有的收入应该归于农民，他们通过粮食是致富不了的。粮食是社会稳定的基础，粮食不多对中国来说是灾难。但是要他们通过种粮食富裕起来，还是比较困难的，除非是集约化生产。一个人承包上万亩土地，现在中国还做不到。

如何认识今天的通货膨胀？1999 年到 2003 年，中国是通货紧缩。在通货紧缩的环境下，当时经济增长维持在 8%~9%，物价负增长对消费者来说是好事情，收入提高了，买的东西又便宜了，但是，从经济增长角度看是有问题的。从 2004 年开始，物价开始上涨，到今年已经很高了，如果把 1999 年到 2008 年的物价水平作个平均化处理，物价就不那么高了，我们目前的物价水平高，是在一个较低水平上的高。所以，要历史地观测通货膨胀。

目前通货膨胀的这两个主要成因与人民币的多少没有太多的关系。有人说，为了应付通货膨胀，人民银行要采取更加严厉的货币政策。什么意思呢？难道要把中国的经济置于衰退吗？虽然《中国人民银行法》规定，中央银行要维护人民币币值的稳定，可是后面还有一句话，以此促进经济的增长。促进经济的增长是我们的最终目标。如果还要采取更加严厉的货币政策，我是反对的。在目前情况下，执行更加严厉的货币政策没有道理，没有理由，也没有必要。所以，货币政策紧缩的力度应到此为止。17.5% 的存款准备金率已经很高了，2008 年已经连续 5 次动用存款准备金收缩流动性，这是人民银行货币政策史上的一个奇迹，现在多数商业银行没有钱了，人民银行最有钱，它的钱不会贷出来。银行中除了工商银行外，资金都比较紧张。金融是干什么的？金融是为企业服务的，为实体经济服务的，不是自我循环的。一个国家金融体系的资金如果主要表现于自我循环，那有什么作用呢？

推动经济发展是包括商业银行在内的金融体系的根本目的。

在目前条件下，提高存贷款利率，实际上是在创造更大的流动性，从而有可能推动通货膨胀，为什么呢?

这涉及汇率机制与国际游资问题。中国经济越来越开放，也越来越复杂，不像 20 年前一样经济活动非常简单，那时通货膨胀一来我们就知道是什么原因，知道采取什么措施。首先大幅度压缩固定资产投资规模。那时的固定资产投资主要是政府投资，政府一下令，哪几个项目停下来，通货膨胀也就自然下去了。今天的经济结构复杂了。如果提高存贷款利率，在不考虑汇率预期情况下，是可以收缩流动性的。但在目前的汇率机制下，会带来更多的国际游资，即热钱。中国现在成了全球最安全、最没有风险、回报率最高的地方。全球的短期资本，通过五花八门的路径，想方设法进入中国市场，因为这个地方太好赚钱了。国际游资赚钱非常容易，而我们的企业赚钱却非常艰难，这就需要我们反思政策究竟出了什么问题。

为什么热钱想方设法要进入中国市场呢?因为人民币正在升值。今年已经升值 6.3% 了，也就是年初 1 美元换成人民币，现在经过汇率变动已经赚了 6.3% 了，同时我们的存款利率是 4.14%（一年期定期），这两个加起来，大约是 10.5%。也就是说还没有到年终，收益率已经达到 10.5% 了，这是无风险的。最近我们在研究热钱是从什么管道来的，到哪里去了，未来又会以什么方式出去。

关于热钱，首先要搞清楚它是从哪些渠道进来的。我们不能因为热钱的进入，就试图把大门关起来。开放是当今中国的主旋律，中国永远不能回到封闭的时代，只有开放才能使中国强大起来。如果因为怕一只苍蝇进来就把大门关上，这是非常错误的。热钱有各种管道进入。地方政府招商引资是一个很重要的管道，还有外商直接投资等，还有很多人带进来。据有关部门介绍，在深圳罗湖口岸，经常可以看到不少香港人身上绑着美元、港元进来，到深圳后，换成人民币。有段时间深圳的人民币现金提取占全国银行体系现金提取很大的比重。国际游资，或者短期资本流动，时机一旦成熟，肯定会流出去。如果流量非常大、非常急就会对我国的金融体系特别是货币体系带来冲击。一个国家的金融危机最终会演变成货币危机。

对于热钱，我有以下几个观点：第一，我们不要害怕热钱，中国有这么多外部资本进入，是因为中国经济持续增长、经济环境稳定，人们有良好的预期。实际上，我们将和热钱相伴而存在，把热钱消灭掉是不可能的，要适时疏导。同时我们要通过改革，把热钱变成正常的短期资本流动。为此，要着力推进汇率形成机制的改革。现在是人民银行与个人、企业进行交易，未来的外汇市场交易主体应主要是企业与企业的交易，把风险分散给企业。现在的结售汇制度需要改革。

第二，我们要从技术层面采取措施，防止这些以班排连营方式进来的热钱在未来某个时候以集团军的形式出去。这些游资大规模流出将给一个国家的货币体系带来非常大的冲击。我们现在有 18 000 亿美元的外汇储备，这些外汇储备按照一定的结构分布在不同的资产上，我们不可能把这些储备以现金的方式搁在账上。如果热钱以集团军的方式出去，负债和资产的结构就会失衡，危机就会出现。韩国的金融危机与资产负债的结构性失衡是有关系的。在一国金融体系内，如果单一银行由资产负债结构严重失衡而出现支付危机，通常中央银行会提供流动性帮助其渡过危机，在国际范围内，如果一国金融体系出现了危机，IMF（国际货币基金组织）也会提供帮助，但这个帮助是以付出巨大代价为前提的。

我们要从政策和技术上防止热钱以集团军的形式出去。从外汇管理上说是要做很多细致工作的，要不断调整外汇资产结构。有人说如果热钱大规模流出，可以开征托宾税。托宾税在马来西亚曾经开征过。我个人认为，托宾税有百害而只有一利。中国不能这么做。我们不能损害我们在国际上的金融信誉。征收外汇流出税即托宾税有一时之利，有长期之害。我们所要做的是根据汇率的变化来动态地调整外汇资产结构，以防范未来的金融风险。

总之，我们所面临的核心问题是要在保持经济持续、稳定增长与控制通货膨胀之间如何实现深层次的平衡。

四、环境保护和资源的可持续利用是我们经济发展中面临的长期问题

环境保护和资源的可持续利用是我国经济发展中面临的重要问题，也可能是一个长期问题。首先，是有害气体减排与工业化的关系。人类社会发展到今天，大气环境被破坏，南极和北极的冰川都在融化。工业化加大了温室气体排放，使人类生存的环境受到威胁。我们在这方面做了与我国经济发展相匹配的减排承诺。美国是全球温室气体排放最多的国家。最近几年，中国的温室气体排放增长较快，但是，中国是一个正在发展中的国家，中国与美国不能承担相同的义务。美国人在过去一百年就在不断地排放，中国的工业化才刚刚开始，为什么我们要承担相同的义务？但是，尽管如此，我们仍要高度重视环境的保护，因为地球只有一个。

其次，是生态环境的恶化。从南到北，我们的水都受到了不同程度的污染，特别在比较发达的地区，对水的污染更加严重。经济发展的最终目标是要让人民生活美好，我们千万不要忘记这个最终目标。如果人均 GDP 达到 1 万、2 万美元时，水都不能喝，GDP 还有什么用？所以对环境的保护，特别是对水资源和空气的保护，应该被放在最重要的位置上。等环境已经污染了再治理就太难了，那时要付出巨大的成本和代价。我们学校研究环境经济学的马中教授告诉我，我国的生态环境破坏很严重，他举例说，敌敌畏可以为农业除害虫，但敌敌畏对土地的破坏是持久的，会严重影响人的健康。敌敌畏所带来的危害远比其带来的利益大得多。所以，环境保护非常重要，这是一个战略性问题。

再次，是对自然资源的保护和可持续利用。我对我们现在的经济增长方式很忧虑，我们在耗竭式地使用上苍留给我们的资源。我们能给子孙后代留下什么？资源匮乏了，环境污染了，我们的后代该如何生存？对石油、煤炭、水以及各类矿产资源的保护和可持续利用，美国有很多值得我们学习的地方。美国近海油田不开发，煤矿基本上也不开发，资源得到了很好的保护。美国不开发其地下的资源，主要是购买其他国家的资源。从这个意义上

说，美国人很自私，他先把其他国家资源用光，再来开发自己的。自私的一面我们不学，但保护环境的一面我们要学、要借鉴。我们不能耗竭式地利用自己的资源。我曾担任过中国证监会发行审核委员会的委员，负责审核企业上市。我对资源类的企业，特别是能源、稀缺资源的企业上市很反感。我说你为什么要上市，你在耗竭式地使用我们埋藏在地下数万年的资源，你耗竭式地挖二三十年，就挖完了，你们自己倒是赚了很多钱，但给社会、给未来带来了太多的灾难。私人资本对这些自然资源的使用几乎是疯狂的、贪婪的、耗竭式的，所以国家在这些方面要有自己的战略。我们现在也要学会保护资源。我们发现了很多大油田、煤矿，我们不要急于开发。我们要学会资本运作，不能只是简单地买资源，更不需要通过战争这种野蛮的方式去侵占别国的资源。我们可以通过资本市场实现全球资源的配置。伊拉克战争本质上就是一场石油战争，美国通过野蛮的手段去侵占伊拉克的资源。我们要通过文明的手段，通过资本市场，通过控制资源类上市公司来占有资源，这完全是可以的。我国外汇储备的应用，相当大部分应该放在这方面。现在澳大利亚有高品质的铁矿，能炼出很好的钢，澳大利亚铁矿石价格每年都在涨，澳大利亚的铁矿石商人几乎形成铁矿石供给垄断同盟，形成了价格垄断。中国是全球钢产量最大的国家，也是最大的消费国。毛主席当年说的钢铁赶英超美，现在不但已经赶英超美，而且钢产量已经是美国的 4 倍，我国年产钢接近 5 亿吨，美国只有 1 亿多吨。所以，我们更多地要关注海外资源，这才是国家战略。中国这样的大国，没有海外资源做支撑，经济增长是难以为继的。所以对石油、煤炭、淡水以及各种矿资源的保护和可持续性利用非常重要，不要耗竭式地利用。

最后是经济转型过程中我国中小企业的生存、发展和劳动力就业问题。我们给中小企业的支持太少，很多政策都是向国有大型企业倾斜。我们应该更多地关注中小企业的发展，特别在货币政策、财政政策、税收政策方面要有更大的支持。

五、我们应该制定什么样的宏观经济政策来应对上述问题

我们应该在解决上述问题之间找到一个深层次的平衡点。现在中国的经济结构发生了如此重大的变化，单一政策目标是实现不了的，必须统筹兼顾，必须坚持科学发展观和以人为本的理念，这是制定宏观经济政策的指导思想。我们对资源的保护、开发要有战略眼光，要有序地安排，要最大限度地保护它，对资源过度开发和急功近利，都是对中国的未来极端不负责任的。

要正确处理好经济的持续稳定增长与控制通货膨胀两者的关系。正如前面所讲到的，在处理这一关系时，原则上是不要通过控制物价的手段。冻结物价不是明智之举。价格由市场供求关系来决定，这是市场经济的基本法则，谁也不能违背。冻结物价只能在极端情况下用于少数公共产品。现在对某些资源产品补贴太多了，比如说石油。保持如此低的石油价格，那就需要通过税收对企业进行补贴。我国因为对中石油、中石化冻结价格，政府每年的补贴超过 800 亿元。我不认为这种做法是恰当的，它不但有碍公平，也抑制了供给的增长。同时我们一定要控制高耗能企业。中国的电价太便宜了，中国炼铝行业，只要通过电的差价，就可以获得利润。电价本身这么低，怎么能压缩这些高耗能企业呢？在这些问题上，政策与战略是不匹配的，甚至是矛盾的。

我国的经济增长，还是需要通过内需的增长来拉动。中国这样的国家试图长时期通过出口，靠外部需求，靠美国、欧洲的消费来拉动经济增长，这是存在严重的结构性缺陷的，这种增长模式肯定是有问题的。我们要靠内需来拉动，必须完成经济增长模式的转型。靠内需拉动首先要提高与内需有关的经济主体特别是劳动者的收入水平。这涉及另一个重要问题：收入分配。经济增长和收入分配政策要更多地关注民生。截至 2008 年上半年，我国经济增长 10.4%，财政收入增长 30%。上年经济增长 11.4%，财政收入增长 32.4%。这一组数据我觉得有问题。经济增长 10% 左右，财政收入增长 30% 以上，在这种收入分配关系下，内需从哪里来？劳动者的收入没有得到实质

性提高，内需怎么扩大？需求是要有收入做支撑的。能不能调整收入分配结构？适当降低税负？中国特别需要从经济发展角度灵活地运用税收政策。从目前看，税收政策运用的重点在降低税率或提高收税起征点上。企业赚了一点点钱，通过各种税费都被拿走了，企业还怎么生存、怎么发展呢？个人所得税的起征点 2004 年从 800 元调高到 1 200 元，过了两年，调到 1 600 元的起征点，一个月 1 600 元收入在北京、上海连生存都困难。中国社会发展如此之快，建议把起征点提高到每月 5 000 元。这样把钱留下来，人们才会消费，才会拉动经济增长。我希望看到经济增长在 10% 左右，财政收入、税收收入的增长也在 10% 左右，让我们的社会大众的收入和企业的利润能有相应幅度的提高。

要努力提高群众的财产性收入。这实际上是在说，要充分重视存量财富的增长，重视存量资源的再配置。我们的文化里面有一个问题，不重视存量，只关心流量、增量，这实际上就是不尊重前人的成果、不尊重历史的表现。我们现在经常看到很多楼被炸掉，这些楼大都是 10 年前建成的，它们构成了当年的 GDP。我们把这种现象作为正面新闻来报道，实际上这种现象应受到谴责。10 年前建成的楼实际上是很新的。我到欧洲大学访问，我要他们让我看一下最新的楼。他们最新的楼就是 10 年、15 年前建的，而我们 10 年、15 年前建的楼已经成为炸掉的对象。欧洲人对历史、对前人的物质财富和非物质财富非常重视，尽最大努力去保护它。而我们却是蔑视过去，冷漠历史。这种冷漠历史的行为在学术研究中也经常存在，抄袭就是一种蔑视前人成果的行为。写一篇论文洋洋几万字，没有一个注释，说这些都是我的创造。难道前人的研究成果没有对你产生任何影响？没有一个注释，没有一句话来自前人？我就不相信。作为一个研究生导师，在评判研究生论文时，首先就要看论文的注释，看你对前人的研究成果是否很尊重。我们一定要尊重过去，尊重他人的成果，在学术研究中要这样，在经济发展和在财富创造中，也要有这样的传统。

所以在很多场合，我常说一定要大力发展资本市场，就是试图通过资本市场，让存量财富创造更多的收益。资本市场是对存量资源进行配置的机制，通过对资产进行估值，通过证券化，让资产流动起来，让存量财富升值。这样社会就处在一个良性的状态：一方面，现期经济增长了，收入水平提高了，这是流量方面；另一方面，过去创造出来的财富也在增值，两种收入加在一起，这就是小康社会的财富形成方式。经济增长的目标是要让全体中国人民生活得非常舒适，这是我们的目标。我经常看到很多人加班加点，非常辛苦，中国人是全世界最辛苦的，无论是在国内还是国外，只要一有空就去做事赚钱了。我们也要休息，要创造一种新的生活模式。让今天的收入保障今天的生活，让过去买的那些资产通过增值保障未来的生活。

在正确处理经济增长和通货膨胀的矛盾时，要善于运用财政政策包括税收政策。中国财政收入增长太快，2007 年已经达到 50 000 亿元，今年估计要超过 60 000 亿元。我在很多地方看到，财政收入越多，浪费越多。我到一个地方会有意无意地关注几点，其中一个就是当地的税务局。如果税务局的房子修得最好，这个地方是存在问题的。税务局把纳税人的钱用于修建富丽堂皇的办公楼、住宅，那还有什么指望？我们能不能把这个钱留在民间呢？中国经济增长要靠民间需求来拉动，不是简单地靠政府投资来推动，我们要向靠政府投资推动经济增长的时代告别，民间资本对经济增长的推动作用是持久的。

根据目前中国经济运行状况，执行偏紧的货币政策和偏松的财政政策的匹配是恰当的。中国的财政政策在过去相当长时期里，基本上就是一个收税政策，对经济运行缺乏明显的调节作用。所以，中国宏观经济政策是一个跛脚的政策。跛脚的政策给人民银行很大的压力。本来是两条腿走路，现在主要靠一条腿，多么艰难。所以我们现在特别需要积极地运用财政政策来促进中国经济的增长，促进中国产业结构的调整。

宏观经济、金融改革与资本市场

——在江西省鹰潭市领导干部学习会上的学术报告

【作者题记】

这是作者2008年7月22日在江西省鹰潭市领导干部学习会上的学术报告。

一、目前的宏观经济形势与宏观经济政策

改革开放30年，我们取得了巨大的成就，中国已经从一个贫困、落后、封闭的国家，迈向了小康的、正在现代化的国家。中国的国际影响力日益提升，中国已经成为全球第三大经济体。第一大经济体仍然是美国，第二大经济体是日本，第三大经济体就是中国，这个成就了不起。30年来，中国的面貌发生了根本性的变化，中国非凡的成就令世界瞩目，但是世界上有不少人对中国的崛起心怀嫉妒。中国的崛起的确正在改变全球的经济格局，所以这些老牌的强国有些不舒服。但是我想谁也阻挡不了中国前进的步伐。

在盛唐时期，中国是世界的中心。当时中国的GDP比今天美国的GDP在全球所占的比重要大得多，那时候中国的GDP约占全球GDP的40%以上。时隔一千年，中国终于又迎来了一个新的强盛时期。这完全得益于我们改革开放30年来所走的正确道路，完全得益于邓小平同志的英明决策。所以我们现在已经是一个经济大国，成为经济大国还不是我们的目标。我个人认为，中国一定会成为一个经济上强大的国家，甚至在各个方面都非常强大的国家。我们有这个能力，我们也有这个智慧。在经济大国向经济强国转型的过程中，我们当然会遇到很多的困难，就如同我们在改革开放之初，我们会遇到很多困难一样。中国经济发展到今天，已经进入了新一轮的调整时期，我们将面临更加复杂的问题，有些问题是我们改革开放30年来所没有遇到的。党中央、国务院非常重视目前改革和发展过程中出现的新问题、新矛盾，把握大局，审时度势，不断调整政策，不断化解矛盾，所以我们的经济社会仍然朝着良好的方向发展。

（一）中国正处在经济快速增长期

今年以来，我国的经济增长仍然是非常快速的。年初温总理的报告说我国2008年经济增长率保持在8%，CPI（消费物价指数）上涨控制在4.8%。总理的报告是非常稳健的，在实际执行过程中可能会超过这个指标，这是可以理解的。从上半年经济运行情况看，我们的经济增长仍然保持在10.4%，

比去年的 11.4% 有点滑落。CPI 上半年上涨了 7.9%，其中 6 月上涨了 7.1%。物价水平从总体上看正在得到遏制，经济仍然在高速状态下运行。

目前中国正处在工业化的中期，要成为现代化的国家，一定要经过一个较长时期的工业化过程。对中国这样的国家来说，没有工业化，就不会有现代化。没有现代制造业、现代核心装备企业，怎么可能成为一个经济上强大的国家？所以我们一定要推进工业化，补工业化这一课，即补现代文明这一课。我国是从一个农业社会，或者说农业经济占主导的社会走过来的。从总体上看，我们的工业化水平还是落后的。工业化水平落后会带来很多的问题，包括社会秩序、现代伦理、民主法治的理念等，都是欠缺的。所以工业化是一个综合的指标，它不断地推动经济向前发展，而且能带来社会的全面进步。社会进步是我们的根本目标。现在我们仍然处于工业化的中期，或者说中后期，这一时期的一个基本特征就是经济高速增长。日本、韩国的现代化过程，经历了长达 10 年甚至 20 年经济的高速增长，没有这 10~20 年的经济高速增长，就没有今天的日本和韩国。中国也正在经历这个过程，而且中国的经济体比它们当年大得多。从 2000 年开始，中国经济已经进入了起飞阶段，我们经济的高速增长将维持到 2020 年。到那时，中国和美国的经济规模应是不相上下的，将超过日本。我们大概在 2012 年就要超过日本，成为世界第二大经济体。我们将再用 8 年的时间在经济总规模上接近美国的水平，当然也有个别美国经济学家认为，到 2028 年中国的经济规模将超过美国，这是比较乐观的。所以我们的经济仍会维持持续增长，在持续增长的过程中，我们要适时地调整我们的经济政策，提升我们的经济结构和产业竞争力。

（二）中国经济正进入新一轮经济结构调整期

目前，中国已经是世界第三大经济体，到今年年底，人均 GDP 将达到 3 000 美元，接近于中等收入国家水平。一般来说，特别是对于一个经济容量很大的国家来说，人均 GDP 3 000 美元意味着这个国家的经济结构需要升级，产业结构需要进行重大调整。在经济结构调整和产业结构升级过程中，如何处理好通货膨胀、经济增长、就业、中小企业发展等关系和矛盾是必须正视的问题。这就如同我们在90年代初期，中国第一次经济结构调整、市场经济大发展时，给当时很多国有企业带来冲击一样，然而，由于方向正确、政策适当我们非常幸运地渡过了这个难关。现在我们进入了一个新的时期，我们的中小企业该怎么办？政策如何在通货膨胀与经济增长之间寻找平衡？

经济结构的调整包括两个方面，就是结构升级和产业转移。中国的发达地区包括沿海、珠江三角洲、长江三角洲，它们面临着产业升级和产业梯度转移两方面的问题。有些产业要不断地向内地延伸，不断地向中西部推进，这是我国现代化建设的要求。沿海地区、经济发达地区应该是高新技术产业发展的地方，是现代工业发展的地方。在产业升级过程中，劳动力成本也在不断提高，这给劳动密集型产业带来了挑战。以前劳动力成本相对低，劳动密集型产业有优势，现在这种优势在沿海地区正在慢慢地消失。

（三）中国宏观经济当前面临的主要问题

1. 核心问题是如何处理好维持经济的持续稳定增长与控制通货膨胀之间的关系

由于我们处在经济结构的全面调整期，所以面临的问题很多，也很复杂。但其中最核心的问题还是维持经济持续稳定增长与控制通货膨胀之间的关系。在一般情况下，适度的通货膨胀可以带动经济增长，但如果处理不好，就可能使经济进入滞胀。我认为，当通货膨胀超过7%的时候，我们应该把控制通货膨胀作为经济政策最重要的目标。但是，控制通胀不能过度损害经济持续增长的基础。维持经济的持续稳定增长仍然是我们头等重要的事情。千万不要认为中国是一个高收入国家，一个发达国家，发展可以歇一歇了，可以考虑其他的问题了。

我个人认为，发展仍然是我们的首要任务，我们还远远没有完成这个任务。我们的现代化还没有实现，在经济政策的制定方面，这个理念非常重要。我最近提出的宏观经济目标是，要维持10%以上的经济增长，同时可以容忍不超过7%的通货膨胀。前几天，温家宝总理到广州调研，他提出了一个非常重要的概念，“把通货膨胀控制在可以承受的范围内”。这种提法内含了一个前提，就是要维持经济的持续稳定增长。我非常同意温总理的这个提法，而且这一两个月我反复强调维持经济的持续增长是我们当前所有政策的核心，如果说只是简单地、单一目标地控制通货膨胀，那就会出问题。

要充分认识到今年的通货膨胀与20世纪八九十年代中国的通货膨胀是不同的。今年的通货膨胀有两个重要特征：第一个特征是输入型通货膨胀，主要是大宗商品价格的持续上涨，特别是石油价格的上涨对物价全面上涨产生了重要影响。石油价格是能源价格的标杆，石油是资源之王，它的价格如此攀升，当然会传递到中国。中国是一个开放的国家，我们对石油的需求量非常大，我国50%的石油依靠进口。最近石油价格从每桶147美元下跌到128美元[①]。石油价格如此大幅度波动，使世界经济进入一个大幅度波动的时期，风险急剧加大。虽然现在石油价格出现了明确的下跌，但是高油价仍是一个基本趋势，而且这种高油价，我想跟美元是有关系的。我们采取紧缩的货币政策，比如说紧缩人民币、紧缩流动性，是难以让石油价格跌下来的。教科书上说通过紧缩流通中的货币，可以减少对商品的需求，从而使价格回落。教科书还说通货膨胀是一个货币现象，说到底是货币发多了，引起价格的上涨。但就石油价格上涨而言，不是人民币发多了，而是美元发多了。所以全球经济动荡，美国负有重大责任，特别是在衍生品金融市场。所以我想，为什么中国要崛起？中国的崛起将改变全球的金融秩序和货币体系。现在全球都用美元做结算货币、储备货币，所以美国就不断地发货币。就如同我签一个字，你就可以拿这个签字条到处买东西一样，反正我也不负责任。所以20年后，人民币如果成为一个可以与美元相互替代的国际性储备货币时，这对维护全球金融体系的稳定和全球经济体系都有重要作用。

中国崛起的核心标志是中国金融的崛起。中国除了产业要崛起、要有强大的制造业外，还必须要有金融业的崛起。中国金融的崛起可以改变全球的金融秩序。我最近到日本和韩国演讲，来了很多当地的金融家和企业家。我说，你们要支持中国的崛起，特别是中国金融的崛起，中国是你们的友好邻

① 到2008年8月12日，石油价格已跌到每桶114美元。

邦，你们能从中国金融的崛起中获得很多的收益，你们要支持中国成为未来新的金融中心。中国这个国家要成为经济上的强国，没有独立的自主创新能力和强大的金融体系是成不了强国的。所以说高油价和目前的全球货币体系有关系，与人民币流动性没有特别重要的关系。我们目前的通货膨胀带有输入型特征。

第二个基本特征是这次通货膨胀是成本推动型的。所谓成本推动型，有两点含义：其一，劳动力成本大幅提升。劳动力成本的提升是社会进步的标志，所有的劳动者都应该在中国经济发展中得到他应得的福利。经济发展最终的目标就是要提高国民的社会福利、生活水平。我们不是简单地追求 GDP 的增长，我们也不是简单地追求政府财政收入的增长，最终都是为了让社会所有成员过上幸福生活。通过什么方式实现这一目标呢？可以通过大幅提高他们的收入。沿海很多地方，企业为什么出现民工荒、劳工荒？是因为没有提高劳动者的收入，民工或者说劳工 20 世纪 90 年代就是 1 000 元或 1 200 元的月工资，到现在还是停留在每月 1 200 元的水平，这怎么行呢？中国的 GDP 翻了多少番了？为什么不能大幅度提高他们的收入呢？劳动者收入水平的提高，是中国迈向现代化的一个标志。从这个意义上说，物价的上涨，也代表了一个国家的现代化。我们要控制恶性通货膨胀，控制民不聊生的通货膨胀。至于劳动力成本、工资收入水平的提高所带来的成本上升、价格上涨，我认为是必然的，有时也是必要的，这样的价格上涨是控制不了的。

其二，资源价格上涨。铁矿石、各种有色金属矿，甚至包括淡水，都会涨价。价格的上涨，从某种意义上说也是利益关系的调整，它在动态地寻求利益均衡点，所以我对价格管制是持批评态度的。30 年前开始的经济体制改革，很重要的内容就是改革僵化的价格体制。计划经济时期，价格管制把经济管死了，没有利润，也就没有经济发展的动力。价格管制管住了供给，价格如此之低，企业没有增加供给的积极性。价格如此之低，也会使很多人耗竭式地使用这短缺的资源。把价格管住，通货膨胀就管住了？这是不正确的理解。把价格冻结了，从 CPI 的计算方面看，是可以低一点的，但与此同时也冻结了供给，使企业没有生产积极性。本来通货膨胀就是因为供给不足或需求过旺，不增加供给，怎么可以缓解通货膨胀呢？在现代宏观经济管理中，供给管理非常重要。长期以来有一个观念，认为只要管住了需求就管住了一切，通过需求来调节经济，这是凯恩斯理论的一个核心。我们把这个理论推向了极致，这是有问题的。实际上，我们现在要更多地关注供给。我就不相信有利可图，企业会不生产。中国现在有强大的生产能力，中国不会出现恶性通货膨胀，中国不是拉美国家，拉美国家完全不能和中国相提并论。很多学者写文章说中国一定要防止拉美式的通货膨胀。我说这完全危言耸听，在唬人。中国不可能出现恶性通货膨胀，也没有这个基础。中国改革开放 30 年的成就就在于中国有一个非常强大的市场化的供给体系。在抗震救灾中，显示了我们强大的供给能力。如果退回到 30 年前，汶川地震这么大的灾难，不要说 3 个月，就是 3 年也难稳定当地人民的生活。直接受灾人数 400 多万人，间接受灾 3 000 万人，我们 3 个月就稳定下来，我们靠的是强大的供给体系，这就是改革开放 30 年的成就。再加上我们的政府是负责任的政府，中国怎么可能会出现恶性的通货膨胀？

猪肉价格涨一涨也是挺好的，我是支持猪肉价格上涨的经济学者之一。1986 年，我研究生毕业时，猪肉价格就是五六块钱一斤。过去 20 多年了，2006 年之前，即在这次通货膨胀之前，猪肉价格也只是八块多钱一斤，太低了。这些年来，养猪的各种成本都在提高，猪肉价格涨一涨，有利于稳定城乡关系，有利于提高农民收入，有利于刺激农民养猪的积极性。现在我看到有报道说猪肉价格终于下跌了，我很忧虑。中国的现代化没有农村的现代化，没有农民生活水平的大幅度提高就谈不上现代化。所以我认为我们的一个重要的政策点就是如何帮助农民富裕起来。我一直认为，中国的农民对中国的现代化作出的贡献太大了。他们在最困难的时期，帮中国走出困难。现在，国家发展了，要想方设法提高他们的收入，要想方设法保护他们赖以生存、赖以发展的资源。土地是农民赖以发展最重要、最基本的资源。我总觉得农村土地上所有的收入应该归于农民，他们通过粮食是致富不了的。粮食是社会稳定的基础，粮食不多对中国来说是灾难。但是要他们通过种粮食富裕起来，还是比较困难的，除非是集约化生产。一个人承包上万亩土地，现在中国还做不到。

如何认识今天的通货膨胀？1999 年到 2003 年，中国是通货紧缩。在通货紧缩的环境下，当时经济增长维持在 8%~9%，物价负增长对消费者来说是好事情，收入提高了，买的东西又便宜了。但是从整个经济增长角度看是有问题的。从 2004 年开始，物价开始增长，到了今年已经很高了，如果把 1999 年到 2008 年物价水平作个平均化处理，物价显然就不高了，我们目前的物价水平高是在一个较低水平上的高。所以，要历史地观测通货膨胀。

目前通货膨胀的这两个主要成因与人民币的多少没有太多的关系。有人说，为了应付通货膨胀，人民银行要采取更加严厉的货币政策。什么意思呢？难道要把中国的经济置于衰退吗？虽然《中国人民银行法》规定，人民银行要维护人民币币值的稳定。可是后面还有一句话，以此促进经济的增长。促进经济的增长是我们的最终目标。如果还要采取更加严厉的货币政策，我第一个反对。在目前情况下，执行更加严格的货币政策没有道理，没有理由，也没有必要。所以货币政策紧缩的力度应到此为止。17.5% 的存款准备金率已经很高了，今年已经连续 5 次动用存款准备金收缩流动性，这是人民银行货币政策史上的一个奇迹，现在多数商业银行没有钱了，人民银行最有钱，它的钱不会贷出来。银行中除了工商银行外，资金都比较紧张。金融是干什么的？金融是为企业服务的，为实体经济服务的，不是自我循环的。一个国家的金融体系的资金如果主要表现于自我循环，那有什么作用呢？推动经济发展是包括商业银行在内的金融体系的根本目的。

另外是通过提高存贷款利率来收缩流动性。在目前条件下，提高存贷款利率，实际上是在创造更大的流动性，从而可能推动通货膨胀，为什么呢？这就涉及汇率机制与国际游资问题。中国经济越来越开放，也越来越复杂，不像 20 年前经济活动非常简单，那时通货膨胀一来我们就知道是什么原因，采取什么措施。首先大幅度压缩固定资产投资规模。那时的固定资产投资主要是政府投资，政府一下令，哪几个项目停下来，通货膨胀也就自然下去了。今天的经济结构太复杂了。如果提高存贷款利率，在不考虑汇率预期情况下，是可以收缩流动性的。但在目前的汇率机制下，会带来更多的国际游资，即热钱。中国现在成了全球最安全、最没有风险、回报率最高的地方。全球的短期资本，通过五花八门的路径，想方设法进入中国市场，因为这个地方太好赚钱了。国际游资非常容易地赚钱，而我们的企业赚钱却非常艰难，这就需要反思我们的政策究竟出了什么问题。

为什么热钱想方设法要进入中国市场呢？因为人民币正在升值。我们今年已经升值 6.3% 了，也就是年初 1 美元换成人民币，现在经过汇率变动已经赚了 6.3% 了，同时我们的存款利率是 4.14%（一年期定期），这两个加起来，大约是 10.5%。也就是说还没有到年终，收益已经达到 10.5% 了，这是无风险的。最近我们在研究热钱是从什么管道来的，到哪里去了，未来又会以什么方式出去。

关于热钱，首先要清楚它从哪些渠道进来。我们不能因为热钱的进入，就试图把大门关起来。开放是当今中国的主旋律，中国永远不能回到封闭的时代，只有开放才能使中国强大起来。如果因为怕一只苍蝇进来就把大门关上，这是非常错误的。热钱有各种管道进入。地方政府招商引资是一个很重要的管道，还有外商直接投资，经济贸易夸大价格等，还有很多个人自己带进来。据有关部门介绍，在深圳罗湖口岸，经常可以看到不少香港人身上绑着美元、港元进来，到深圳后，换成人民币。有段时间深圳的人民币现金提取占全国银行体系现金提取很大的比重。国际游资，或者短期资本流动，时机一旦成熟，它肯定会流出去。如果流量非常大、非常急就会对我国的金融体系特别是货币体系带来冲击。一个国家的金融危机最终会演变成货币危机。

对于热钱，我有以下几个观点：第一，我们不要害怕热钱，中国有这么多外部资本进入，是因为中国经济持续增长、经济环境稳定，人们有良好的预期。实际上，我们将和热钱相伴而存在，把热钱消灭掉是不可能的，要适时疏导。同时我们要通过改革，把热钱变成正常的短期资本流动。为此，要着力推进汇率形成机制的改革。现在是人民银行与个人、企业进行交易，未来的外汇市场交易主体应主要是企业与企业的交易，把风险分散给企业。现在的结售汇制度需要改革。

第二，我们要从技术层面采取措施，防止这些以班排连营方式进来的热钱在未来某个时候以集团军的形式出去。这些游资大规模流出将给一个国家的货币体系带来非常大的冲击。我们现在有 18000 亿美元的外汇储备，这些外汇储备按照一定的结构分布在不同的资产上，我们不可能把这些储备以现金的方式搁在账上。如果热钱以集团军的方式出去，负债和资产的结构就可能会不匹配了，危机就会出现。韩国的金融危机与资产负债的结构性失衡是有关系的。在一国金融体系内，如果单一银行出现由资产负债结构严重失衡而出现支付危机，通常中央银行会提供流动性帮助其渡过危机，但在国际范围内，如果一国金融体系出现了危机，IMF（国际货币基金组织）也会提供帮助，但这个帮助要以付出巨大代价为前提的。

我们要从政策和技术上防止热钱以集团军的形式出去。从外汇管理上说是要做很多细致工作的，要不断调整外汇资产结构。有人说如果热钱大规模流出，可以开征托宾税。托宾税在马来西亚曾经开征过。我个人认为，托宾税有百害而只有一利。中国不能这么做。我们不能损害我们在国际上的金融信誉。征收外汇流出税即托宾税有一时之利，有长期之害。我们所要做的是根据汇率的变化来动态地调整外汇资产结构，以防范未来的金融风险。

总之，我们所面临的核心问题是要在保持经济持续、稳定增长与控制通货膨胀之间如何实现深层次的平衡。

2. 环境保护和资源的可持续利用是我们经济发展中面临的长期问题

环境和资源的保护与可持续性是我国经济发展中当前面临的重要问题，也可能是一个长期问题。首先，是有害气体减排与工业化的关系。人类社会发展到今天，整个大气环境被破坏，南极和北极的冰川都在融化。工业化加大了温室气体排放，使人类生存的环境受到威胁。我们在这方面做了与我们经济发展相匹配的减排承诺。美国是全球温室气体排放最多的国家。最近几年中国的温室气体排放增长较快。但是，中国是一个正在发展中的国家，中国与美国不能承担相同的义务。美国人在过去一百年就在不断地排放，中国的工业化才刚刚开始，为什么我们要承担相同的义务？但是，尽管如此，我们仍要高度重视环境的保护，因为地球只有一个。

其次，是生态环境的恶化。从南到北，我们的水都受到了不同程度的污染。特别是在比较发达的地区对水的污染更是严重。鹰潭市的泸溪河是很美的。经济发展的最终目标是要让生活过得很美，我们千万不要忘记这个最终目标。如果人均GDP达到1万美元、2万美元时，水却不能喝时，GDP还有什么用？所以对环境的保护，特别对水资源的保护，应该放在最最重要的位置上。等环境已经污染了再治理它就太难了，那时就要付出巨大的成本和代价。我们学校研究环境经济学的马中教授告诉我，我国的生态环境很严重，他举例说，敌敌畏可以为农业除害虫，但敌敌畏对土地的破坏则是持久的，会严重影响人的健康。敌敌畏所带来的危害远比其带来的利益大得多。所以，环境保护非常非常重要，是一个战略性问题。

再次，是对自然资源的保护和可持续利用。我对我们现在的经济增长方式很忧虑，我们在耗竭地使用上苍留给我们的资源。我们能给子孙后代留下什么？资源匮乏了，环境污染了，我们的后代该如何生存？对石油、煤炭、水以及各类矿产资源的保护和可持续利用，美国人有很多值得我们学习的地方。美国近海油田不开发，煤矿基本上也不开发，资源得到了很好的保护。美国不开发其地下的资源，主要是买其他国家的。从这个意义上说，美国人很自私，他先把其他国家资源用光了，再来开发自己的。自私的一面我们不学，但保护环境的一面我们要学、要借鉴。我们不能耗竭式地利用自己的资源。我曾担任过中国证监会发行审核委员会的委员，负责审核企业上市。我对资源类的企业，特别是能源、稀缺资源的企业上市很反感。我说你为什么要上市，你在耗竭地使用我们埋藏在地下数亿万年的资源，你耗竭式地挖二三十年，就挖完了，自己倒是赚了很多钱，但给社会、给未来带来了太多的灾难。私人资本对这些自然资源使用几乎是疯狂的、贪婪的、耗竭式的，所以国家在这方面要有自己的战略。我们现在也要学会保护资源。我们发现了很多大的油田、煤矿，我们不要急于开发。我们要学会资本运作，不能只是简单地买资源，更不需要通过战争这种野蛮的方式去侵占别国的资源。我们可以通过资本市场实现全球资源的配置。伊拉克战争本质上就是一场石油战争，美国通过野蛮的手段去侵占伊拉克的资源。我们要通过文明的手段，通过资本市场，通过控制资源类上市公司来占有资源，这完全是可以的。我国外汇储备的应用，相当大部分应该放在这方面。现在澳大利亚有高品质的铁矿，能炼出很好的钢，澳大利亚铁矿石价格每年都在涨，几乎形成铁矿石供给垄断同盟，形成了价格垄断。中国是全球钢产量最大的国家，也是最大的消费国。毛主席当年说的是赶英超美，我们现在不但是赶英超美，而且钢产量已经是美国的 4 倍，我国年产钢接近 5 亿吨，美国只有 1 亿多吨。所以我们更多地要关注海外资源的占有，这才是国家战略。我今年 5 月到南非访问，有一个非常重要的中资企业叫中钢集团，在南非通过上市公司直接投资，收购了大量的矿产企业，我认为这是非常正确的决策。整个非洲大陆是一块资源非常丰富的地方，我们必须从战略的高度与非洲各国建立起长期的战略合作关系。中国这样的大国，没有海外的资源做支持经济增长是难以为继的。所以对石油、煤炭、淡水以及各种矿资源的保护和可持续性利用非常重要，不要耗竭式地利用。

最后是经济转型过程中我国中小企业的生存、发展和劳动力就业问题。我们给中小企业的支持太少，很多政策都是向国有大型企业倾斜。我们应该更多地关注中小企业的发展，特别在货币政策、财政政策、税收政策方面要有更大的支持。

（四）我们应该制定什么样的宏观经济政策来应对上述问题

我们应该在解决上述问题之间找到一个深层次的平衡点。现在中国的经济结构发生了如此重大的变化，单一政策目标是实现不了的，必须统筹兼顾，必须坚持科学的发展观和以人为本的理念，这是制定宏观经济政策的指导思想。我们对资源的保护、开发要有战略眼光，要有序地安排，要最大限度地保护它，对资源过度开发和急功近利，都是对中国的未来极端不负责任的。

要正确处理好经济的持续稳定增长与控制通货膨胀两者的关系。正如前面所讲到的，在处理这一关系时，原则上是不要通过控制物价手段的。冻结物价不是明智之举。价格由市场供求关系来决定，这是市场经济的基本法则，谁也不能违背。冻结物价只能在极端情况下用于少数公共产品。现在对某些资源产品补贴太多了，比如说石油。保持如此低的石油价格，那就需要通过税收对企业进行补贴。我国因为对中国石油、中国石化冻结价格，政府每年的补贴超过 800 亿元。我不认为这种做法是恰当的。它不但有碍公平，也抑制了供给的增长。同时我们一定要控制高耗能企业。但是中国的电价太便宜了，中国炼铝行业，只要通过电的差价，就可以获得利润。电价本身就这么低，怎么能压缩这些高耗能企业呢？在这些问题上，政策与战略是不匹配的，甚至是矛盾的。

我国的经济增长，还是需要通过内需的增长来拉动。中国这样的国家试图长时期通过出口，靠外部需求，靠美国、欧洲的消费来拉动经济增长，是存在严重的结构性缺陷的，这种增长模式肯定是有问题的。我们要靠内需来拉动，必须完成经济增长模式的转型。靠内需拉动首先要提高与内需有关的经济主体特别是劳动者的收入水平。这涉及另一个重要问题：收入分配。经济增长和收入分配政策要更多地关注民生。截至 2008 年上半年我国经济增长 10.4%，财政收入增长 30%。去年经济增长 11.4%，财政收入增长 32.4%。这一组数据我觉得有问题。经济增长 10% 左右，财政收入增长 30% 以上，在这种收入分配关系下，内需从哪里来？劳动者的收入没有得到实质性提高，内需怎么扩大？需求是要有收入做支撑的。能不能调整收入分配结构？适当降低税负？中国特别需要从经济发展角度灵活地运用税收政策。从目前看，税收政策运用的重点在降低税率或提高税基。企业赚了一点点钱，通过各种方式都被拿走了，企业还怎么生存、怎么发展呢？对于个人所得税的起征点，2004 年从 800 元调高到 1200 元，过了两年，又调到 1 600 元的起征点，一个月 1 600 元收入在北京、上海连生存都困难。中国社会发展如此之快，建议把起征点提高到每月 5 000 元。这样把钱留下来，人们才会消费，才会拉动经济增长。我希望看到经济增长在 10% 左右，财政收入、税收收入的增长也在 10% 左右，让我们的社会大众和企业的利润能有相应幅度的提高。

要努力提高群众的财产性收入。这实际上是在说，要充分重视存量财富的增长，重视存量资源的再配置。我们的文化里面有一个问题，不重视存量，只关心流量、增量，这实际上就是不尊重前人的成果、不尊重历史的表现。我们现在经常看到很多楼被炸掉，这些楼大都是10年前建成的，它们构成了当年的GDP。我们把这种现象是作为正面新闻来报道的，实际上这应受到谴责。10年前建成的楼实际上是很新的。我到欧洲大学访问，我要他们让我看一下最新的楼。他们最新的楼就是10年至15年前建的，而我们10年至15年前建的楼已经成为炸掉的对象。欧洲人对历史、对前人的物质财富和非物质财富非常重视，尽最大努力去保护它。而我们却是蔑视过去，冷漠历史。这种冷漠历史的行为在学术研究中也经常存在，抄袭就是一种蔑视前人成果的行为。写一篇论文洋洋几万言，没有一个注释，说这些都是我的创造。难道前人的研究成果没有对你产生任何影响？没有一个注释，没有一句话来自前人？我就不相信。作为一个研究生导师，在评判研究生论文时首先就要看论文的注释，看你对前人的研究成果是否很尊重。我们一定要尊重过去，尊重他人的成果，在学术研究中要这样，在经济发展中、在财富创造中也要有这样的传统。

所以，在很多场合，我常说一定要大力发展资本市场，就是试图通过资本市场，让存量财富创造更多的收益。资本市场是对存量资源进行配置的机制，它通过对资产进行估值，通过证券化，让资产流动起来，让存量财富升值。这样社会就处在一个很良性的状态：一方面，现期经济增长了，收入水平提高了，这是流量方面；另一方面，过去创造出来的财富也在增值，两种收入加在一起，这就是小康社会的财富形成方式。经济增长的目标是要让全体中国人民生活得非常舒适，这是我们的目标。我经常看到很多人加班加点，非常辛苦，中国人是全世界最辛苦的，无论是在国内还是国外，只要一有空就去做事赚钱去了。我们也要休息，要创造一种新的生活模式。让今天的收入保障今天的生活，让过去买的那些资产通过增值保障未来的生活。

在正确处理经济增长和通货膨胀的矛盾时，要善于运用财政政策包括税收政策。中国财政收入增长太快，2007年已经达到50 000亿元，今年估计要超过60 000亿元。我在很多地方看到，财政收入越多，浪费越多。我到一个地方会有意无意地关注几点，其中一个就是当地的税务局，如果税务局的房子修得最好，这个地方是存在问题的。税务局把纳税人的钱用于修建富丽堂皇的办公楼、住宅，那还有什么指望呢？我们能不能把这个钱留在民间呢？中国经济增长要靠民间需求来拉动，不是简单地靠政府投资来推动，我们要向靠政府投资推动经济增长的时代告别。民间资本对经济增长的推动作用是持久的。

减税很重要，留下几千亿元在民间，这就是相对紧的货币政策和相对松的财政政策的匹配。中国的财政政策基本上就是一个收税政策，上对经济运行缺乏明显的调节作用。所以，中国宏观经济政策框架是跛脚的。跛脚的政策给人民银行很大的压力。本来是两条腿走路，现在主要靠一条腿，多么艰难。所以我们现在特别需要积极地运用财政政策来促进中国经济的增长，促进中国产业结构的调整。

二、中国金融改革的战略定位与战略目标

金融是现代经济的核心和心脏，而不是现代经济的外衣，可有可无。中国正处在一个经济大国到经济强国的转型过程中，没有强大的金融体系，没有现代化、市场化的金融体系，是不可能实现的。从经济大国到经济强国的转型，一个重要的标志，就是财富的迅速增长，在经济金融化的今天，就是金融资产的快速增长。把资源转化成财富需要一种机制，这就是金融体系。如果只有丰富的资源，但财富很少，那还是一个很落后的国家，金融体系在这里起了最重要的作用。

（一）中国金融改革的历史

1983 年以前的传统金融体系阶段。中国的金融改革是伴随着中国经济改革而改革的，中国金融改革比经济改革要晚四年到五年。中国的金融改革是从 1983 年开始的，到现在已经有 25 年的时间了。金融改革的最早标志是人民银行独立行使中央银行的职能。1983 年以前，中央银行和商业银行（当时称为专业银行）是混为一体的，1983 年才分离出来。

1983—1990 年是转型期的金融体系阶段。转型期最重要的标志就是金融

机构多元化，这一时期还没有关注市场在整个金融体系中的作用。这期间信托投资公司、城市信用合作社、证券公司、保险公司作为非银行金融机构开始陆续出现。

1990 年之后我们进入了市场不断发展的金融体系阶段，并开始意识到金融市场的重要作用，开始有了深沪两个证券交易所。同时，国库券也可以交易了。1990 年以前，买卖国库券是扰乱金融秩序罪，是要判刑的。1990 年上海、深圳两个证券交易所的成立，开启了中国金融体系现代化的先河，意义极其重大。在当时，股票、股票市场争论很大，姓“资”、姓“社”的问题困扰着我们。这顶大帽子压在头上。邓小平同志在那个关键的时刻起了非常重要的作用，他把姓“资”、姓“社”的问题解决了。“发展才是硬道理”，这是他非常著名的论断，这也是 1978 年思想解放运动的延续。解决了方向问题，所以我们才找到正确的发展道路。当时，有著名经济学家写文章《股份制：通向资本主义的桥梁》，这个帽子太大了。没有股份制，哪有资本市场，哪有交易所？实际上，没有资本市场的发展，就没有中国金融体系的现代化，没有中国金融体系的今天，没有中国金融体系的现代化，也不会有中国经济的现代化。

可见，中国社会每一次重大的进步都是和思想解放联系在一起的，没有思想的解放就没有中国经济的发展、社会的进步。我们要一切从实际出发，凡是能解决中国问题的方法都可以用，这才是实事求是，这才是思想解放，这才解决了思想方法问题。

今天我们又面临一次思想解放。这次要解决什么问题呢？值得思考。我认为，这次思想解放最重要的内容就是大踏步推动中国社会的进步。改革、开放和发展 30 年，中国经济有了翻天覆地的变化，但是应当看到，中国社会的进步远远不如中国经济发展那么快。要使中国社会大踏步迈向现代化，我个人认为，起点在信息的透明度，也就是公民的社会信息的知情权。当前，我们在信息公开方面有了很大的进步，这是非常正确的方向。推动社会进步从这里起步。

1990 年之前的金融体系，基本上不存在市场，所以资源的配置都是通过金融机构，通过计划来完成。1990 年以后有了资本市场、货币市场、衍生品市场，金融机构开始多元化，市场规模越来越大，对外开放的程度不断提高，金融体系开始向现代化方面迈进。

（二）中国金融体系的战略定位和发展目标

战略不清，政策就不清。战略上是糊涂的，不知道未来要做什么，政策上就会左右摇摆，相互矛盾，相互拆台。如果战略清楚了，政策的制定就完成了一半。现在的问题是，在制定政策时如何理解战略。中国要成为一个强大的国家，没有金融体系的现代化是不可能完成的，它是中国整个经济发展战略的核心内容之一。

中国有两大战略是其成为强国的核心战略。第一大战略是科学技术发展战略，走独立自主、完全自主创新的技术战略，这是我们的立国之本。我们不能再像过去那样用市场换技术，我们要独立自主地开发新技术，我们已经有这个能力了。

第二个战略就是要制定一个有利于中国实现强国之路的现代金融战略。现代金融战略指的是什么？任何事物要找到它的逻辑基础，一种理论、一种战略要追寻它生命的起点，发展的逻辑，思考它有没有成长的土壤。如果一切都生搬硬套、望文生义、本本主义，那么，这个理论、这个战略、这个政策也就肯定没有生命力。我们应该追求一个什么样的金融体系，这涉及现代金融在经济发展中的作用以及如何发挥这个作用。

现代金融必须要有很强的资源配置能力，包括存量资源的再配置能力。传统商业银行通过借贷的方式来完成资源配置，吸收盈余部门的资金，贷给稀缺部门，所以资源得到了有效的配置。但这只是增量部分的资源配置，它不能完成存量资源再配置。假如我有一个企业，我附近有一个上游资源的企业，如果能把这个上游资源企业收购过来，就能极大提升本企业的竞争力。在一个以银行为主导的金融体系中，通常只有通过向银行贷款，重新建设一个这样的上游资源企业。这就是过去我们为什么总是说重复建设的重要原因之一。在那样的金融体系下，不能收购，只能重复建设，这就形成了资源浪费。如果这两家企业都是上市公司，股权上市可以流通了，我有实力，就可以找对方的股东，以双方可以接受的价格收购这家企业。不管是商品买卖还是股票买卖，只要价格合理，别人就会卖给你。没有必要再建一个类似的企业了，存量资源就流动起来了，资源配置效率也就提高了。所以金融体系不仅要有增量资源的配置功能，更要有存量资源的再配置功能。通过收购兼并等行为来完成企业的购并。传统金融没有这个功能，只有不断地贷款，不断地重复建企业，不断地浪费资源。

现代金融也必须要有把资源变成资产或财富的功能。比如，一个企业，每年的利润有 1 亿元，最初的投资是 5 000 万元，如果不上市，这个企业值多少钱？谁也说不清楚。如果这家企业是国有企业，收购者通常就开始找市长、找省长，灰色交易由此而生。收购企业总要有一个价格，怎么定价呢？没有资本市场就没有合理的定价机制，就不知道企业究竟值多少钱。所以金融功能中有一个存量资产的定价功能。在资本市场上，这家企业的价值显然不是 5 000 万元，可能是 10 亿元，也许是 20 亿元，这样定价就出来了。原来是 5 000 万元，现在是 20 亿元，翻了 40 倍。世界前 500 强企业的身价为什么如此显赫，与资本市场的定价机制有关。2007 年底，我们创造了一个新的纪录，全球市值前 10 名的企业，中国占了 5 个，这很了不起。记得我上大学的时候，常常想，我们什么时候才能有跨国公司，什么时候全球 500 强企业中我们能有两三个。现在不是两三个，而是前 10 大市值公司中，我们就有 5 个。这说明我们的金融体系开始具备（虽然还不完善）发现价值、创造财富的功能。

我们以前说四大国有商业银行工商银行、农业银行、中国银行、建设银行，理论上早就破产了，因为它的不良贷款大大超过了它的资本金。但是现在通过必要的投资银行技术，即资产、负债和财务重组，资本市场发现了它们的价值。从理论上的破产，到现在的超万亿元市值，这是根本性的变化。工商银行还是工商银行，通过不良资产剥离，新资本的注入，再进行股份制改造和公司治理结构的完善，就造出了一个新的工商银行。这其中的成本大概 3 000 亿元，现在如果把 10% 的股票卖掉，改造的成本就全部回来了，还拥有绝对的控股权，这就是资本市场的力量。2004 年 1 月 8 日，元旦一过，人民银行即开始启动国有商业银行的改制。人民银行行长周小川那天曾征求五位专家对国有商业银行改制上市的意见。这五位专家是我们学校的老校长黄达教授，北大的林毅夫、张维迎教授，人民银行研究所前所长赵海宽教授和我。我当时对通过资本市场来改革国有商业银行的思路给予高度评价，认为这是未来中国摆脱金融危机的唯一道路，一定要把工商银行、农业银行、中国银行、建设银行推向市场。在这之前，既要剥离不良贷款，还要注入新资本。这样我们的商业银行才能真正体现它的价值。工商银行、农业银行、中国银行、建设银行走上了这样的道路，未来中国出现金融危机的可能性就会大幅度降低。未来再有不良资产，政府就没有必要买单，买单机制已经市场化了。以前是国家独立拥有这四家银行，为了安定团结，企业工资发不出去时，就让它们赶紧发贷款。银行这么一来，可不得了。一笔、两笔可以，长期这样下去，最后谁来买单？这一定会成为银行的不良资产。政府买单无非有两种方式：第一，拿财政的钱补这个窟窿。这有问题，拿全国纳税人的钱补给一小部分人，补给某个地区、某个企业，这公平吗？第二，发行更多的货币，这会导致严重的通货膨胀。这两种方案都是不可行的，我们要用市场化的机制来解决这个问题，那就是改制上市。银行上市后，不良资产动态看会逐渐下降，对企业的任何贷款都会过滤风险。这样就从机制上把财政的钱和银行的钱分开了。以前经常把银行的钱当财政的钱来用。维护社会的稳定是财政的事情，不要把它嫁接到银行来。通过四年的努力，三家银行已经上市，中国农业银行大概 2010 年也会上市。几乎所有中等规模的股份制商业银行都已经上市或即将上市。由此可见，资本市场是非常重要的，它是构建现代金融体系的平台。这个观点我在 10 年前就讲过了，中国的金融改革离开了资本市场就没有出路，就找不到方向。商业银行改革进行了很多年，大多都是自我循环的改革，没有实质上进展。只有它变成了上市银行，你就发现终于找到了正确的改革方向。因此，金融市场，特别是资本市场在现代金融体系中占据着特别重要的位置。

资本市场有两个核心功能，一个是存量资源配置，一个是财富发现或者说价值发现。金融也许不能创造财富，但肯定可以发现价值。投资银行就是价值的发现者，通过对存量资源的重组来实现价值的提升。从这个意义上说，投资银行家的劳动也是创造价值的。千万不要以为只有工人、农民的劳动是在创造财富，这些智力型劳动也在创造更多的以前未发现的财富。

金融体系富有弹性的结构设计，将大大增强其分散风险的功能。现在美国出现了次贷危机，我始终认为这对美国经济特别是金融体系的影响是有限的，这来源于它的金融体系的设计。这么严重的危机，到了世界上任何一个国家，都会一塌糊涂的，可是在美国却没有太大的事情，它通过精巧的结构化的金融体系，把经济中的各种风险分散开来了。次贷危机到底指什么呢？就是金融机构向信用稍低一点、收入水平稍低一点的人群发放房地产贷款，然后把这项资产全部打包，作证券化处理后向全世界出售。这中间都做了必要的金融技术处理，还有像标准普尔公司等给出的信用评估。全世界的投资者认为经过这么严格的程序后，应该没有太大的问题，于是就开始买这些资产。在房地产价格比较高的时候风险被掩盖，房地产价格不断跌下来了，房子不值钱了，那些中低收入的人还不起钱，这些资产就开始出问题了。可是这些资产已经证券化了，而且在这基础上还制造了一系列的衍生品。基础资产市场上比如说是一千亿元，通过衍生品制造出数以万亿元的资产。当他们还不起钱时，基础资产市场出了问题，衍生品市场问题就更大了。这就是所谓的次贷危机。在这样的金融体系下，美国感冒，全世界吃药。所以次贷危机对美国金融体系的影响虽然相当严重，但还是有限的，这得益于它开放的金融体系。所以说中国金融体系也需要开放。如果封闭起来，风险就要自己承担。当然开放以后收益也要归别人，这就是金融市场收益和风险的匹配机制。即使出了这么大的危机，道琼斯指数也只跌了 2 000 点，从 13 000 点跌到 11 000 点，跌幅不超过 20%。然而，我们的股票价格却跌了 60%。有人还振振有词地说中国资本市场的下跌是因为美国的次贷危机，这完全是托词。美国的次贷危机怎么可能使你跌了这么多？究竟是谁出现了次贷危机？中国开放程度有限，中国的金融机构购买的与次贷相关联的资产非常有限，但对我们的影响似乎大大超过了对美国的影响。这可能得益于美国富有弹性的金融体系，得益于它正确的金融监管理念。

维护金融体系的稳定，是各国中央银行的天职。我认为美联储执行得最好，美国的金融体系一旦出现一些波动，它就保持高度的警觉。资本市场是美国金融体系的核心和心脏，其金融资产占了全部金融资产的70%以上，一旦资本市场出问题，美国经济就会出问题了。银行所占的资产比重相对比较小。所以维护市场的稳定成为金融稳定的关键。股票市场从7 000点涨到13 000点，他们从来不管。美联储不干预，美国总统更不干预。他们认为这是正常的，这样全球资金才会进美国市场。通过这种机制来控制全球资源，从而维护本国经济的持续增长。但当市场下跌了10%，美联储就开始关注，下跌15%，美联储一般会采取适当的货币政策来稳定市场，跌到20%，美联储就会大量注入货币，以稳定市场信心。美国制定货币政策时首先会考虑资本市场，维持资本市场的稳定。在中国，控制通货膨胀仍然是制定货币政策首先要考虑的因素。我个人认为，我们的货币政策需要在抑制通货膨胀、维持经济增长和保持资本市场的稳定之间实现战略平衡，而不是单一目标的货币政策。

我们在这方面真的需要学习，与美国的管跌不管涨正好相反，我们是管涨不管跌。涨一涨大家就紧张，认为金融危机要来了。实际上，金融危机从来没有在上涨中出现过，只是在下跌中出现。一涨就紧张，一跌就安全，大家都松了一口气。我们现在搞市场经济，金融、资本市场占了很重要的位置。有些现象需要重新理解，有些观念需要更新。我们打击的是恶意操纵市场和虚假信息披露引发的价格上涨。虚假信息披露、操纵市场、内幕交易严重损害了市场的公平性，扭曲了市场价格，误导了投资者。对这类行为必须严加监管、严厉打击。除了这些外，市场正常上涨，包含某种意义上的投机性上涨，政策不应主动调控。一句话，市场的问题还是需要市场来解决。很多管理部门的人员自认为坐在办公室说句话，市场就听他的，这不是市场经济的观念。我们对市场的持续性下跌应保持高度的关注。但是现在似乎没有人关注。对此，我真的很忧虑。在成熟市场，像目前这样的持续性下跌早就有稳定市场的措施了。市场信心的稳定在任何时候都非常重要。如果大家对市场失去了信心，我们就有可能回到一个古老的金融时代，这是没有前途的。

金融体系的战略定位还涉及人民币的可自由兑换和人民币未来成为世界储备性货币的问题。我确信，到 2020 年，中国以资本市场为平台而形成的现代金融体系一定会成为那时全球最重要的金融中心。中国人没有这样的战略目标，没有这样的雄心壮志不行。我们不能只满足于世界加工厂的地位，有足够的理由相信，中国应该也完全可能成为 21 世纪世界的新的金融中心。这一结论我们可以在历史长河中找到未来的运行轨迹。我为此花了一年的时间写了一本书去研究全球金融中心漂移的过程。全球金融中心不会在一个地方待着不走，它是漂移的，漂移的跨度时间非常长，通常是以百年来计算的。13 世纪，全球的金融中心在威尼斯，威尼斯海上贸易非常发达，成就了它货币交易中心和结算中心的地位。北欧海洋文化兴起之后，在 15 世纪北欧强盛起来了，特别以荷兰为代表，阿姆斯特丹维持了两个世纪的全球金融中心地位。17 世纪以后，英国逐渐强盛起来，金融中心开始慢慢地向英国转移，伦敦成为当时的国际金融中心。金融的发达对当时大英帝国的强盛起了极其重要的作用，没有发达的金融作支撑，就不可能成就当时大英帝国的强盛。举一个例子，1756 年英法战争爆发时，法国的人口是英国的三倍，经济实力也绝不会比英国差。当时他们为了争夺海上霸权，从 1756 年开始到 1763 年的战争史称“七年战争”，结果是英国把法国打败了。史学家们总结其中的原因时，都认为金融起了最重要的作用。英国通过当时相当发达的金融市场迅速集中资源，最大限度地利用资源来提升英国的军力。法国当时的金融体系是糟糕的，当时的法国也在学习英国，想有一个发达的金融市场，但没有成功。

到了 19 世纪末期，美国开始强大了。翻开 100 年前的报纸，欧洲老牌强国既看不起美国，也恐惧美国的强大，那个时候“美国威胁论”的观点充斥着欧洲报刊，欧洲人采取各种办法来阻止美国的发展，但丝毫阻挡不了美国在 20 世纪的强盛，纽约理所当然地成为 20 世纪全球最重要的金融中心。虽然，20 世纪全球货币中心仍在伦敦，但资产交易中心已经转移到了纽约。这时资产交易中心实际占据了金融中心核心的地位，货币交易中心变成第二位了。所以美国通过这样的一个金融体系在整整一百年里保持了强盛，这就是金融的作用。

到了20世纪80年代，日本经济迅速增长，实力空前提高。在1980年到1990年这10年的时间里，日本在某些产业领域的竞争力可以说与美国同日而语，甚至超过了美国。金融市场迅速发展，但由于其金融战略和金融结构设计出了大问题，泡沫经济由此产生。这里总结一条，日本太急于求成，它使日元迅速升值。美元兑日元在很短的时间里，从1∶300多升到了大概1∶70、1∶80，太快了。它的银行体系深度介入资本市场运作，没有进行严格的制度分离和防火墙设计。在我国，严格禁止商业银行作为投资主体进入市场，这是非常正确的，要永远坚持下去。当时日本商业银行都在买卖股票，这简直疯了。当时日本的钱很多，在全球到处买企业、买资产、买地，扩充速度之快，令人不可思议，恨不得一夜之间称霸世界，但是它很快就走到了尽头。

随着“泡沫经济”的破灭，东京作为新的国际金融中心的地位受到了严重的挑战和动摇，“梦断东京”似乎已经成为现实。全球的金融中心随风而去，向东京的西边飘去，这团祥云已经向我们飘来，就看我们看得到还是看不到，看我们是顺势而为还是逆势而为。我们要顺势而为，要调整观念，要认清现实。有段时间，我非常忧虑我们的一些政策，这些令人忧虑的政策都在逆势而动。我们现在还有不少人用有色眼镜去看待资本市场，用有色眼镜去看待买卖股票的人，觉得股票之利是不义之利。实际上，中国金融改革的重要目标就是要调整社会的金融资产结构，不要让储蓄存款成为金融资产的主体。如果储蓄存款占居民收入的80%，甚至90%，那么这个经济体肯定是很落后的。居民的收入要越来越多地流入证券化的金融市场，变成证券化金融资产。

所有这些都与人民币的国际化联系在一起。人民币的可自由兑换是人民币国际化的基本前提。必须改革目前的国际货币体系和金融体系，要让人民币成为世界性的储备性货币。当有一天，各国的中央银行都储备人民币，手持人民币可以走遍天下，那么中国的强大就已经实现了。要实现这样的目标，有很多事情还是需要做的：第一，经济要持续稳定增长；第二，要建设民主法制的社会；第三，要建设一个高度信用化的社会。做到了这些，我们才能说，我们进入了一个现代化的社会。

（三）中国金融改革、开放和发展过程中存在的问题

1. 如何看待资本市场的发展。发展资本市场，首先要在观念上进行调整。

以前我们把发展资本市场看成解决国有企业融资难的一种机制，从这样一个角度来看待资本市场的发展，是有问题了。我们要把发展资本市场提高到构造中国现代金融体系的核心平台这样的战略高度来认识。

2. 如何防范国际游资（热钱）所带来的风险。这是需要认真研究的。

防范国际游资（热钱）所带来的风险其中最重要的有两条：第一，要继续深化汇率形成机制的改革，要从政策上减缓短期国际资本的流动，改革市场交易方式和交易主体；第二，要动态调整外汇资产结构。随着人民币升值，外汇资产结构要做相应调整，当汇率上升到一定比率时，每上升一个基点，外汇资产的结构就要做相应的动态调整，要有与汇率变动相匹配的流动性安排，以防范短期资本大规模流出对人民币所带来的冲击。

3. 人民币汇率形成机制向何处去。

人民币可自由兑换一定是我们的发展方向。人民币要成为世界性货币，一定要实现可自由兑换，不能自由兑换，怎么可能成为世界性货币？

4. 金融对外开放的对等原则问题。

金融开放重点在两方面：一是资本市场，二是商业银行。商业银行开放的步伐非常快，方向是对的，但存在一个问题，就是开放的不对等性。我们中国人太好客，太客气，这是我们的优良品质。外国投资者来了，我们很高兴，我们在相当多的领域都制定了优惠政策。我们加入 WTO，实行贸易自由化了，美国人开始主张贸易保护主义。中国经济增长很快，保持了长达七年的经济高速增长，出口量越来越大，现在已经成为全球第二大贸易国。全球 90% 的袜子，90% 的鞋，80% 的衣服都是中国制造的，生活用品的 70% 都来自中国，到处都是中国的产品。所以他们开始采取贸易保护主义。我相

信，贸易保护主义只会使这个国家落后，谁封闭谁落后。当年中国封闭，所以中国落后。金融开放也是这样，我们很欢迎外国金融机构的到来，有很多承诺，中国是 WTO 履行承诺义务最好的国家，如此宽宏大量，实属罕见，外国金融机构如此之多，令人吃惊。美国在中国设了很多分支行（子银行），10 年来美国批准了我国银行（招商银行）在美设一家分行，最近刚刚批准工商银行可以在美设分行。美国用各种法律条款来约束我们在美设金融分支机构，比如要成为联邦储备保险成员，才能设立全资银行。而要成为联邦储备保险成员，又有很多不可逾越的法律障碍。在金融开放上，中国和美国是一个不对等的开放。中国已经告别了不对等开放的时代，过去是没有办法，我们缺钱，我们只有让出市场，让他们进来。而今天的中国可以完全在各个方面要求对等。在学校里面，我们派学生出去留学，实行的就是完全对等的原则，任何不对等的东西我们都不接受，我们完全有这个实力了。金融改革也是这样，为什么不能设置他们不可逾越的障碍呢？这和WTO的精神不矛盾。

还有就是开放的顺序也有问题。我们现在侧重金融服务业开放，外资可以比较轻松地进入我们的证券公司、基金管理公司、资产管理公司。我们可以适当开放投资市场，大小非解禁给市场带来太大的供给压力，这种压力能否通过投资市场的开放来平衡这种供给压力呢？

5. 金融创新、开放与金融安全如何平衡。

总的来说，我们不能以金融安全为理由，阻碍金融的创新与开放。有学者说再开放，中国的金融市场就不安全了。我从来就不认为关起门来就是安全的。在了解风险、熟悉风险并有系统的风险处置措施基础的开放，应该是安全的，也是有效率的。

三、维持资本市场的稳定是当前宏观经济政策的重要目标

截至 2008 年上半年，在国内外错综复杂因素的影响下，我国资本市场出现了大幅度波动，资产价格持续下跌，市场交易日渐低迷，投资者信心严重受挫，资本市场目前的状况正在背离宏观经济基本面。市场状况如果进一步恶化，势必严重影响我国资本市场进一步发展，严重阻碍我国金融体系的市

场化改革和现代金融体系的建设，对我国宏观经济的持续稳定增长也会带来长远的不利影响。维持资本市场的稳定发展，应当成为我国当前宏观经济政策的重要目标。

在股权分置改革顺利推进的大背景下和宏观经济乐观预期、上市公司业绩大幅增长的基本面支持下，我国资本市场在 2006 年和 2007 年实现了历史性跨越，市场规模迅速扩大，市值由 2005 年底的 3.24 万亿元增长到 2007 年底的 32.71 万亿元；股价指数大幅攀升，由 2005 年底的 1169 点上升到 2007 年底的 5 261 点，2007 年 10 月 16 日曾达到创纪录的 6 124 点；在市场迅速成长的同时，上市公司结构也发生了根本性变化，蓝筹股已经成为我国资本市场的主导力量，资本市场的财富管理功能正在形成。在经历了 2006 年、2007 年的两年大发展之后， 2008 年前七个月我国资本市场则出现了罕见的大幅度、持续性下跌，跌幅居全球市场之首。在宏观经济基本面相对稳定的条件下，我国资本市场出现如此大幅度波动（无论是 2006 年和 2007 年的大幅度上升还是 2008 年的快速下跌），应当说具有明显的非理性特征，对我国金融体系的稳定和经济的持续增长是不利的。

就我国资本市场的目前状况而言，稳定市场、恢复信心、促进发展是我们面临的最重要的任务之一，也是当前制定宏观经济政策必须考虑的重要因素。为了实现我国资本市场持续、稳定、健康发展，进一步推进我国资本市场的改革、开放，以构建一个功能强大的现代化金融体系，我们必须在发展资本市场的战略定位、管理理念、政策重心和制度创新等方面做进一步的深度思考。

我们必须用新的视角去理解发展资本市场的战略意义。大家知道，经过改革开放 30 年，我国已经从一个贫穷、落后、封闭的国家变成了一个正在迈向小康、日益开放、经济规模跃升为全球第三大经济体的经济大国。如何由目前的经济大国成为未来的经济强国，是 21 世纪初 20 年我们面临的重要的战略任务。中国要成为未来的经济强国，除了必须在科学技术方面拥有强大的自主创新能力，以及将这种强大的自主创新能力有效地转变成经济竞争力的制度以外，我们还必须拥有一个既能有效地配置资源，又能有效分散风险，同时还能将现有经济资源转变成财富的现代金融体系。强大的自主创新能力和现代化的金融体系是我们由经济大国发展成经济强国的两大推动力，两者缺一不可。强大的自主创新能力是经济增长的原动力，而集增量融资、存量资源调整、财富创造和风险流量化于一身的现代金融体系则是经济增长的强大助推器，将大大地提高资源配置的效率和财富增长的速度。这种现代金融体系的核心和基础就是健康而发达的资本市场。可以说，没有资本市场就没有现代金融体系，没有现代金融体系，在当今的世界，就难以成为经济上强大的国家。在中国，发展资本市场，就是在寻找未来经济的强大发动机。

资本市场发展虽然经历了漫长的历史，但是从来没有像今天这样受到如此强烈的关注。要知道，资本市场在经济全球化和经济金融化的今天，已经成为国家之间和各经济体之间金融博弈的核心平台，而金融博弈则是 21 世纪国际经济竞争的支点。资本市场之所以成为 21 世纪国家之间、各经济体之间金融博弈的核心平台，是因为，现代金融的核心是资本市场，资本市场在资源配置过程中发挥着难以替代的重要作用；是因为，资本市场越来越成为现代经济的强大发动机。这种强大发动机集增量融资、存量资源调整、财富创造和风险流量化等功能为一身，以精美绝伦的结构性功能推动着日益庞大的实体经济不断向前发展；是因为，资本市场在推动实体经济成长的同时也在杠杆化地创造出规模巨大、生命力活跃的金融资产，并据此催生着金融结构的裂变，推动金融的不断创新和变革；是因为，资本市场通过改变风险的流动状态而使风险由存量化演变成流量化，金融风险的流量化使风险配置成为一种现实的可能，使现代金融成为一种艺术，使金融结构的设计成为一种国家战略。

如果我们用这样的理念，从这样的高度去理解资本市场，我们就一定能找到发展资本市场的正确道路。

我们必须用新的理念去改革我们管理资本市场的方式、方法。在过去相当长的时期里，我们比较多地用行政化的手段、用“运动”的方式去管理资本市场，从而给人们留下了所谓的“政策市”的深刻烙印。这种所谓的“政策市”，在实践中，除了指政府对市场的监管具有浓厚的主观色彩外，还指对市场的监管过多地去关注指数的涨落。在关注指数涨落过程中，政策又似乎更关注上涨，而不太关注下跌，形成了所谓的“管涨不管跌”的市场风险管理理念，认为上涨是风险，下跌是安全。我们需要对这些流行甚广的资本市场管理理念进行反思。实际上，在资本市场发展史上，监管的核心理念是维护市场的“公开、公平、公正”，监管的重点则是保证市场透明度，这就是世界各国法律都将“虚假信息披露、内幕交易、操纵市场”等定义于三大违法行为从而必须严厉打击的原因所在。三大违法行为都严重地损害了市场透明度，是对市场“三公”原则的公然挑衅。没有市场透明度，一切都无从谈起。在保证市场透明度的前提下，资本市场较为发达的国家的宏观经济政策特别是货币政策和市场监管大体上都是“管跌不管涨”，并且认为市场大幅度下跌会严重损害金融体系的稳定和投资者的信心，是真正的风险来临。在这种理念的支配下，市场一旦出现大幅下跌，成熟市场国家的政府必然出台相应措施，以稳定市场。

我们有时害怕别人说政府干预市场，这没有什么可害怕的，该干预时就干预。政府出面维护市场的稳定是其基本责任。在市场发展初期，政府不能袖手旁观，不能让其自由落体式的运行，走到哪里算哪里。

我们必须用全局的眼光去制定宏观经济政策特别是货币政策。我国的经济结构和金融体系正在发生重大的变化，经济结构越来越市场化，金融体系特别是资本市场在整个经济活动中所起的作用越来越大，现在任何一项大的宏观经济政策的调整都不可能追求单一目标。当前我国经济运行面临诸多挑战，如何保持经济的持续稳定增长、把物价控制在可以承受的范围内，同时维持金融体系特别是资本市场稳定发展是当前宏观经济政策面临的三大问题，包括货币政策、财政政策在内的整个宏观经济政策应当统筹兼顾，在解决这三大问题中寻找深度平衡，不能顾此失彼。总体而言，为了实现“经济增长、降低通货膨胀、维持市场稳定”的三维平衡，从紧的货币政策的紧缩力度不应再提高，目前应对从紧的货币政策进行结构上的微调，适当扩大对中小企业的贷款，适当减缓人民币升值的步伐，适当减弱流动性对冲的操作力度等。与此同时，要积极运用财政政策包括减税、改变支出结构、提高税基等措施，只有这样才有可能实现三维空间的深度平衡。

我们必须用创新的精神去不断完善现有的资本市场规则，妥善解决发展中出现的各种新矛盾、新问题。我国资本市场是一个“新兴+转型”的市场，规则不完善、波动大、发展快、问题多是其基本特征，因而就必须用创新的精神去面对各种问题、解决各种矛盾、完善各种规则。墨守成规是无所作为的表现。我们曾用创新的精神顺利地推进了股权分置改革这个资本市场发展史上最困难、最复杂、最重大的制度变革，现在如何处理好大小非减持与市场稳定，IPO、再融资和海外蓝筹股（包括红筹股）的不断回归与市场承受力，股指期货的推出与市场波动以及资本市场对外开放的速度、宽度、深度等涉及资本市场供求关系战略平衡的重大问题，是我们当前面临的然而又必须解决的现实问题。面对这些现实问题，我们要用创新的精神，在市场稳定发展中不断完善规则，化解矛盾，解决问题。

总之，从长期来看，中国资本市场仍将是全球市场中成长性最好、最有发展潜力，同时又具备财富管理功能的资产交易和配置市场，一定会成为全球21世纪新的金融中心。我们有信心，中国一定会迎来一个崛起的时代。

全球视野下的中国资本市场

——在“第十二届（2008年度）中国资本市场论坛”上的主题演讲

【作者题记】

这是作者2008年1月12日在“第十二届（2008年度）中国资本市场论坛”上的主题演讲。此次论坛的主题是“全球视野下的中国资本市场”。

非常高兴，中国资本市场论坛举办了12届。这12届论坛得到了我所在单位——中国人民大学的全力支持，中国人民大学的主要领导都多次出席过中国资本市场论坛，我非常感谢。我要感谢蒋正华副委员长，他在百忙之中出席论坛，并发表了重要演讲，给论坛以极大的支持。我要感谢中国证监会和尚福林主席，尚福林主席对中国资本市场论坛非常关注。四年中，他亲自出席两届论坛（2006年和2008年），其他两届论坛都委托屠光绍副主席参加。尚福林主席在2004年初专门和我讨论了如何推动中国资本市场的改革和发展，特别谈到了如果不对股权分置进行改革，中国资本市场没有希望，谈到了中国资本市场的发展对中国现代金融体系的建设具有重要的意义，以及对中国经济的发展所具有的强大推动力。我高度认同他这个观念。我要感谢黄达教授，他12年来都关注这个资本市场论坛。他最近还有一点感冒，但还是参加了这届论坛。黄达教授可能是除我之外唯一一位连续参加12届论坛并发表过演讲的专家学者。我要感谢我们这个研究团队。中国人民大学金融与证券研究所有一个团队专门研究资本市场，这个团队10多年研究目标不变，即在金融体系的框构内研究资本市场，把资本市场放在现代金融体系的核心位置来研究。我还要感谢众多专家的到来，使本届论坛蓬荜生辉。如此热情的听众，使本次论坛充满着快乐与热烈。

我想就本次论坛的主题发表自己的看法。中国经过三十年改革开放，已经由一个贫穷落后封闭的国家变成一个具有较强竞争力、市场日益开放透明、经济规模不断壮大，正在渐渐迈向现代化的国家，我们的第一个目标已经实现了，即摆脱了贫困正在走向富裕之路。我们现在虽然已经是一个经济大国，创造了举世瞩目的成绩，但我们如何从经济大国转向经济强国则是我们正面临的非常重要的任务。中国要变成一个强国，就要在科技上有充分的自主创新的能力，中国要变成一个经济的强国，就必须要有一个强大的金融体系。资源会越来越金融化、证券化，未来资源的争夺不是靠战争，而是靠金融市场。我们要有在全球视野下配置全球资源的战略眼光，从而，使中国经济能有持续成长的基础。从这个意义上说，我们要有一个现代金融体系，这是中国由一个经济大国变成一个经济强国的必要条件。

强大的资本市场是经济增长的发动机，是现代金融体系的心脏。唯有一个健康、强大、透明的资本市场，才会有一个强大的金融体系，才可以把中国由现在的经济大国推向经济强国，才可以使中国在全球经济格局中处于三足鼎立的位置。要不了几年，中国经济与欧洲、美国一起将处于三足鼎立的态势。经过我们若干年的建设，我们的资本市场、金融体系也一定会同欧洲、美国一起成为未来三足鼎立的一方。这些目标我认为都可以实现，但我们必须要有一个强大的资本市场和现代金融体系。

沿着这个设想，我们该如何评价资本市场最近两年的发展？该如何看待资本市场存在的问题？我认为，有四大效应推动了资本市场这两年的跨越式发展。

第一，股权分置改革的制度效应。从股权分置改革完成以来，中国资本市场进入一个规范的，然而是跨越式发展的历史时期。2006 年和 2007 年，中国资本市场快速成长，创造了全球资本市场成长的奇迹。股权分置改革改掉了资本市场落后的制度，爆发出了巨大的制度效应。股权分置改革的成功对这两年资本市场的发展起到了第一极推动力的作用。

第二，海外蓝筹回归的财富效应。我们在 2006 年 5 月启动的海外蓝筹股的回归，极大地提升了中国资本市场的价值，加快了资本市场的发展步伐，提升了市场的财富管理功能。中国资本市场正在从单一的融资功能向财富管理功能的方向转型。

第三，流动性过剩或者流动性充盈所带来的巨大的需求效应。充盈的流动性为中国金融体系的市场化改革带来了重要的契机。我认为，没有流动性过剩或充盈就难以有资本市场的快速发展，就没有中国金融体系全面的市场化改革。如果我们资金短缺，将很难发展资本市场。所以，从这个意义上来说，我们要对流动性过剩采取结构性疏导政策，让它成为中国金融体系和资本市场发展的有利因素。流动性过剩或充盈将是中国经济生活中的一个常态。

第四，宏观经济的持续增长和上市公司业绩的大幅提升所带来的乐观预期效应。2007 年上市公司业绩比 2006 年增长了 60%，2008 年的业绩仍将继续增长。

从以上四个方面看，中国资本市场在2006年和2007年两年显现出一种跨越式发展，并由此进入了新的历史发展阶段。我在去年的这个时候，即在第十一届（2007年）中国资本市场论坛上，曾对中国资本市场的战略目标有一个勾画，对资本市场的发展有一个展望：到2020年，中国资本市场和金融体系一定会实现这样的战略目标。

第一，中国资本市场一定会成为全球最重要、规模最大、流动性最好、透明度较高的资产交易场所之一，市值到2020年会超过100万亿元人民币。

第二，全球的金融中心正在向东方漂移，正在向中国漂移。以资本市场为核心的现代金融体系，一定会在中国出现。

第三，这个21世纪新的金融中心是人民币计价资产的交易中心和定价中心。

与此同时，我们必须制定和实施与这个目标相匹配的政策，在全球视野下寻找中国资本市场发展的政策安排。基于这种理解，我们要摒弃那些陈旧的政策理念。在资本市场上，这种陈旧的政策理念就是单一的需求管理政策。我们要从单一的需求管理向优化供给、扩大供给并疏导内部需求和拓展外部需求的供求联动政策的方向转型。在过去，资本市场如果涨起来，涨到比较高的时候，一般都会认为需求太旺，需要抑制需求。在实践中，我们控制市场投资需求最多的工具就是税收政策。正是在这样的政策调控下，市场不断地循环、周期性波动但却没有发展。因此，我们的政策理念需要调整，要把注意力放在供给上。只有市场扩大了、发展了，我们的资本市场才可以对中国经济发展做贡献，才可以吸引更多的资金。所以，扩大供给是资本市场政策的核心要点，是我们寻找中国资本市场未来战略平衡的支点。

在需求管理上，重点是疏导需求，包括疏导内部需求和拓展外部需求。一方面我们要促进金融资产结构调整，把老百姓原来放在银行里的钱通过疏导，慢慢进入资本市场。另一方面，要积极拓展外部需求，积极地培育外部投资者特别是外部超级需求者。目前在资本市场上，像中国石油、中国工商银行等优质蓝筹股中还在禁售期的股份占了很大的比重，如果未来禁售期一到，实际上对市场供求关系战略性失衡会带来重要影响。所以，我们需要找到一个战略性的超级需求者与此相匹配。这就是我所说的政策的理念要从单一的需求政策，走向供给主导性政策。

资本市场发展经历了数百年的漫长历史，这其中有欢乐，有悲怆；有理性繁荣，有泡沫破灭；有对未来的憧憬和期待，也有落花流水式的无奈心情。这是资本市场的天然属性。进入 21 世纪后，资本市场发展除了难改其天生属性外，也呈现出一些新的特征、新的变化，这就是资本市场从来没有像今天这样如此重要，如此蓬勃发展，也从来没有像今天这样受到人们如此强烈的关注。资本市场在经济全球化和经济金融化的今天，已经成为大国金融博弈的核心平台，而金融博弈是国际经济竞争的支点。

资本市场之所以成为 21 世纪大国金融博弈的核心平台，是因为，现代金融的核心是资本市场，资本市场在资源配置过程中发挥着难以替代的重要作用；是因为，资本市场越来越成为现代经济的强大发动机。这种强大发动机集增量融资、存量资源调整、财富创造和风险流量化等功能为一身，以精美绝伦的结构性功能推动着日益庞大的实体经济不断向前发展；是因为，资本市场在推动实体经济成长的同时也在杠杆化地创造出规模巨大、生命力活跃的金融资产，并据此催生着金融结构的裂变，推动金融的不断创新和变革；是因为，资本市场通过改变财富的流动状态而使风险由存量化演变成流量化，金融风险的流量化使风险配置成为一种现实的可能，使现代金融成为一种艺术，使金融结构的设计成为一种国家战略。

我们必须用这样的理念，从这样的高度去理解资本市场，我们才能真正找到发展资本市场的正确道路。我们离这条正确的发展道路已经不远了。

2007 年的演讲

股权分置改革的制度效应

——在"中国虚拟经济研讨会"上的主题演讲（摘要）

【作者题记】

这是作者2007年10月23日在南开大学"中国虚拟经济研讨会"的主题演讲（摘要）。这篇演讲从制度改革的角度，简要总结了股权分置改革的效应。

波澜壮阔的股权分置改革已经接近尾声，所显示的积极效应日益明显。随着市场的不断成熟、市场结构的转型和制度平台的重新构造，一个富有活力、功能健全的资本市场正在逐步形成。中国资本市场所显现出的这种根本性变化，从制度角度看，来源于股权分置改革，是制度变革积极能量的释放。

概括而论，股权分置改革对中国资本市场的深刻影响主要表现在以下几个方面。

1. 股权分置改革使资本市场的资产估值功能逐步恢复并不断完善，资产价值将从注意账面值过渡到盈利能力，“净资产”这样的财务概念将从资产估值的核心指标中慢慢退出，取而代之的是资产的未来现金流能力。

资产的定价功能是资本市场最基础的功能之一。它是资本市场推动存量资源配置的基础，也是重组、并购活动有效进行的前提。在股权分置时代，人们常说中国资本市场是一个“投机市”“炒作市”，是一个“赌博的场所”，其重要原因是这个市场由于股权分置的存在而丧失了资产估值的功能，或者说缺乏科学的估值标准。

在股权分置时代，人们重视运用“净资产”这样的财务指标来评判资产价值的高低，因而有资产转让不能低于净资产这样的规定。股权分置改革完成后的全流通时代，资产的估值标准显然会发生根本性变化，资产转让不能低于净资产的规定也将失去存在的基础。资产估值的核心理念将从“账面”转向“市场”，将从“过去”转向“未来”。从资产估值的角度看，“净资产”这样的指标将不断淡出，持续成长能力、核心竞争力和未来现金流等将成为资产估值的核心因素。

2. 股权分置改革完成后，市场有效性会有一定程度的提高，市场对实体经济反应的敏感度会有所提高，“政策市”的烙印会随着市场功能的完善而慢慢淡去。

股权分置时代，资本市场的资产价值变动与实体经济变动基本上没有什么正相关性，在相当长的时期里，甚至呈现出某种负相关的关系，一方面是国民经济的快速成长，另一方面则是资本市场资产价值的不断缩水。股权分置改革完成后，我相信，资本市场与实体经济的关联度会得到改善。

有一个问题，我们似乎必须回答：股权分置改革完成后作为资产价格变动综合性反映的股价指数会朝什么方向变动？概而言之，短期看，随着非流通股禁售期的不断临近，市场可能面临着一定的压力，但从长期看，我们没有理由对这个市场的未来产生担忧。否则，我们就没有必要进行股权分置改革。

3. 股权分置改革完成后，资本市场的功能将发生根本性的转型，从“货币池”转为“资产池”。

我们知道，金融功能随着金融结构的变化而变化。在资本市场不存在或不发达时期，金融体系的核心功能除了提供支付清算外，还充当资金媒介的角色，即发挥“货币池”的作用。“货币池”最大的功能就是以流量的方式调节经济运行，以媒介的方式配置资源。而随着资本市场的不断发展，金融体系的这两个功能虽然仍然存在，并发挥着重要作用，但同时一些新的功能已经出现，以至于这些新功能慢慢成为核心的、主导性功能。这些新功能主要是，分散风险的功能和财富储备的功能。资本市场所具有的分散风险、储备财富的功能说明资本市场本质上是“资产池”，而不是“货币池”。资本市场从“货币池”到“资产池”的转型，意味着资本市场将成为全社会的财富（资产）管理中心。随着经济的市场化特别是金融化程度的提高，社会需要一个流动性很好，具有风险分散功能的财富管理机制。正是从这个意义上说，基于风险管理的资产增值服务是最高端的金融服务，也是全球金融机构不断努力的方向。基于风险管理的资产增值服务，是以发达的、能够发挥“资产池”功能的资本市场为基础的。

从目前的现实看，中国的资本市场尚不完全具备“资产池”功能，除了透明度不好外，市场的宽度和厚度也存在严重不足。所谓市场宽度不够，是指品种单一，组合空间相对狭小。所谓市场厚度不足，是指资产的规模较小，流动性较差。品种少、规模小、流动性差的资本市场是不可能起到“资产池”的作用的。所以，中国资本市场除了进行股权分置改革，增强透明度外，还必须增加市场的宽度和厚度。就市场宽度来说，一个重要内容就是要大力发展公司债市场。一个公司债市场不发达的资本市场，是一个结构畸形的市场，当然，也就不可能发挥“资产池”的功能。就市场的厚度来说，需要不断增加一些规模大、业绩优而稳定的公司证券资产，包括大盘蓝筹股和业绩稳定的大公司债券。但是，股权分置改革为中国资本市场发挥“资产池”功能奠定了制度基础。

4. 股权分置改革后的股权结构与公司治理有可能会发生重要变化。如果股权分置改革过程中不进行交易制度的改革，那么，应当注意到上市公司的股权结构与公司治理可能会从“一股独大”慢慢演变成股权高度分散化，进而，演变成“内部人控制”的公司治理模式，监管部门对此有充分认识和必要的应对措施。

一般认为，在中国，在公司治理结构相对完善的上市公司，控股股东承担了责任股东的角色，对公司的发展负有全面责任。股权高度分散化，实际上意味着上市公司不存在责任股东意义上的大股东。此时，机构投资者比如证券投资基金，可能就是持股比例最大的股东。然而从目前的市场环境看，包括证券投资基金在内的机构投资者难以成为上市公司的责任股东。这类机构投资者与其说是关注公司长期发展的投资者，不如说是大的市场投机者，从利益趋向上看，他们更多地关心公司的短期利益。在目前的条件下，存在一个相对稳定的关注企业长期发展的控股股东比一个股权高度分散化的股权结构可能更恰当。在股权高度分散化的情况下，中国的上市公司一定会从一股独大演变成内部人控制。在中国这样一个市场机制并不发达的社会，一股独大在有充分监督和约束的情况下，可能比内部人控制的公司治理结构要好得多。为了防止上市公司中没有责任股东，防止内部人控制，适当改革现行的带有鲜明散户特征的交易制度是非常重要的，监管部门应当对目前的交易制度进行必要改革。

5. 股权分置改革完成后的大股东行为，将完成从股东之间的内部博弈到市场博弈的转变，股东行为特别是大股东行为将渐趋理性。

我们知道，在股权分置时代，大股东的利益获取最先是从股东之间的利益博弈开始的，股东之间利益博弈完成后才转向市场上企业之间的博弈。股权分置改革完成后，由于形成了股东之间共同的利益平台，股东具有共同的利益趋向，所以，股东特别是大股东的利益获取不主要来自公司内部股东之间的利益博弈，而主要来自市场上企业之间的竞争。大股东的这种行为变化主要表现在以下几个方面。

一是基于大股东利益最大化的不平等的关联交易，无论是在规模，还是在频率上都会大幅度减少。不平等的关联交易，是股权分置时代大股东掠夺上市公司进而也是掠夺流通股东利益的重要手段。股权分置改革后，由于大股东资产价值的市场化，利益得失的比较会自动约束这种耗竭上市公司资源的不平等关联交易行为，因而，这种关联交易会显著减少。这是制度力量使然。

二是公司（实质上是大股东）融资行为会在收益与风险的匹配过程中趋于理性。股权分置时代，大股东经常通过上市公司的融资管道来融资，上市公司的融资选择体现的是大股东的行为偏好和利益趋向，对非流通股股东特别是大股东来说，融资似乎是没有成本的，所有的成本和风险实际上都转嫁给了流通股股东，所以，股权分置条件下中国上市公司几乎不存在“融资顺序选择”。而在股权分置改革完成后，由于包括大股东在内的所有非流通股股东的股票价值都市场化了，非理性的融资选择客观上会影响股票价格。这实际上形成了市场化的融资成本机制，从而使上市公司遵循优序融资选择路径。

三是投机性购并与重组会得到一定程度的遏制，购并、重组的市场效率也会逐步提高。在实践中，购并、重组都是由大股东来完成的。股权分置时代的购并重组行为，相当多的都带有投机性特征，都是对公司资源的掠夺。之所以具有这样的特征，是因为股权分置时代的购并重组机制和资产估值标准是非市场化的，程序是不透明的。所以，股权分置时代的购并重组，伴随的是大量的寻租和疯狂的投机。股权分置改革完成后，由于形成了市场化的资产估值标准，购并重组成本完全市场化，程序也日渐透明，所以这时的购并重组将有利于上市公司资源整合，市场效率有望提高。

四是操纵市场的主体可能会发生位移，对操纵市场行为的监管将面临更大的困难。股权分置时代的操纵市场大多由流通股股东的“庄家”通过与非流通股股东中的控股股东或实际控制人之间的内幕交易来实施。股权分置改革完成后，实施操纵市场的行为主体将可能由原来的流通股“庄家”而直接变成上市公司的控股股东或实际控制人。在大股东增持没有明显限制的条件下更是这样。这将给市场监管带来新的挑战。

6. 股权分置改革完成后上市公司的考核目标将从静态目标转为动态目标，与此相适应，激励机制也将从侧重于短期激励转向长期激励。

股权分置时代，控股股东的利益不是通过资产市值变动来实现，而主要是通过高溢价融资来实现，包括控股股东在内的非流通股股东非常清楚自身利益的实现管道。他们基本上不关心资产市值（股票价格）的高低。股权分置改革完成后，由于大股东的目标函数与公司的目标函数趋于一致，资产市值的最大化成为全体股东的共同目标，也成为考核经营管理层的核心目标，在此基础上实施的激励将从短期效应转向长期发展。

7. 应当注意到，股权分置改革完成后的信息披露与透明度可能面临更加严重的挑战，人们披露虚假信息的动机可能会更加强烈。

从中国的现实看，股权分置时代上市公司的虚假信息披露频繁发生，其主要动机是使其财务标准达到上市或再融资标准。股权分置改革完成后，由于控股股东的利益与中小股东的利益具有共同的趋向，主要通过资产市值（股票价格）的成长来实现，再加上如果实施期权制度，那么，包括控股股东和经营管理层在内的上市公司实际控制人可能具有更加强烈的作假动机。对上市公司的利益相关人来说，追求资产市值的最大化比追求单纯的融资规模更具吸引力。这就是在成熟市场国家虚假信息披露也难以禁止的重要原因。所以，在中国，在股权分置改革完成后，如何防范更加严重的虚假信息披露，是监管部门在全流通条件下面临的首要问题。这意味着中国的证券监管必须完成从股权分置时代的全能型监管到透明度监管的过渡。

8. 股权分置改革完成后，中国资本市场的规则体系包括发行制度、交易制度、信息披露、购并规则以及退市机制等都将进行根本性调整，基本的方向是从“中国特色”向“国际惯例”过渡。

在股权分置时代，中国资本市场的规则体系较多地体现了中国特色，这是因为规则体系赖以形成的制度基础（股权分置）是中国特色的，所以，那个时代的资本市场规则体系具有中国特色也就难以避免，某种意义上说可能还是必要的。然而，股权分置改革完成后，这种具有中国特色的资本市场规则客观上失去了存在的基础。我们必须制定与全流通相适应的资本市场规则体系，其基本方向是从中国特色走向国际惯例，从封闭走向开放。

9. 股权分置改革完成后新的市场预期机制将逐步形成，人们的投资理念会随之发生重要变化：将从单纯追求市场价差收益逐步过渡到注重收益与风险的匹配。

由于制度结构设计上的缺陷，股权分置时代的中国资本市场是一个炒作成风、投机盛行的市场，人们投资于这个市场，几乎不关注公司的内在价值，也不关心红利的现金分配，人们追求的主要是市场的价差收益。在这种行为的追逐下，市场很容易出现虚假的繁荣，风险越积越大，市场始终处在风雨飘摇之中。股权分置改革完成后，市场估值功能得以恢复，新的预期机制逐步形成，人们的投资理念将发生微妙的变化。这时，人们的投资过程与其说是追求市场短期价差的过程，不如说是风险管理的过程。受这种投资理念的影响，中国资本市场资产价格体系会发生巨大的结构性分离。我们将告别资产价格无差异的时代，迎来的是资产价格的理性回归。

资本市场发展与上市银行发展战略

——在北京银行年中工作会上的演讲

【作者题记】

这是作者 2007 年 7 月 14 日在北京银行年中工作会上的演讲。

我演讲的主题是：资本市场发展与上市银行发展战略。

北京银行的运行平台即将发生根本性变化——由一个非上市的银行转变成一个上市银行。如何去认识这种转变，如何适应这种变化，至关重要。很多人没有意识到上市对于一家企业或者金融机构的重要性。也有很多人只是比较简单地将上市理解为一种新的融资渠道，进而有利于商业银行的资本充足率的提高。这种对于上市的认识是非常肤浅的。下面我针对银行上市的意义谈一些自己的看法，包括资本市场和上市银行的关系等主要内容。

我的演讲包括三部分：第一部分，如何认识当前的中国资本市场；第二部分，为什么说中国资本市场进入了一个新的历史发展阶段；第三部分，资本市场发展对商业银行所带来的深刻影响。

一、如何认识当前的中国资本市场

针对当前的中国资本市场，理论界存在着争论和分歧。这种争论和分歧集中体现在对市场的判断以及对政策的评价等方面。我认为——至少到现在为止是这样认为的——中国资本市场正在恢复理性预期，结构性泡沫正在逐渐退去。在今年5月之前，中国资本市场由于股权分置改革和人民币升值，以及中国国民经济的持续发展等因素，形成了一轮前所未有的持续性上涨。这种大幅度地持续性上涨势头使很多人难以理解，甚至感到恐慌。人们的不理解和恐慌是可以理解的。中国资本市场在股权分置改革之前实际上处在探索和实验阶段，直到2005年5月开始推进股权分置改革以后，中国资本市场才真正开始走向规范，人们对市场持续性大幅度上涨缺乏心理准备。实际上，就市场整体情况而言，仍在可接受的范围内，当然结构性泡沫无疑也已经出现了。面对这种市场状态，政府陆续出台了一些政策，包括提高证券交易印花税、严查商业银行的违规资金入市，以及发行1.5万亿元的特别国债和正式推出QDII等，这些政策的意图实际上给市场降温。随着这些降温政策的出台，市场上盛传政府还有很多组合拳，包括必要时开征资本利得税。实际上前面陆续出台的调控政策对市场已经带来了重要影响，如果此时真的还要开征资本利得税，那一定会对中国资本市场发展带来毁灭性的打击，一定是灭顶之灾！在2007年4月下旬召开的一个重要会议上，我曾最坚决地反对对资本市场投资所得开征资本利得税。我始终认为，开征资本利得税会使一个有前途、有希望、有巨大发展潜力的资本市场面临着灭顶之灾。也有经济学家认为，为什么可以对居民储蓄存款征收利息税，为什么就不能对资本市场投资所得征收利得税？实际上利息税是可以取消的，否则的确不公平。长期以来我都坚持一个观点：一个强大的资本市场对中国经济发展和中国金融体系的现代化是极其重要的，中国金融改革的核心是推动资本市场的改革与发展。我在四五年前提出这一观点的时候，有人不理解——为什么资本市场改革和发展是中国金融改革的核心？为什么不是利率市场化的改革？为什么不是汇率制度的改革？为什么不是商业银行的市场化改革？对这一问题的回答涉及一个非常重要的战略问题，即中国究竟需要一个什么样的金融体系？

我始终认为，中国金融体系改革的战略目标一定是建立一个以资本市场为基础（平台）的金融体系，这种金融体系就是市场主导型金融体系。所以我国金融改革的核心和重点一定是资本市场。中国金融改革实际上存在一个中心、两个基本点：一个中心就是大力推进资本市场的改革和发展，发达的资本市场是中国金融体系市场化和结构性调整最基础也是最重要的市场化平台，是中国金融改革的现实起点。两个基本点是以股份制改革和上市为切入点的商业银行的市场化改革，以最终由供求关系决定的汇率制度的市场化改革。今天我们越来越认识到中国资本市场发展为中国金融改革所具有的重要性。正在发展中的中国资本市场使工商银行、中国银行和交通银行通过回归A股（或A+H股同时发行）成为上市银行，建设银行也在积极回归A股，农业银行也在加快上市的步伐。上市对这些大型国有（控股）商业银行来说最重要的是形成了现代商业银行的基本制度架构和市场化的风险防范机制。以前我们担忧由于中国商业银行存在巨大的不良资产而可能爆发金融危机，现在应该说，金融危机的可能性大大降低了。大型国有商业银行的改制和上市，使多年累积的金融风险得以逐步释放。这对中国金融体系的稳定和对中国经济的持续增长是至关重要的。

虽然目前中国资本市场正在经历着大幅度的波动，特别是 2007 年 5 月以来，波动的幅度则更加显著。在资本市场上，资产价格出现大幅度波动有时是正常的，通常没有必要为此而过分担忧。目前资本市场资产价格的大幅度波动，背后的原因实际上是投资者对宏观政策的担忧。我们的投资者，无论是机构投资者，还是一般的中小投资者，都对政策的不确定性表现出强烈的担忧。例如，2007 年 5 月 30 日，提高证券交易印花税的政策出台后，市场就出现了历史上从未有过的大幅度的连续性的下跌，有些上市公司的股价甚至连续 6 个跌停板。我个人认为，在资本市场的成长过程中，由于我们缺乏对市场的正确理解，政策的不稳定性有时可能是市场发展中最大的风险来源。我们以前只把中国资本市场风险来源归结为虚假信息披露。看来就市场的整体来说，政策缺乏连续性，也是我们市场风险的重要来源。资本市场最重要的是投资者的预期机制，这个预期机制一旦被破坏其后果必然是市场的剧烈震动，必然是投机盛行。所以现在会经常出现黑色星期五和红色星期一的周期现象。这一周期现象的背后就是投资者对政策的一种担忧。投资者担心周末会出台新的干预政策，从而以自我下跌来替代政策干预。这一针对政策不确定性而进行的“黑五红一”正是投资者在一个政策不确定的环境中所能采取的最优投资策略。我们可能对管理产业很有经验，但是对如何发展金融市场，如何管理金融市场，还是缺乏经验的。对现代市场经济的管理，我们还有很多地方需要学习。以美国市场为例，我们很少看到美国政府或金融监管局直接干预市场。他们要做的主要是制定相应的规则措施，保证市场的透明度，是否投资，投资什么，完全由投资者自由判断和决策。

在现代金融体系的架构下，资本市场的资金来源有时是很难明确划清界限的，甚至难以判断进入市场的资金是企业自有资金还是银行贷款。我坚持认为，对商业银行而言，建立贷款的风险过滤机制，以确保贷款资产的安全性是商业银行基本职责。从一定意义上说，企业贷款的使用范围则似乎应更具弹性。企业对账面资金的临时处理，应是企业自身的权利。企业为什么一定要把这笔钱存在银行呢？为什么就不可以做收益与风险相匹配的资产组合呢？我们知道，中国资本市场没有商业银行的支持是不可能发展起来的，这种支持，当然包括资金层面的支持。2007 年 6 月，人民银行的有关分析报告表明，我国商业银行 2007 年 4 月和 5 月的居民存款储蓄余额出现了绝对额下降，两个月分别下降了 1 600 亿元和 2 400 亿元，加起来是 4 000 多亿元。事实上，这种情况表明我国居民储蓄和金融资产结构开始进入一个大调整的时代，对中国过于古老的金融结构来说，这是一个积极的信号。如果我们仍然寄希望于老百姓把钱全部存入银行，以居民储蓄存款的形式存在，那是一个相当落后的意识，这个时代正在结束。然而我们的政策似乎还是希望继续维持这种格局，这只能是一厢情愿。大力发展中国资本市场，就是要顺势推动居民金融资产结构配置方式的根本性变革：由原来以储蓄存款为主，逐步调整为储蓄存款与证券化金融资产——国债、公司债、基金、股票等证券化金融资产并存的多元化的格局。这种居民金融资产的结构性调整符合金融发展的规律，也顺应社会的需求。如果今天居民储蓄存款仍在大幅度增加，通常来说是不正常的。这种不正常现象不利于资本市场发展和现代金融体系的形成。所以，政策的引导方向不是让进入资本市场的资金回流到银行体系，不是大幅度增加居民储蓄存款，而是如何合理地引导资金进入资本市场。

在引导社会资金包括居民储蓄存款资金进入资本市场的同时，我们还必须改善中国资本市场的供给结构，扩大资本市场上可流通的资产规模。在相当长的时期里，中国资本市场的政策重点不在需求政策上而在供给政策。改善市场结构、扩大市场规模现实有效途径就是加快海外上市蓝筹股回归。从战略上看，我们不能把这些好的企业送到海外，然后通过 QDII 这个管道把资金流又送到海外。如果优质的上市资源都流到海外，资金也流向海外，其结果必然导致中国（大陆）资本市场的边缘化和空心化，这将势必延缓实现我们建立发达资本市场的战略目标。没有一个强大的资本市场，中国想要成为世界强国是不可能的。科学技术的发达与否，以及转化成现实生产力的效率的高低是中国成为一个经济上强大的国家的重要因素，但是，仅此因素还是不够的，还需要一个能优化资源配置的现代金融体系，唯有科学技术和现代金融的结合才能使中国成为一个发达强盛的国家，由现在的经济大国发展成经济强国。从国家战略层面上讲，我们要像发展科学技术一样，重视发展我国的资本市场。所以，只有让那些海外上市的蓝筹回归 A 股，同时大力吸引海外的资金进入中国资本市场，中国资本市场才会逐步发展起来。

在中国，我们要构建一个既有优化配置资源功能，又能贮藏财富，让财富随着经济增长而增长的金融体系和资本市场。如果经济高速增长只是带来国家财政（税收）收入的超高速增长，与此同时，并没有带来（以居民金融资产为代表）社会财富的相应增长，那么，这种金融体系一定存在结构性缺陷。这种结构性缺陷主要来源于资本市场不发达。中国金融体系就存在这种结构性缺陷。

美国的强国之路和强国经验值得我们总结。我认为，美国之所以在 20 世纪能成为强大的国家，其中一个重要的因素就是制定并实施了强国的金融发展战略。总结美国和日本在 20 世纪 80 年代以后的经济发展出现重大差异时，可以发现两国的金融战略是其中重要原因。20 世纪 80 年代末期，日本的经济竞争力已经接近美国，产业的技术竞争力与美国几乎在同一起跑线上，在某些领域甚至超过美国。但是 20 世纪 90 年代以后，这两个国家的经济竞争力出现了重大的分化，日本与美国完全不能同日而语。这其中最重要的原因是日本的金融战略出现了很大的失误，以至于造成了今天这种结果。当然日本的经济有可能第二次崛起。但是第二次崛起一定是金融的崛起。所以说美国的强大和金融业的发展有内在关系。强大的资本市场造就了美国成为全球最重要的金融中心。中国在 21 世纪应该而且完全有可能成为全球重要的金融中心之一。庞大的制造业可以使中国成为一个经济大国，可以解决中国的就业和实现小康目标，但是难以使中国成为一个经济强国。我们国家有很多很好的战略研究，但是非常遗憾的是，至今都没有一个强国之路的金融发展战略。“没有远虑，必有近忧”。

流动性过剩是我们当前面临的一个重要宏观经济问题，也是一个重要的金融现象。如何理解流动性过剩对中国经济的影响，如何在流动性过剩的条件下来推动中国金融体系的结构性改革，是一个大课题。中国的流动性过剩既有制度性背景，又有全球经济结构大调整的因素，因而在相当长时期，可能是一个基本现象。换句话说，如果对我国流动性过剩缺乏准确的理解，那就很难找到正确的解决办法。中国的流动性过剩，仅靠技术性对冲是难以达到效果的。今年前 6 个月，我们的外汇储备又增加了 2 600 亿美元，意味着人民银行投放的基础货币接近 2 万亿元人民币，考虑到货币乘数效应，所产生的流动性则是巨大的。我不主张我国汇率机制改革一步到位，“慢走升值”是正确的汇率改革路径。中国经济竞争力的培育需要这种政策和环境。从而让中国产业的成长不断享受来自汇率变动所带来的竞争力。所以人民币的缓慢升值将是一个较长的过程。这也就是说，流动性过剩在一个较长时期内是必然的。任何事情都具有两面性，流动性过剩也一样。有利和不利都是一种可能性，如果处理不当，不利的一面就会出现，就有可能引发物价的全面上涨，引发严重的通货膨胀。我认为，在我国对流动性过剩的政策作用重点是结构性疏导。流动性过剩最终都要形成强大的现实购买力，从而引起物价或资产价格的上涨。在现实经济生活中，所谓流动性过剩的结构性疏导，就是通过政策的引导让较多的过剩流动性进入对经济生活不会带来重大影响的领域，同时又有利于经济结构的根本性调整。流动性过剩虽然会引发价格的上涨，但是，如果政策恰当，则可以利用流动性过剩来推动金融体系的结构性调整和金融市场特别是中国资本市场的发展。没有流动性过剩，中国资本市场怎么发展？谁去购买这些资产？所以调节流动性过剩政策重心在于结构性疏导。把过多的流动性疏导到资本市场上来，以此来推动中国资本市场的发展。中国已经迎来了发展金融市场特别是资本市场最合适的时机，改革开放以来这是最好的时期，千万不能错过。就资本市场发展而言，由于存在流动性过剩过去我们需要用十年做成的事情，今天实际上我们只要用两年就能做到。

二、中国资本市场进入了一个新的发展阶段

从 1990 年到 2005 年是中国资本市场的探索期。2005 年 5 月以后，中国资本市场开始进入新的历史发展阶段，其判断的标准主要有以下几点。

第一，股权分置的制度平台从总体上看已经不复存在。全流通的市场结构彻底解决了大股东与小股东之间的利益不一致问题，形成了股东之间共

同的利益趋向。股东之间共同的利益趋向是中国资本市场持续发展的基本动力。

第二，与全流通的市场结构相适应，中国资本市场规则正在发生重大的调整。从发行、上市、交易到购并、信息披露、退市等诸多方面，制度和规则越来越国际化、市场化。这一点在公司购并的规则中得到了突出的体现。由于历史的原因，中国上市公司中有相当多的是当年通过资产剥离将大企业的一个生产环节的资产上市的。这样的上市公司缺乏经营的独立性。为此，必须修改相应的规则，鼓励上市公司通过定向增发、资产注入等形式实现母公司优质资产的整体上市。我个人认为，以上市公司为基本平台，实现母公司（控股股东）优质资产的整体上市，是实现中国资本市场持续成长的重要途径。

第三，资本市场的资金管理制度和资金运行体系也在发生根本性的变化，证券公司的市场风险放大性功能正在衰弱。2005 年之前中国资本市场风险很大、投机气氛很浓，其中一个重要原因就是许多证券公司对市场风险起了推波助澜的作用，他们肆无忌惮地挪用客户保证金，把风险转嫁到客户身上。证券公司挪用客户保证金之所以成为一个群体性现象，原因在于我们的制度设计的根本性缺陷。在资金管理制度上，实际上是把证券公司设计成类银行，从而使他们可以自由地动用客户的资金余额。这样的制度设计会使好人变坏人，坏人变恶人啊！第三方存管的资金管理体制是资本市场制度的重大改革，是一个历史性的进步。

第四，市场的核心功能——定价功能和对存量资源的再配置功能正在恢复。资本市场有两个最重要的功能：一是资产定价。过去我们是通过资产负债表中的净资产来判断企业价值的，净资产成为企业定价的一个基准。资本市场发展以后，净资产的定价意义不复存在，仅仅具有财务核算的意义，对于并购等投资活动没有什么参考价值。二是存量资源的再配置。对存量资源重新配置是资本市场所特有的，也是资本市场不断成长的动力。以购并为标志的存量资源的再配置，将在中国资本市场的成长过程中扮演着重要角色。

第五，全流通的市场结构使得中国资本市场开始具备有利上市公司长期发展的激励机制实施条件。我们要充分认识到，人力资本对现代企业发展中的特殊作用。我个人认为，在一些企业，如高科技企业、金融服务业等人力资本是企业发展的最重要因素，相对而言，货币资本在这些企业中的作用在下降。所以在上市公司中，建立管理层长期激励机制是企业持续发展的重要制度措施。

第六，资本市场资产价格体系结构性调整的时代已经来临，强者更强，弱者更弱将是市场的一个总要特点。股权分置时代中国资本市场的资产价格体系实质上是无差异的。一个很好的企业和一个差的企业在资产价格的差异并不是很大，这显然是不正常的。今天的中国资本市场势必会对这种无差异的资产价格进行根本性调整。

第七，人民币升值的预期和国际化的趋势使中国资本市场发展面临更优的金融环境。人民币的不断升值是一个基本趋势，短期内不会有趋势性改变。人民币升值对中国金融市场特别是资本市场成为国际金融中心之一有着非常重要的作用。没有人民币升值的预期，就没有人民币国际化趋势，要想把以人民币计价的资产变成全球投资者都愿意购买的资产是不现实的。只有人民币的币值相对稳定或缓慢升值，以人民币计价的资产才会吸引全球的投资者。如果人民币币值波动很大，甚至还面临着贬值风险，这个国家的金融市场是难以发展起来的，因为它缺少一个最基本的外部金融环境。我个人深信不疑，到 2020 年人民币一定会成为全球最重要的储备货币之一。[①] 只有人民币成为国际重要的储备性货币，中国的金融体系才会真正强大起来，中国资本市场才可能成为全球重要的资产交易中心，中国的强国之梦才会实现。通过资本市场的不断发展来成就中国金融的强盛是我一生的梦想和追求。

我曾研究了世界金融中心漂移史。[②] 从 13 世纪到 21 世纪的七个世纪中，全球金融中心在兴衰更替的历史进程中缓慢地漂移着。一部金融中心的漂移

① 吴晓求．中国资本市场：从制度变革到战略转型 [M]. 北京：中国人民大学出版社，2007：7–57.

② 吴晓求．中国资本市场：从制度变革到战略转型 [M]. 北京：中国人民大学出版社，2007：63–105.

史，也是金融的发展史。13 世纪，世界的金融中心在哪里呢？在威尼斯。那个时候的金融中心实际上就是结算中心，而不像今天的金融中心更多地表现为资产交易中心。17 世纪金融中心就慢慢漂移到北欧的一个具有海洋文化的城市阿姆斯特丹。18 世纪到 19 世纪英国开始发展起来了，成为当时最强盛的国家，海外殖民地的扩张、对外贸易的扩大以及资本主义经济的发展，使伦敦开始成为取代阿姆斯特丹而成为全球新的金融中心。18 世纪中叶爆发了著名的英法战争，结果英国打败了法国。当时法国人口是英国人口的 3 倍，但是为什么英国能战胜法国呢？史学家在总结经验时认为，一个重要原因就是英国的金融革命极大地提升了英国的金融能力，从而可以有效地为战争筹集经费。[①]19 世纪末 20 世纪初，美洲大陆开始兴盛，美国开始成为一个经济强国。翻开 100 年前欧洲的报纸，我们可以看到许多诸如“美国威胁论”的观点，保守的欧洲试图采取多种措施来阻止美国的发展，但没有成功。100 年后，这种论调开始出现，并甚嚣尘上，以美国为代表的发达国家发出了“中国威胁论”的论调，并试图采取各种措施阻止中国的发展，历史似乎在重演。纽约成了 20 世纪全球最重要的金融中心。100 年前欧洲人发出的“美国威胁论”没能阻止美国强盛的脚步。100 年后的今天，谁也阻挡不了中国发展的步伐。

20 世纪 70 年代至 80 年代，随着全球经济结构的调整，日本逐步成为一个经济强国。全球金融中心出现了漂移的迹象，并有可能在东京着陆。当时的日本东京具备成为全球金融中心的基本条件，日本的经济实力强和贸易规模在全球已经排到第二位，同时还有较好的法制环境。20 世纪 80 年代末，东京证券交易所的市值曾经一度超过了纽约证券交易所。然而，随着“泡沫经济”的破灭，东京作为新的国际金融中心地位受到了严重的挑战和动摇，以至于金融中心正在缓慢地离日本而去。

进入 21 世纪后，全球新的金融中心在亚洲的上空飘忽不定。然而，种种预兆表明，21 世纪新的全球金融中心正向中国方向漂移。作为 21 世纪国际

① 吴晓求 . 中国资本市场分析要义 [M]. 北京：中国人民大学出版社，2006：12-13.

金融中心的一些重要基础条件正在具备，包括中国的经济发展水平、国际贸易规模和人民币良好的信誉度。历史给了我们机遇，我们应当顺势而为，不断提高我国的民主和法制水平，完善信用制度，制定并实施促进金融体系市场化改革和大力发展资本市场的金融战略，机遇就一定能变成现实。

第八，中国资本市场的发展战略正在调整。当我们站在开放的角度和经济全球化的角度，我们可以认为，到 2020 年中国资本市场的战略地位应该是这样的：以沪港深为主体的中国资本市场是全球最重要的、规模最大、流动性最好的资产交易场所之一，其仅就沪深市场的市值而言，届时将达到 60 万亿元到 80 万亿元人民币。人民币将成为世界上最重要的三大储备货币之一。一个以相对发达的资本市场为核心的中国金融体系将成为全球多极金融中心之一极。在这里，我们不能不谈到香港金融市场的未来发展和战略定位。维持香港的繁荣和发展是我们的责任。我认为，香港市场不要与内地市场同构，根据各自的优势，相互之间要有战略分工。能否作这样的战略分工：上海市场的战略目标是人民币的定价中心和蓝筹股为主体的资本市场；深圳市场主要以中小上市公司为主体的资本市场；香港市场主要是金融衍生品交易市场和一个更加国际性的市场。有了战略分工，才会合理地配置战略资源，才能在全球金融体系竞争力处于相对有利的地位。

三、资本市场发展对商业银行的深刻影响

中国金融市场特别是资本市场的发展，将在战略层面对中国商业银行产生全面而深刻的影响，主要体现在两个方面。

一是对商业银行的智力结构和深层机制的影响，包括公司治理结构、股东与管理层的利益结构、激励与评价制度、透明度、风险的形成和处置机制等。国有商业银行的上市，终结了政府的风险买单机制，建立了市场化的风险处置机制，因而对改善中国金融体系的风险结构具有基础性的作用。

二是对商业银行金融产品的结构性调整带来了深刻的影响。随着资本市场的不断发展，客户对金融的需求在发生变化，商业银行的客户也在悄然地发生变化。由于受制度和规则的约束，商业银行给客户提供的产品并没有根

本性的变化和调整，这种现实满足不了客户不断升级的金融需求。金融业本质上就是服务业，服务于客户的需求。客户的需求结构发生了变化，银行提供的供给服务却跟不上。商业银行的竞争力与产品的多样性功能的复合性具有内在联系。在中国，基于市场的金融创新受到了相对落后的金融法律、法规和制度的约束。我们有些制度、规则和法律条文是 5 年前甚至是 10 年前制定的，那时候我们还看不到今天的发展。但是在实践中仍然是以这种标准来监管商业银行，从客观上阻碍了商业银行的自主创新能力。从这个意义上说，商业银行的创新能力不强、产品结构调整缓慢，与其说是商业银行自身的问题，不如说是与我们相对落后的金融制度有关更恰当、更符合事实。

中国迫切需要金融机构的自主创新，需要透过传统的法律和制度去创新。在现实中，我们的金融创新实际上是金融监管部门在创新，金融机构在执行，这违背了金融创新的逻辑过程。金融创新应当是金融市场主体的行为，因为只有他们才能最了解市场的变化、客户的需求。他们在面对各种市场变化和客户多样化的需求时，在控制自身风险的基础上不断创新产品来满足客户的需求。通过这种满足需求的服务，金融机构获得相应的收入，进而改变利润结构，提高竞争力，这才是正确的方向。金融机构的产品创新有一个基本的底线，那就是任何创新活动都不应为自身带来超过收益的风险。在中国，金融创新受到了金融监管部门严格监管。我认为，中国的金融法规和制度需要作重大的调整。

对传统商业银行盈利模式提出挑战的主要不是股票市场，而是公司债市场。股票市场通过提供新的资本金改善企业的资产负债比率，从而为商业银行的信贷活动提供安全性保证。而真正对传统商业银行盈利模式提出挑战的实际上是公司债市场。只有公司债市场的全面发展，才会从根本上推动商业银行的市场化改革和对传统盈利模式的转换。由于目前公司债市场不发达，资本市场对商业银行的全面挑战的时代实际上还没有到来，只是有了一点硝烟的味道，就这种硝烟的味道来自短期债市场对短期流动性贷款所带来的压力和竞争。公司债市场的发展对我国债券市场和货币市场的发展具有极其重要的意义，它在僵化的债券发行和管理体制中打开了一个市场缺口。

金融活动的“脱媒”现象在中国已经出现，并将成为不可逆转的趋势。“脱媒”现象既是资本市场发展的推动力，也是传统商业银行盈利模式的颠覆者。商业银行面对“脱媒”这一基本趋势，必须进行两方面的重大调整：一是不断创新基于市场的金融产品，提供与客户需求相匹配的产品供给。结构性金融产品，基于市场的收益与风险在较高层次上匹配的且具有财富管理功能的金融产品是中国商业银行产品创新的重点；二是传统业务（贷款）客户群在不断下移，中小企业和私人客户将是我国商业银行传统业务的主要对象，贷款的客户结构也将发生较大变化。

资本市场发展会带来商业银行特别是上市银行资产负债从形式到结构的重大变化。随着资产和负债证券化时代的到来，商业银行的资产和负债的价格也会出现较大幅度的波动。商业银行正在进入市场化风险管理的时代。这种变化实际上意味着从传统商业银行到现代商业银行的悄然过渡。

我们应清醒地认识到，商业银行所处的外部环境正在发生重大变化，我们对此不能视而不见，也不能虽知环境变化但拒绝变革。商业银行与资本市场的关系，就是一种生命主体与其相依存的环境的关系，就是恐龙和其生存环境的关系。恐龙虽强大，但是如果它不根据外部环境的变化而调整自身以适应新的环境，最终也难逃灭绝的厄运。所以，商业银行要想在未来的竞争中生存并不断发展，就必须深刻了解未来生存的环境将会发生何种变化，以及如何调整自身去适应这种环境。

股权分置改革：中国资本市场发展的新坐标

——2007年在一个内部会议上的发言

【作者题记】

这是作者2007年下半年在一个内部会议上的发言。之所以收录这篇演讲是因为它代表了作者在那个时期对一些重要问题的看法，如股权分置改革等。演讲中提到的未来目标，到今天，有一些还未实现。

中国资本市场进入到新的发展阶段，面临新的战略目标与战略转型。股权分置改革已经历了大约两年时间，在这两年时间里，在各种因素的共同作用下，中国资本市场得到较快增长。从今年年初开始，市场开始出现了比较大的分歧，分歧的焦点主要集中在市场到底存不存在泡沫？这种泡沫会不会危及整个金融体系？这种泡沫会不会影响经济的正常运行？上证指数突破3 000点以后，这些争论就没有停止过，上升到4 000点以后，争论就更激烈，分歧更大。市场的快速增长究竟有没有基础？是不是纯粹的泡沫化市场？我认为，市场的增长是有基础的，并不是纯粹的泡沫化的市场。现在中国的市场和20世纪80年代后期泡沫化的日本市场是截然不同的，有根本差别。

中国资本市场增长的第一个基础是股权分置改革的顺利完成。股权分置改革是中国资本市场发展15年来最为重要的一次变革，也是最复杂的一场变革。这场变革走过的道路非常崎岖艰难，有不少人反对这场重要变革。有的人认为，这个变革缺乏理论依据，实际上是瓜分国有资产的最后一次盛宴。这种认识是完全错误的。中国的每一次改革，事实上都在推动提高国有资产的利用效率，以创造更多的财富。很多人把对价的支付看成是瓜分国有资产的行为，这是一种静态的认识。改革前从表面上看，国有股大约占上市公司非流通股的70%，市场非流通股又占据了整个市场约70%的股份，也就是说，国有股占整个股票市场50%左右的股份。如果是1 000亿元的支付对价，那么国有股要拿出700亿元左右来补偿流通股股东。但是，这些人没有深刻地认识到，国有股获得流通权所带来的资产增值效应，这些国有股不但有了流通权，还获得了资产溢价。从现在看，股权分置改革取得了巨大的成功，这无疑证明了这是一场正确的资本市场制度性变革。

在1990年建立沪深交易所时，无论从意识形态、对资本市场的理解、对金融技术的把握还是对金融风险的处置能力来看，我们还都处在幼稚期，只能建立一个从今天来看制度设计上有重大缺陷的市场，但这至少让中国资本市场提前诞生了5~10年，也使中国国有企业改革所需要的市场化平台至少提前建立了5~10年。随着中国经济的快速增长和资本市场的发展壮大，无论从意识形态、对资本市场理解、对金融技术的把握还是对风险的处置能力来看，我们都具备了解决股权分置遗留问题的能力。这场改革在中国资本市场发展历史中具有里程碑式的意义，远比解决任何其他资本市场的问题都重要。与股权分置改革相比较，我们可以暂停公司上市，因为再去复制股权分置的上市公司已毫无意义，就好比现在再去发行 B 股没有任何价值一样。构建一个透明、符合国际规范、能够形成一致利益基础的制度平台比什么都重要。以前我们认识不到中国资本市场存在问题的根源，一些人简单而表象地将问题的根源归结为中国资本市场的投机性，没有认识到中国资本市场为什么投机如此盛行？为什么公司一上市业绩就变差？为什么上市公司并购的目的是掏空上市公司资源，而不是优化资源配置？一直找不到产生这些问题的根源。过去不能解决这些问题，源于没有理解滋生这些问题的原因。现在，我们终于找到了产生问题的根源，也就是股权分置现象的存在。

随着时间的推移，股权分置改革对中国资本市场发展所带来的深刻影响正在不断显现。一个具有共同利益基础、收益与风险相匹配、具有激励功能和约束机制的资本市场正在不断形成。从现在看，在这场变革中，国有股为得到流通权支付的对价大约在 3 000 亿元左右，但国有股获得的资产溢价又何止 3 万亿元？股权分置改革前沪深市场的总市值大约在 3 万亿元人民币左右，现在则超过了 16 万亿元，即使把新发行上市的 6 万亿元市值剔除掉，市值也增加了 7 万亿元左右。所以，3 000 亿元的支付对价成本是很小的。在股权分置改革前，市场上大多数人认为，如果推动股权分置改革，市场一定会迅速下跌。他们认为，1/3 的流通股已经让市场难以支撑，如果再放开其余 2/3，市场会更加恐慌。这种认识显然错误地认为，股票的流通权是非流通股一夜之间变成随时可兑换成现金的股票。这种认识貌似有理，实则谬误。

实际上，就像股权分置改革给资本市场带来的重大意义一样，中国经济许多领域的制度变革都已对所在领域产生了前所未有的重大影响。20 年前的农村家庭联产承包责任制改革，20 世纪 80 年代的一系列经济体制改革，使得农业和经济体制发生了翻天覆地的变化。今天如果哪个领域还很落后，肯定是因为这个领域没有进行深刻的制度变革。制度变革会给相应领域带来持久的生命力，股权分置改革给中国资本市场带来的肯定不只是短期的成长，而是百年大计。我曾经为股权分置改革写过一本书[①]，这本书深刻剖析了股权分置的八大危害。在这八大危害中，排在第一位的是股权分置的存在导致上市公司股东之间存在内在利益冲突。本来上市公司是投资者以资本为纽带组成的利益共同体，他们应该拥有共同的价值取向和利益取向，但由于股权分置的存在，中国上市公司股东之间存在严重的利益取向冲突，制度缺陷对上市公司产生了巨大的危害，这是中国资本市场产生一系列重要问题的原因所在。股权分置改革后，这个问题得到了彻底解决，大股东和中小股东具有共同的利益机制。股权分置改革解决了股东之间的利益冲突，大股东的行为开始趋于理性。

中国资本市场成长的第二个基础是，人民币缓慢的可预期的升值。人民币币值和以人民币为计价单位的资产价格的变动是一种正向的联动关系。一个本币坚挺的国家才是具备长期竞争力的经济体。一个国家要建设全球重要的资本市场，其本币一定要稳定，并在国际范围内有一定的影响力。美国没有美元的坚挺，肯定不会有以纽约市场为核心的全球最重要的美元计价资产交易平台。中国资本市场要想成为国际金融中心，人民币一定要成为相对稳定的货币。

中国资本市场成长的第三个基础是，大量海外上市的国有企业回归A股。大量海外上市的国有企业回归A股，有利于提升中国股票市场的投资价值，将实现市场功能从“货币池”到“资产池”的根本转变，有利于全球金融中心目标的实现。现在有不少人把存入银行的储蓄拿出来买股票、买基金，这是一种正确的趋势，如果大家都把现期收入余额存入银行，那才是一种长期忧虑，是一种复制传统金融的行为。人民银行最新统计数据显示，今年4月，银行存款下降了1 673亿元，这是非常好的现象。但是不少人把这种投资于股票、基金的行为看成是“全民炒股”，看成是纯粹的投机行为，这是在用落后的眼光看待资本市场和投资者行为。中国的市场一定要发展成为

① 吴晓求.中国资本市场：股权分裂与流动性变革［M］.北京：中国人民大学出版社，2004.

管理存量资产的社会财富中心。我有一个认知，就是居民增量收入的重要部分主要被用来维持现期消费，财富增长的重要来源是存量财富价值的成长。现在老百姓的财富增长主要来源于增量收入部分，我把这看成是一种“贫困的增长”，财富增长的大部分应主要通过存量资产价值的增长反映出来。20世纪90年代以来，美国经济年平均增长3%左右，但其存量资产价值每年以平均15%的速度增长，这是市场泡沫吗？美国的股票市值与GDP的比例大概在2.5倍左右，很少有人会认为这是泡沫。现在不少人还在用落后的观念来看待今天的中国资本市场，他们用落后于时代的观念得出了很多落伍的结论。大型蓝筹股的回归给中国市场带来了悄然的变化，以前市场投机的一个重要原因，就是很多上市公司本身不具有投资价值，大型蓝筹股的回归让我们的市场具备了投资功能，具备了“资产池”的作用。

所以，我们必须从战略的高度认识到这种战略转型对中国资本市场未来发展所具有的深远意义。要采取积极措施让那些业绩优、规模大并且有成长性的企业回归中国A股市场，以形成中国蓝筹股市场。只有拥有大量优质的、具有长期投资价值的蓝筹股公司，中国资本市场才能吸引越来越多的投资者进入；只有源源不断的优质上市公司进入市场，资本市场才能保持可持续发展。从这个意义上讲，我不赞成我国优质大型企业争先恐后地到海外上市。2006年3月，在十届全国人大四次会议上，有关专家从国家经济安全和培养我国内地资本市场的战略高度对我国大型和特大型企业纷纷到海外上市提出的警示，是具有重要现实意义的。这些大型和特大型企业把握了中国经济的命脉，垄断了许多稀缺资源。把这些稀缺资源所创造的资源性垄断利润让境外投资者享有，这不公平。我们必须深刻地认识到，在现代金融活动中，上市资源是重要的金融资源。我们要努力把我国的优质企业留在国内资本市场，让中国国内的投资者享受这些具有核心竞争力企业所创造的财富。

中国资本市场成长的第四个重要基础是，上市公司业绩的改善。上市公司业绩增长有力地支撑了市场的成长。有人说，为什么2006年中国上市公司业绩与以前截然不同？2006年上市公司整体业绩平均上升了48%，预计2007年的业绩也将大幅增长，这种业绩增长，与股权分置改革存在逻辑上的关联。这四个基础说明，市场成长并不是完全的泡沫化。我们不能因为市场的成长就得出泡沫化这样草率的结论。

除了这四个基础外，上市公司对证券公司股权投资的巨大溢价也是市场增长的一个直接原因，这同时也说明市场的成长有一定的脆弱性，因为股权投资收益与主营业务收入带来的利润不能等同视之，同样利润和规模的两个上市公司，利润的产生主要靠主营业务收入的公司成长性更为稳健，这也间接地解释了市场有时候会大幅调整的原因。我认为，中国现在的市场存在着一种结构性泡沫。我是“结构性泡沫”这个词的创造者，它暗含了一种政府应该采取的政策倾向，即政府不能直接干预市场，不能采取总量控制政策，只能采用一些结构性政策。我们提出了一些总量控制政策比如提高存款准备金，但总量政策对中国资产价格影响甚微。现在有人又提出要征收资本利得税，这是极不负责任的提议。这说明他们根本不了解一个强大的资本市场对中国经济社会发展的重要性，如果开征了这个税，中国资本市场会遭受灭顶之灾，中国金融改革的成果很可能毁于一旦。如果中国像美国一样人均 GDP 达到 3 万美元，那么或许可以征收资本利得税，但是对现在处于经济发展初级阶段的中国，一定不能摧毁刚刚恢复元气并且正在快速发展的资本市场。对资本市场而言，我认为，政府有两件事不能做：一是直接干预，包括《人民日报》发表社论这样的重大舆论干预，还有所谓的查处资金来源等都不可行；二是开征资本利得税。有人认为存款利息都征税，资本利得更应该征税，因为入市的老百姓按理说有钱的人占多数，如果资本利得不征税就有“杀贫济富”之嫌。实际上老百姓入市无非是多了一种资产配置的渠道，这是一种好事。

虽然我们的市场出了一些问题，但是还是要相信市场。在透明度有保障的条件下，市场会有校正机制。市场行为是投资者一致行动的体现，而某个人在办公室里说过热，那是苍白无力的。即使市场过热，投资者可以通过出售资产的行为校正市场的过热。市场之外的非市场力量通过非市场的手段打压市场是完全不合适的行为。

在现实中，我国资本市场的资产价格有时没有体现出不同资产的盈利能力，这意味着这些企业的资产价格已经大幅度偏离了其资产的真实价值。从市场情况来看，在过去的一年半时间中，优质企业的股价上涨了100%~120%左右[①]，但是一些没有业绩支撑的公司涨幅却远远高于这一幅度，这说明我国资本市场中存在结构性泡沫。我曾经认为，股权分置改革后，我国市场的估值功能将会得到校正。基于这一框架，我认为，资产价格在股权分置改革完成后，将会出现分化状态，定价的无差异特征将会改变。如果股权分置改革能使市场估值功能得到校正，那么此前的价格体系就会解体，进而重新塑造合理的资产价格结构，这一点现在并没有表现出来。现实是，定价的无差异特征不但没有减弱，反而更加严重。造成这一问题的原因在于，我国众多新加入市场的投资者，并没有真正认识到资本市场的估值特征。交易所的一份调查显示，新进入的投资者对于下跌股票和低价股票有强烈的偏好，这一现象基于对上市公司无法识别的异质性，新进入的投资者认为不同企业的股票是同质的，这一行为的必然结果就是低价股和绩差股价格的迅速上升。而且，这一交易行为具有“自我实现”的特性，也就是说，当众多投资者都持有这一想法的时候，对于这些股票的买入行为就会推动价格的真实性上涨。这是我国资本市场这一特殊阶段中的一个特有问题。这种行为违背了金融投资的一般原理，是无法持续的。

投资者结构问题一直存在。我国1亿个投资者账户中有3 600万个是休眠账户，除此之外的6 000多万个账户也存在结构性问题。结构性问题并不是对新投资者的批评，老的投资者伴随着资本市场的发展正在逐渐成熟。

治理结构性泡沫，不能施用总量调控的政策。结构性泡沫应采用结构性政策。结构性政策并不会全面影响市场，而是针对具体的问题采取具体的政策。第一，对虚假信息披露、操纵市场和内幕交易等行为要严厉打击，不能姑息。市场公平是最重要的。一个不公平的畸形发展的市场是没有前途的。例如，对杭萧钢构的虚假信息披露就应当严厉惩罚。杭萧钢构的虚假披露甚

---

① 例如，中国石化（600028. SH）增长120%左右，工商银行(601398.SH)按照发行价格计算，增长100%左右。

至要比银广夏事件的危害性更大。股权分置改革后，要防止过去庄家、大股东联手操纵市场演变成大股东独自操纵市场，尤其对禁售期已满的大股东更要严加监管。大股东出售股票一定要预告，需要执行慢走规则。这是基于大股东对于信息知情权的优势而做的对冲——慢走规则——提前五天预告，以给予其他投资者判断和缓冲的时间，否则大股东就有机会操作市场。这是结构性政策的重点。

结构性政策的第二个方面是供给方面。要加速改变中国上市公司的结构，快速让在海外上市的大型国有企业特别是资源垄断型企业回归中国A股市场。我国资本市场正面临着一个千载难逢的时机，有着有利的环境条件——流动性过剩。有人认为，流动性过剩是一个非常严重的问题，我认为流动性过剩是一个很好的条件，它为中国金融体系的市场化改革提供了良好条件。没有流动性过剩，发展资本市场，推动金融的结构性改革是困难的。政策的重点在于流动性过剩不要成为物价上涨的推动力。流动性进入资本市场，并且同时扩大市场供给则会加快资本市场的发展。这一条件的存在，可以使资本市场在较短的时间内完成过去需要很长时间才能完成的任务。现在股票市场的市值为16万亿元，证券化率已经达到80%。两年前这一比例还处在20%的水平。我们要用发展的眼光看待这一比例，明年的证券化率或许会进一步提高。证券化率超过100%，意味着资本市场进入相对发达国家的行列。

就政策而言，最不恰当的就是直接干预的政策和所谓的征收资本利得税。我们可以出台的是前面提到的两个结构性政策和对新投资者的风险教育及提示。

对资本市场发展来说，流动性过剩是一个重要的宽松环境。现在，我们对流动性过剩采取的是严厉的收缩政策。在我国，利率调整政策运用得较少，存款准备金调整较多。这说明我国货币政策的重心放在流动性总量控制的存款准备金这一工具上，并没有放在改变资产结构的利率工具上。

我们现在把流动性过剩看成一个非常重要的不稳定因素，货币政策对此非常关注，最近政策重点在收缩流动性。今年四次提高存款准备金率、一次加息，都非常清楚地体现了政策的倾向。四次存款准备金率的调整对流动性收缩的确起到一定的作用，而且人民银行还在不断发行票据回收流动性。中国流动性过剩是制度性的而非技术性的。通过政策来收缩制度性的流动性过剩是困难的。这样一种流动性过剩，是中国金融市场特别是资本市场发展千载难逢的机会和重要的外部环境。

我们的流动性过剩是制度性的，制度在不断地创造流动性过剩。为什么伴随如此大的流动性过剩却只有 3% 的 CPI 上涨？在过去的金融结构下，流动性过剩可能会导致物价的大幅上涨，原因是货币的逐利性。货币持有者要寻找最有利的投资渠道，这一点是人为无法主导的。当利率很低的时候，希望大家把钱存放在银行作为居民存款存在的想法是不现实的。所以说，调整存款准备金率对于居民储蓄存款来讲，影响是极其有限的。理论上讲，利率是资产结构转换的指示器，通过调整利率可以影响资产结构和资产价格。我国庞大的流动性过剩没有引起 CPI 的大幅上涨，原因可能在于资本市场的作用，资本市场吸纳了巨大的流动性。我国资本市场的市值现在是 16 万亿元，未来会达到 30 万亿元、80 万亿元，资本市场会吸纳越来越多的流动性。发达的资本市场，除了构建新金融体系的基础以外，还是经济运行的减压器。当流动性压力过大的时候，它会自动减压收缩。发布大规模收缩流动性的政策，不如大力发展资本市场去对冲这种过剩的流动性。股票价格上涨并不必然引发巨大的经济问题，股票价格上涨比房价上涨的副作用要小得多，虽然房子和股票都是资产，但是房价上涨不利于经济运行和人民生活稳定。房价与物价比较，房价上涨的副作用又要小于物价上涨。这三种价格是有逻辑顺序的。

从政策引导的角度看，合理引导价格需要做到三点：第一，保证物价的相对平稳，让人民在稳定的环境下生活，保护他们的生活不受影响；第二，控制房价上涨；第三，才是股票等资产价格的变化。相反的政策顺序是错误的。

我国现有的汇率形成机制、结售汇制度，以及强烈的升值预期，都会带来流动性过剩，所以过剩是制度性的。这种过剩的流动性要找到合适的投资渠道。对流动性过剩进行结构性引导，是政策的重心。中国资本市场从 2006 年开始已经告别了过去，迎来了一个新的发展阶段。

中国资本市场有三个发展阶段：第一个阶段，从 1990 年到 2005 年，这一阶段是中国资本市场的奠基阶段，有浓厚的中国特色。从 2006 年开始，中国资本市场开始进入第二个发展阶段，即相对规范和快速发展的阶段。这一发展阶段将会延续到 2020 年。

我国资本市场发展的第三个阶段，是将中国资本市场建设成全球重要的金融中心，成为全球多极金融中心的一极。我国资本市场未来 13 年的发展，目的就是要达到这个目标。在未来 13 年中，我们一定要用发展的眼光看待这个市场，要不断完善市场规则，改革制度和上市公司的结构，加强市场透明度，增加市场流动性，进一步完善投资者结构。在我国资本市场发展的第三个阶段，中国将会成为全球重要的金融中心。在 2006 年 4 月出版的《中国资本市场：从制度变革到战略转型》[①] 一书中，我们描绘了中国资本市场到 2020 年的一系列战略转型和发展目标[②]。该书的主要内容压缩后在上海证券报做了两周的整版连载。这其中蕴含了强烈的信息：中国在从一个经济大国向经济强国的发展过程中，金融的强大是最重要的条件之一。没有金融的强大，中国不可能成为世界上有影响力的大国。

1999 年，我曾经描绘了未来十年的发展愿景，现在我再次描绘到 2020 年的发展蓝图。我确信，在未来的 13 年，这一梦想是可以实现的。中国资本市场正在发生巨大变化，这个变化正在朝着未来的目标推进。

在迈向 2020 年的发展中，我们要做一系列变革，要制定中国资本市场的战略定位和开放、国际化的战略目标。我认为，到 2020 年，中国资本市场和金融体系的战略目标是：由沪深市场为轴心形成的中国内地资本市场将会是全球最重要、规模最大、流动性最好的资产交易市场之一，其市值将达到 80 万亿元人民币。从现在的市场和经济发展环境看，市值 80 万亿元是完全可以

① 吴晓求．中国资本市场：从制度变革到战略转型［M］．北京：中国人民大学出版社，2006.

② 参见①，pp.11–12。

实现的。在 2020 年，我国 GDP 将达到 80 万亿元，证券化率将达到 100%。人民币正在实现国际化，人民币将会成为全球最重要的三大国际性货币之一。货币国际化并不意味着一定就成为国际储备货币。港元是国际化的货币，但并不是国际储备货币。人民币成为国际化货币应是可期待的。但是，人民币成为重要的国际储备货币之一，还有很多事情要做，其中最重要的就是要建设发达的金融市场。人民币国际化是中国资本市场成为国际金融中心的必要条件，而资本市场作为国际上重要的资产交易市场也是人民币国际化的重要支撑，二者相辅相成、互为条件。罗杰斯曾写文章认为，2015 年人民币和美元将会成为两大国际储备货币，并且认为欧元到那个时候将会消失。这个看法可能有点偏颇，但如果那时欧元仍然存在，也就意味着人民币是三大国际储备性货币之一。以资本市场为基础的中国金融体系将成为全球多极金融中心的一极，将成为人民币及人民币计价资产的交易中心。人民币资产的定价权一定是中国资本市场最核心的功能。到 2020 年，人民币计价资产的配置比例会大幅度提升，中国将完全成为一个国际性经济体。

虽然我国现有的市场还存在着某种制度缺陷，但是它的确为未来中国资本市场成为人民币资产配置中心起到了重要的基础作用。

透过金融史我们可以看到，全球金融中心在不断地移动。为此，我正在构思一本书关于金融中心漂移的著作，初步定名为《金融中心漂移史》。全球金融中心不可能稳定在一个区域。美国成为全球经济中心与美国的金融市场密不可分，它在全球范围内配置资源以支撑其强大的经济体。从 13 世纪开始，威尼斯开始成为全球的金融中心，那时金融中心并不像现在的金融中心，其重要功能并不是资产交易中心，而是支付清算中心。随着北欧国家的强盛和海洋时代的到来，16 世纪，阿姆斯特丹开始崛起，它的崛起与当时荷兰在海上的霸权存在密切联系，其通过霸占海上贸易权，继而通过贸易的扩张为其成为全球金融中心创造了重要的基础。随着北欧国家的衰落和英国的崛起，英国逐渐霸占了海上贸易权，并且大幅度对外扩张，伦敦逐渐成为全球最重要的金融中心，伦敦金融中心的国际地位维持至今。显而易见，伦敦成为全球最重要的金融中心，大英帝国的强盛起了重要作用。在 17 世纪，英法战争进行了几十年，八年战争最为关键。在战争期间，英国的人口只有法国的1/3，法国经济规模超过英国。但英国有发达的金融市场，通过金融来迅速向军工聚集资源，使得相对弱小的英国打败了法国。金融发展对英国的强盛起了至关重要的作用。事实上，日本之所以在二战之前强盛，也和其金融的发展有着密切的关系。国家通过发达的金融体系聚集资源向某一个领域倾斜，从而使得这个领域迅速发展起来，是金融体系的重要功能。当时在英法战争中英国的金融体系起了至关重要的作用。

中国是一个经济大国，但还不是经济强国。我国是制造业大国，制造业的强大使中国成为经济大国，但是，没有科学技术迅速转化为生产力，没有金融市场的强大，中国将无法成为经济强国。如何把科技的力量注入到产业中来，如何利用金融市场来配置资源是中国成为经济强国的两大支柱，是我们现阶段需要着力发展和研究的重要课题。

金融中心漂移到英国，并在两个世纪之后，开始启程转向纽约，向美洲大陆转移。当时美国的崛起遭到了欧洲大国的遏制，欧洲一些大国想尽办法遏制美国的发展。然而，美国的全球金融中心地位还是在发展中逐步确定。当时的美国市场并不强大，但是他们并没有把好的企业送到伦敦去上市。上市公司是金融中心最为重要的金融资源，这一点很多人并没有意识到。作为重要资源的上市公司，比储蓄更加重要，因为上市公司是市场扩张的基础。美国的企业大多在纽交所上市，后来在纳斯达克上市，并没有大规模去伦敦上市。这种政策培育了美国强大的、无以匹敌的资本市场。我早年写过文章，认为中国在这方面的战略安排是失误的。把优质的企业送到海外市场去上市，这是一种短视的政策。如果是出于外汇紧缺，通过上市来筹措外汇资金，尚可理解。但是，今天状况已经不同了。我国的外汇储备已经超过11 000亿美元，现在要研究的课题是如何把如此庞大的外汇储备运用起来，并使之增值。我们的宏观调控为何如此困难，是因为与我国庞大的外汇储备相比较，发行2 000亿元的央行票据作用极其微小。从金融战略的角度看，我国的金融发展战略存在失误。金融发展战略在一个国家的发展中至关重要。就像一个企业在上市前，其金融战略不太重要，上市之前，重点在于如何构建营销体系、提升产品的技术水平、提高产品的性价比，以及如何完善公司治理结构。但是企业上市后，公司发展战略的核心就必须加上资本战略。资本战略或许是战略中的战略。对一个现代国家而言，这一理论也是适用的，金融发展战略是战略中的战略。当看到我们把优质企业送到海外上市，我非常忧虑。过去的这种战略，现在需要改变。我积极地呼吁，这些企业必须回归中国A股市场，存量部分应当回归，增量在港交所和纽交所的部分可以在当地继续交易，但是国有企业80%的存量必须回归。就像工商银行在香港上市只有400亿股，剩下的3 300亿的存量股份应全部回归A股一样。建设银行的做法似不可取，其存量部分仍在香港交易。如果这种状况不能得到根本变革，中国资本市场一定会被边缘化、空心化。有代表在两会提案，强烈要求这些企业回归A股，我坚决支持这一提案。这一提案推动了这些企业回归A股。类似神华集团这样垄断了60%煤矿资源的企业在香港上市是没有道理的。我鼓励联想到海外上市，因为它是技术型企业，需要国际投资者认知这个品牌。局限于中国内地市场，它将永远无法成为大型跨国公司。与之相比较，神华集团的产品特性决定了其应当定位为国内品牌，服务国内市场。而联想这些高科技企业要积极走出去，这是一种广告所无法达到的市场效应。

人民币计价资产的交易中心和回归A股是紧密相联的。现在，党中央、国务院对资本市场非常重视，以前很少开会研究资本市场。最近我就参加了两个会，一个是中共中央政策研究室专门开会研究资本市场的发展战略，另一个是国务院办公厅也开过一次有关资本市场改革的会议。我都做了发言，提出我国资本市场一定要转型，不能批准国内优质上市公司到国外上市。

现在，我们有一个需要认真研究的课题，就是香港金融市场的定位和发展问题。因为如果我们的企业不去香港上市，香港金融中心的地位就会受到影响，这是一个重要问题——如何维护香港市场的稳定和繁荣。我认为，港、沪、深三地资本市场应开始进行战略分工。香港不能仅靠内地输送大量的战略资源来发展，一定要依靠香港人才和优良环境。香港和西部不一样，西部发展需要中央输送资源，香港则不同。最近，上海已经成为亚洲第二大市场，已经超过香港。过去香港是内地最重要的转口贸易市场，现在国际贸易可以直接进行，香港的转口贸易功能在下降。如果上海成为重要的资本市场，那么香港的金融地位会有所下降。

香港是中国的香港，维持香港金融市场的稳定和繁荣是我们的责任，但是中国内地也需要有强大的资本市场。香港虽然是中国的香港，但从经济意义上说，香港已经境外化了，并且港元的存在使香港难以成为全球最重要的金融中心。人民币和港元有本质的差别。这一差别使得香港成为全球多极金融中心存在巨大障碍。以上海和深圳为轴心形成的内地市场，对内地经济的辐射力是香港市场对内地经济的辐射力所不能比拟的。我们的投资者所享受到的经济增长带来的财富效应和在香港市场所享受到的财富效应也是不一样的。所以，从战略角度看，唯一的办法是对沪深和香港市场进行战略分工：要把上海建设成全球重要的蓝筹股市场，全球最大的以人民币计价的蓝筹股市场，这是不可动摇的目标；要把深圳市场培育为财富成长性的市场；要把香港建设成人民币计价资产衍生品交易中心，各自发挥各自的优势。

为了实现这样的战略目标，我们还有很长的路要走，还有很多制度要改革。从现在开始，不能以落伍的眼光来看待我们的资本市场。第一，要对供给来源和供给结构进行根本性调整，要对上市公司资源进行结构性保护和战略性转变——要让中国资本市场真正成为全球最有价值的资产交易市场——这就是我们的目标。第二，要对资金来源、投资者的结构进行调整。金融改革的重点之一就是要让越来越多的资金进入资本市场，资金来源必须多元化、流量必须相对稳定且有增加。资金来源的转型，包括扩大内部资金来源，并允许这些资金进入资本市场。外部要扩大开放。现在 QFII 只有 100 多亿美元的额度，QFII 只是一个过渡性的安排，未来要让外国投资者可以有序进入我国资本市场进行投资，这是资本市场发展的重要前提。投资者结构要转变，散户为主的市场是难以为继的。我们需要培育机构投资者，培育一系列基于金融服务和资产增值的金融中介组织，这是我国投资者结构转型的重点。未来金融机构最大的盈利点一定是基于风险管理的资产增值服务，这是所有金融机构变革的方向。

当前述提到的条件逐渐成熟的时候，2020 年中国资本市场将成为全球三大市场之一的目标指日可待，那时我国的投资者就能享受到金融发展所带来的财富效应。

后面还有一段是从数理角度，探讨资产价格和实体经济的关系，这个研究比较抽象。大家想了解的话，可以翻阅 2006 年第 6 期的《中国社会科学》，那里有我一篇学术论文，专门讨论这一问题，基本的结论是，资本市场资产价格的变化并不一定是国民经济的晴雨表。[①]

① 本文最后部分为从数理角度讨论资产价格和实体经济的关系，其核心观点为资本市场资产价格的变化并不必然能够作为国民经济的晴雨表。限于篇幅，在此不再详述，读者可以参考吴晓求.实体经济于资产价格变动的相关性分析［J］.中国社会科学，2006（6）：55-64。

战略转型是中国资本市场面临的重要任务

——在“第十一届（2007年度）中国资本市场论坛”上的主题演讲

【作者题记】

这是作者2007年1月13日在“第十一届（2007年度）中国资本市场论坛”上的主题演讲。本届论坛的主题是“中国资本市场的战略转型”。

每人 12 分钟发言时间的规定我要遵守。大家在 11 分钟的时候鼓掌我就知道时间快到了。我先用一点时间讲讲这次论坛主题的由来。我一直以来有一个梦想，这个梦想就是如何使中国资本市场成为新的国际金融中心。在这个梦想基础上，有两个目标。

第一个目标，通过金融结构和金融体系的设计，让未来的中国是安全的，至少从财富管理的角度是这样。没有富有弹性的金融结构和金融体系，中国金融未来可能会处在风雨之中。

第二个目标，要让中国老百姓的存量财富有成长性。富裕有两种途径：一是增量收入；二是存量资产的成长。要让社会的存量财富有成长性，就必须有一种金融机制。这种金融机制能使财富成长与经济增长保持一种正向的函数关系，这就是发达、透明、有成长性的资本市场。

2000 年之前这样的梦想是朦胧的。2000 年之后，则越来越清晰。为了实现这样一个梦想，中国必须要有一个流动性好、透明的、具有财富管理功能的资本市场。2005 年之前，这个想法受到现实的挑战。那个时候，中国市场处在低迷状态，投资者信心涣散。不过，即使如此，我也认为未来一定可以实现梦想。为此，必须推动资本市场的制度变革。我们深刻地意识到股权分置严重阻碍了中国资本市场的发展，影响到两大目标的实现。

2005 年 5 月，我们启动了股权分置的改革。经过一年半的努力，股权分置改革基本完成。这个阻碍中国资本市场向纵深发展的制度性的障碍已经不复存在了，股权分置的制度设计即将成为历史。在股权分置改革完成后，我们突然发现还有更大的问题在困扰着我们，就是中国资本市场将朝着什么方向发展？未来的定位是什么？没有明确的战略就不可能有适当的政策，政策就会左右摇摆。我们反复在思考，中国资本市场在完成了制度变革以后，必须确定未来的战略目标。所以才有经过 15 年左右的努力，到 2020 年要把中国资本市场建设成全球流通规模大，透明度好的资产交易场所之一的目标。如果这个目标能实现，我的理想也就快实现了。

目标的确定要有理论、历史和现实依据的。从理论上说，可以找到依据，历史上也能找到依据，这就是金融中心漂移理论。从 13 世纪开始，全球金融中心随着经济的变化在不断移动，从威尼斯到阿姆斯特丹到伦敦再到纽约，经过大概七个世纪的漂移和流动。我们今天需要审时度势，来推动中国资本市场的发展。从这个意义上来说，我们要进行战略转型。第一，战略转型必须培育具有全球投资价值的资产，既包括科技型企业，也包括以工商银行为代表的蓝筹股。第二，我们必须开放我们的市场，不能把中国资本市场做成一个封闭的青海湖，要做成太平洋的有机组成部分，成为全球市场的重要组成部分。

为了实现这个目标，我曾说了四句话：一是理性精神，二是冷静思考，三是韬光养晦，四是清晰的战略目标。

我们面临的改革任务主要有以下几点：第一，传统金融结构必须改革；第二，法律体系和规则必须调整；第三，金融必须逐步开放，其中，最重要的是人民币的国际化。第四，投资理念和投资文化。这四个方面都要推进改革。四种态度、四项改革将完成中国资本市场的战略转型。

附录 《中国资本市场的理论逻辑》其他各卷目录

第一卷“吴晓求论文集”目录

第二卷“吴晓求评论集”目录

第三卷“吴晓求演讲集”（Ⅰ）目录

如何发展好中国的资本市场

——在清华大学五道口金融学院的演讲

金融的普惠性重点在“普”不在“惠”

——在“2019 中国普惠金融国际论坛”上的开幕演讲

中国从贫穷到小康的经验

——在津巴布韦大学的演讲

这个时代更需要敢想、敢干、敢闯的改革者和实干家

——在中国驻埃及机构的演讲

尊重经济学常识，把握金融发展规律

——在“中国人民大学财政金融学院 2019 级研究生新生第一堂课”上的演讲

忧虑与期待

——在“共享社会价值”论坛上的演讲

金融理论研究为什么重要

——在“2019 年广州金融发展定位与服务实体经济理论务虚会”上的演讲

中国金融的历史机遇

——在“普惠金融乡村振兴大会”上的演讲

中国金融的变革与战略目标

——在中央国家机关司局级干部专题研修班上的学术讲座

继续坚持改革开放，是解决一切问题的总钥匙

——在“全媒体时代的智库建设与战略传播”论坛上的主题演讲

从改革、创新和技术突破理解金融供给侧结构性改革

——在“货币金融圆桌会议·2019 春暨金融供给侧结构性改革闭门研讨会”上的演讲

中国经济稳定增长的重要因素

——在“2019 年国际货币基金组织（IMF）《亚太区域经济展望报告》发布会”上的演讲

2018 年的演讲

如何做好学术研究，如何认识中国金融
——在“中国人民大学财政金融学院 2018 级研究生新生第一课”上的演讲

中国资本市场的问题根源究竟在哪里
——在复旦大学管理学院“第四届校友上市公司领袖峰会”上的演讲（摘要）

中国资本市场如何才能健康稳定发展
——在“央视财经中国经济大讲堂”上的演讲（摘要）

货币政策尽力了 财政政策可以做得更好一些
——在新浪财经“重塑内生动力——2018 上市公司论坛”上的主题演讲

中国金融改革与开放：历史与未来
——在“2018 国际货币论坛开幕式暨《人民币国际化报告》发布会”上的演讲

我不太理解最近这种近乎“运动式”的金融监管
——在“金融改革发展与现代金融体系”研讨会上的演讲

愿你们保持身心的健康和精神的富足
——在 2018 届中国人民大学教育学院学位授予仪式暨毕业典礼上的演讲

坚守人生的底线
——在“中国人民大学财政金融学院毕业典礼”上的演讲

在改革开放中管控好金融风险
——在博鳌亚洲论坛“实体经济与金融力量”思客会上的演讲

中国金融发展需要理清的四个问题
——在“中国新供给经济学 50 人论坛”上的演讲

新时代的大国金融战略
——在东南卫视《中国正在说》栏目上的演讲

第四卷“吴晓求演讲集”（Ⅱ）目录

2017 年的演讲

第六卷"吴晓求访谈集"目录

后　记

在这部多卷本文集《中国资本市场的理论逻辑》（六卷）（以下简称《理论逻辑》）编辑出版之前，我曾分别出版过四部文集和一部演讲访谈录。这四部文集分别是：《经济学的沉思——我的社会经济观》（经济科学出版社，1998）、《资本市场解释》（中国金融出版社，2002）、《梦想之路——吴晓求资本市场研究文集》（中国金融出版社，2007）、《思与辩——中国资本市场论坛20年主题研究集》（中国人民大学出版社，2016），一部演讲访谈录《处在十字路口的中国资本市场——吴晓求演讲访谈录》（中国金融出版社，2002）。它们分别记录了我不同时期研究和思考资本市场、金融、宏观经济以及高等教育等问题的心路历程，也可能是这一时期中国资本市场研究的一个微小缩影。除《思与辩》与其他文集有一些交叉和重叠外，其他三部文集和《处在十字路口的中国资本市场》的演讲访谈录与这部多卷本文集《理论逻辑》则没有任何重叠，是纯粹的时间延续。

正如本文集“编选说明”所言，几经筛选，《理论逻辑》收录的是我在2007年1月至2020年3月期间发表的学术论文、评论性文章、演讲、访谈，是从400多篇原稿中选录的。未收录的文稿要么内容重复，要么不合时宜。

《理论逻辑》收入的文稿时间跨度长达13年。这13年，中国经济、金融和资本市场发生了巨大变化和一些重要事件，包括科技金融（互联网金融）的兴起、2015年股市危机、创业板和科创板推出、注册制的试点、金融监管体制改革、中美贸易摩擦、新冠疫情的暴发及对经济和市场的巨大冲击等。

全球经济金融更是经历了惊涛骇浪，如 2008 年国际金融危机、2020 年全球金融市场大动荡、新冠疫情在全球的蔓延等。《理论逻辑》中的学术论文、评论性文章、演讲、访谈对上述重要问题均有所涉及。

这 13 年，是我学术生命最为旺盛的 13 年。这期间，虽有行政管理之责（2016 年 7 月任中国人民大学副校长，之前任校长助理长达 10 年），但我仍十分重视学术研究。白天行政管理，晚上研究思考，成了一种生活状态。

这 13 年的后半段即从 2016 年 5 月开始，生活发生了一些变化，给我的学术研究带来了新的挑战。母亲得了一种罕见的肺病，长期住院，我每周至少要看望母亲两三次。最近一年病情加重，几乎每天都要去看望母亲，往返于居所、学校和医院。母亲每次看到我，都会露出发自内心的快乐和微笑。记得新冠疫情期间，我向她说，疫情防控形势严峻，母亲说，经济不能停，吃饭要保证。寥寥数句，道出了深刻道理。企盼母亲健康如初。我谨以此文集献给我的母亲。

这 13 年，是中国金融改革、开放和发展的 13 年。在 2000 年之后，我在学术论文和演讲访谈中，就中国金融改革和资本市场发展的战略目标，作过系统阐释并多次明确提出，到 2020 年，人民币应完成自由化改革，以此为基础，中国资本市场将成为全球新的国际金融中心。这个新的国际金融中心，是人民币计价资产全球交易和配置的中心，是新的具有成长性的全球财富管理中心。对这个问题的早期（2007 年之前）研究已收录在《资本市场解释》《梦想之路》《处在十字路口的中国资本市场》等文集和演讲录中，2007 年之后的研究则收进本文集。

我始终坚定地认为，中国金融必须走开放之路，人民币必须完成自由化改革，并以此为起点成为国际货币体系中的重要一员；国际金融中心即全球新的财富管理中心，是中国资本市场开放的战略目标。因为，从历史轨迹看，全球性大国的金融一定是开放性金融，核心基点是货币的国际化，资本市场成为国际金融中心。我对中国金融的这一目标从未动摇过。

然而，现实的情况与我在《理论逻辑》等文集中的论文、文章、演讲和访谈所论述的目标有相当大的差距。2020 年已经到来，但人民币并未完成自由化改革，中国资本市场并未完全开放，更没有成为全球新的国际金融中心。这或许是本文集也是我理论研究上的一大缺憾。

历史的车轮滚滚向前。我仍然坚信，中国金融和资本市场国际化的战略目标，在不久的未来仍会实现。因为，这是中国金融改革和资本市场发展的一种理论逻辑。

吴晓求

2020 年 5 月 18 日

于北京郊区